编委会

第5卷

Legal Research on the "Belt and Road"

"一带一路"法律研究

主　编　刘晓红
执行主编　殷敏

中国政法大学出版社

2022·北京

图书在版编目（CIP）数据

　　"一带一路"法律研究. 第5卷/刘晓红主编. —北京：中国政法大学出版社，2022.6

　　ISBN 978-7-5764-0698-6

　　Ⅰ.①一… Ⅱ.①刘… Ⅲ.①法律－研究－世界 Ⅳ.①D910.4

　　中国版本图书馆CIP数据核字(2022)第200810号

出 版 者	中国政法大学出版社	
地　　址	北京市海淀区西土城路25号	
邮寄地址	北京100088信箱8034分箱　邮编100088	
网　　址	http://www.cuplpress.com (网络实名：中国政法大学出版社)	
电　　话	010-58908289(编辑部) 58908334(邮购部)	
承　　印	固安华明印业有限公司	
开　　本	650mm×960mm　1/16	
印　　张	18.25	
字　　数	255千字	
版　　次	2022年6月第1版	
印　　次	2022年6月第1次印刷	
定　　价	95.00元	

CONTENTS

目 录

国际投资法治保障

理论前沿

实践探索

域外法治

Contents

Research on International Investment Law

Theoretical Frontiers

Practical Exploration

Extraterritorial Rule of Law

国际投资法治保障

"一带一路"国际投资协定下的劳工保护条款：现状、动因与前路[*]

何志鹏^{**}　耿斯文^{***}

摘　要：中国与"一带一路"沿线国家缔结了大量国际投资协定，然而这些投资协定总体上没有对劳工问题予以关注。为顺应"一带一路"国际投资协定的平衡化发展趋势，推动沿线国家经济社会的可持续发展，促进负责任的投资，有必要在国际投资协定中纳入关于劳工权利保护的规定。同时，由于"一带一路"沿线国家对劳工问题的敏感程度、接受程度等都存在比较大的差异，不宜制定专门的、具体的劳工条款，确定比较高的劳工标准。在未来的缔约实践中，宜对劳工议题采取渐进接受、有限接纳的态度，并区分不同国家进行缔约。在争端解决方式的选择上，宜采用磋商以寻求共识，有效化解纠纷。

关键词："一带一路"倡议；劳工权利保护；国际投资协定

一、问题的提出

从倡议走向行动，由愿景变为现实，顺时代之潮流，应世界之呼唤，历经八年发展，"一带一路"倡议散发出了强大的生命力，极大地促进了中国和沿线六十余个国家的投资合作与经济社会发展，

---

　*　基金项目：2022年教育部哲学社会科学研究重大专项项目"坚持统筹推进国内法治与涉外法治研究"（2022JZDZ005）。

　**　吉林大学法学院教授。

　***　吉林大学法学院2019级国际法专业硕士研究生。

被誉为"最大的区域合作平台"。伴随着与沿线国家经贸往来的开展，中国与沿线国家缔结了大量国际投资协定（International Investment Agreements，IIAs）。然而，这些 IIAs 多订立于 20 世纪八九十年代，内容陈旧过时，标准模糊不清，对于劳工等新兴议题没有予以足够关注。在 IIAs 经历代际演变之际，国内学者对于今后要不要在与"一带一路"国家签订的 IIAs 中纳入劳工保护条款以及吸纳劳工保护条款的具体方式的问题进行了讨论。总体而言，国内学者普遍认为中国应当考虑劳工议题以解决投资活动中伴生的劳工问题[1]，但在纳入劳工保护条款的具体方式选择方面主要有两种观点：

第一，通过规定专门的、更加具体的劳工条款，确立相对高的劳工标准，以促进 IIAs 社会目标的实现。持此类观点的学者认为，IIAs 仅仅对东道国不得牺牲劳工权利作出宣示性、原则性的规定不足以规制外国投资者违反其义务的行为。[2]目前中国在一些 IIAs 缔结实践中关注到了劳工问题，但采用的标准未达到国际化水平，未来应当纳入更高水平的劳工标准，与国际标准相衔接。[3]

第二，渐进式提高劳工标准。具体而言，有两种不同的路径：其一，通过将劳工保护内容安置在序言部分进行"宣示性"规定。此种观点肯定了接纳劳工保护条款的必要性。但在具体形式上，不应当以强制性的、实体义务的形式对劳工保护问题加以规制，而应当采用原则性的、倡议性的形式。[4]其二，设立专门的劳工条款，但

〔1〕 刘笋：《从多边投资协议草案看国际投资多边法制的走向》，载《比较法研究》2003 年第 2 期；黄洁：《美国双边投资新规则及其对中国的启示——以 2012 年 BIT 范本为视角》，载《环球法律评论》2013 年第 4 期；张瑾：《"一带一路"投资保护的国际法研究》，社会科学文献出版社 2017 年版，第 123 页；徐孝新、刘戒骄：《劳工标准影响中国对外直接投资的实证研究——基于"一带一路"沿线国家样本》，载《暨南学报（哲学社会科学版）》2019 年第 4 期；何芳、邓瑞平：《当代国际投资条约中的新型条款与我国未来取向》，载《河北法学》2016 年第 3 期。

〔2〕 张庆麟主编：《公共利益视野下的国际投资协定新发展》，中国社会科学出版社2014 年版，第 172 页。

〔3〕 黄琳琳：《论国际投资条约的可持续发展转变及其困境》，载《上海对外经贸大学学报》2019 年第 4 期。

〔4〕 王彦志：《中国模式与国际经济法律秩序变迁》，载刘志云主编：《国际关系与国际法学刊》（第 9 卷），厦门大学出版社 2021 年版，第 244~245 页。

在劳工标准的采纳方面，应考虑沿线国家的实际情况。此种观点认为，在劳工条款的具体设计上，要考虑相关国家的现实情况，量力而行，不宜设置过高的劳工标准，不宜使外国投资者承担过多的义务。[5]

这两种观点均肯定了在 IIAs 更新换代过程中，纳入劳工议题符合国际经贸发展的趋势，因此应当对劳工议题采取积极接纳的态度。区别在于，前者更为激进，倾向于树立高水平的劳工保护标准；而后者在处理劳工问题上更为柔和，主张区分缔约对象并采用渐进的方式提高劳工标准。从"一带一路"倡议的特征来看，其采取的是渐进发展、缓慢生长的模式；从"一带一路"沿线国家的现实情况来看，沿线国家以发展中国家为主，且经济社会发展水平参差不齐，同时，各国又因为文化背景、历史传统等因素对于劳工问题相对敏感谨慎。因此，处理"一带一路"倡议之下劳工权利的保护问题，更加适宜采取温和的方式，而非模仿、追随高标准的欧美模式。在具体的方式上，中国应当以积极的态度渐进接纳劳工保护条款，区分不同的缔约对象确定不同的保护标准。在争端解决方式的选择上，应采纳更加具有灵活性、自主性的磋商途径。

二、"一带一路"国际投资协定中劳工权利保护的缺陷

长期以来，中国对于在 IIAs 中纳入社会条款采取了谨慎的态度。中国与"一带一路"沿线国家缔结的 IIAs 大多陈旧，在对劳工、环境等社会价值的保护方面相对薄弱。在中国与"一带一路"沿线国家缔结的 IIAs 中，仅有个别几个涉及劳工权利。总体而言，中国与"一带一路"沿线国家签订的 IIAs 中劳工保护内容普遍缺失，此外，对于劳工保护争端的解决途径以及具体细节的安排存在缺位。

（一）劳工保护内容总体缺失

中国与"一带一路"国家的绝大多数 IIAs 签订于 20 世纪八九十

---

〔5〕 刘敬东：《"一带一路"法治化体系构建研究》，载《政法论坛》2017 年第 5 期；何芳：《国际投资协定利益平衡化改革及中国的应对》，载《甘肃社会科学》2018 年第 4 期；刘晋彤、班小辉：《"一带一路"倡议下中国与拉美国家劳工合作规则的构建》，载《国际贸易》2021 年第 9 期；王铀镱：《"一带一路"投资中劳工保护条款的应用》，载《重庆理工大学学报（社会科学）》2019 年第 9 期。

年代。大多为老一代 IIAs，更多地考虑的是如何吸引外资，而没有充分考虑东道国的公共政策目标，对劳工权利保护关注不足。2000年之前，在与沿线国家签订的 IIAs 中，涉及劳工保护内容的寥寥无几，且规定大多模糊不清，不具有可操作性。例如，中国—文莱 BIT（2000）在序言中采用了"认识投资所带来的科技转让和人力资源发展的重要性"的措辞；再如，中国—泰国 BIT（1985）、中国—新加坡 BIT（1985）都是在最惠国待遇例外中提及劳工权利保护。

如今，中国已经发展成为"双向投资大国"：一方面，作为投资者母国，中国需要提高保护海外投资的水平；另一方面，作为东道国，中国需考虑对外资进行管理，形成良好的国内营商环境。[6]落后于时代发展大势的 IIAs 已经无法适应瞬息万变的国际经济发展情况，迫切需要转型升级。然而，即使是新近订立的中国—土耳其 BIT（2015）也并不涉及劳工保护。实际上，劳工保护内容的缺失是 IIAs 普遍存在的一个问题。奉行新自由主义理念的老一代 IIAs 倾向于外资保护，而放松了对于外国投资者的责任要求，忽视了劳工权利保护等涉及社会公共利益的问题。当时，以东道国为主要角色的发展中国家和新兴经济体在涉及劳工标准等事项上更为谨慎。这些国家认为，纳入劳工议题会使得投资者与国内企业投资成本提高，从而会失去吸引外资的优势。[7]然而，劳工条款的缺失可能会产生多方面不良影响：对于海外投资者来说，不设定劳工保护条款在某种程度上减轻了其硬性义务，但同时，海外投资者也会因缺少可以遵循的规则面临着不可确定性。对于东道国来说，外国投资者在不受约束的情况下更可能怠于承担更多的社会责任，从而影响其政策的制定，也会对其国内的劳工权益保护造成不良影响。

（二）配套争端解决制度不够完善

实现对于劳工权利的切实保护需要配套的争端解决制度。极少

---

〔6〕 张晓君、曹云松：《"一带一路"建设中双边投资协定的功能发掘与范式构建》，载《国际经济评论》2021 年第 4 期。

〔7〕 Bertram Boie, "Labour Related Provisions in International Investment Agreements", Geneva: ILO, 2012, p. 26.

数纳入了劳工权利保护内容的 IIAs，缺乏进一步配套措施，没有对违反相关义务时的争端解决方法作出规定。尤其是，没有对劳工争端发生后是否适用仲裁程序加以明确。由于劳工问题是否属于可仲裁事项尚存在争议，未在 IIAs 中明确劳工争议是否可以提交仲裁将引发新的争议，影响争端解决效率。

涉及劳工争议的争端解决制度不够完善不仅仅是"一带一路"倡议之下的 IIAs 所具有的缺陷。进一步将视野放到"一带一路"倡议之外，中国与其他国家缔结的一些 IIAs 虽然规定了以磋商形式解决劳工争端，但没有对具体细节进行规定。例如，2012 年中国—加拿大 BIT 第 18 条"磋商"中仅规定"缔约方承认，通过放弃、放松或其他方式违背国内健康、安全或环保措施以鼓励投资是不合适的"。尽管该条款规定了磋商的途径，但对磋商的形式、义务等都没有具体安排，仍然无法及时有效地促成争端的解决。

三、纳入劳工保护条款的动力因素

有学者指出，"一带一路"倡议之下，曾经仅仅是资本输入大国的中国，更多地承担了资本输出大国的角色，因此在投资促进的过程中应当更多地体现出对于投资者权益的保护。[8]需指出，加强投资保护与纳入劳工保护条款之间并不矛盾：首先，劳工保护条款表面上看增加了投资成本，给东道国吸引外资增加了阻碍，实质上则是通过东道国对劳工权益的保障要求外国投资者积极承担社会责任。[9]其次，将投资与劳工议题相联系是国际投资法的一个发展方向，其目的在于解决投资活动中产生的劳工问题，而非强迫其他国家接受某种标准。[10]中国不仅仅是"一带一路"倡议的倡导者，也是引领者、组织者和支持者，中国海外企业面临的劳工问题尤其会在"一

---

〔8〕 龚柏华、何力、陈力：《"一带一路"投资的国际法》，复旦大学出版社 2018 年版，第 117 页。

〔9〕 漆彤：《从新自由主义到嵌入式自由主义——论晚近国际投资法的范式转移》，载刘志云主编：《国际关系与国际法学刊》（第 4 卷），厦门大学出版社 2014 年版，第 212 页。

〔10〕 黄洁：《美国双边投资新规则及其对中国的启示——以 2012 年 BIT 范本为视角》，载《环球法律评论》2013 年第 4 期。

带一路"的背景下放大，因此应当对此予以足够重视。[11]中国企业"走出去"的过程中伴随着的劳资纠纷不仅会使海外投资利益受损，也会损害海外企业的形象。首钢秘鲁铁矿公司（Shougang Hierro Peru SAA）罢工事件已经给了我们历史的教训。因此，在劳工问题上，中国应当摒弃被动应对的思维，开始主动推进，彰显积极的姿态。[12]

从"一带一路"倡议下 IIAs 的发展趋势来看，嵌入劳工保护价值有利于使 IIAs 在制度设计上更为平衡；从"一带一路"倡议的指导原则来看，纳入非经济议题符合可持续发展的精神；从"一带一路"倡议的内在要求来看，在 IIAs 中设置与劳工保护有关的内容符合"促进负责任的投资"的要求。

（一）顺应"一带一路"国际投资协定的发展趋势：平衡化

平衡化是 IIAs 总体的发展趋势。进入 21 世纪以后，国际投资法律机制发生了由新自由主义（neo-liberalism）向内嵌式自由主义（embedded liberalism）的转变。[13]国际投资协定在过去很长一段时间内都侧重于关注投资保护，而不考虑劳工保护、环境保护、公共健康保护等涉及社会公共利益的议题。20 世纪八九十年代，片面追求经济增长与自由的新自由主义在国际投资领域蓬勃发展。发展中国家为吸引外资，侧重为外国投资者提供保护，相应地放松了对于外资的约束，[14]在劳工事项上，一些国家认为，劳工法规增加了生产成本，削弱了全球竞争力：一方面，劳工标准高的国家会被迫降低标准；另一方面，原本劳工标准低的国家并不具有提升标准的动力。在这种态势下，国家以牺牲东道国的政策空间为代价，形成了

---

〔11〕 肖竹：《"一带一路"背景下"出海"企业的对外劳动关系治理》，载《中国人力资源开发》2018 年第 4 期。

〔12〕 何志鹏：《国际法治的中国方案——"一带一路"的全球治理视角》，载《太平洋学报》2017 年第 5 期。

〔13〕 王彦志：《内嵌自由主义的衰落、复兴与再生——理解晚近国际经济法律秩序的变迁》，载刘志云主编：《国际关系与国际法学刊》（第 8 卷），厦门大学出版社 2019 年版，第 66~67 页。

〔14〕 曾华群：《"可持续发展的投资政策框架"与我国的对策》，载《厦门大学学报（哲学社会科学版）》2013 年第 6 期。

对于劳工标准的逐底竞争（race to the bottom）。[15]随着发展中国家经济地位的提高，其对于 IIAs 的需求也发生转变，IIAs 不仅要保护外资，还要发挥切实促进投资、带动国家发展的作用。[16]随着国际投资机制朝着平衡化、可持续方向发展，越来越多的投资条约对包括劳工条款在内的非经济议题予以关注，强调对投资者及投资的保护不应当妨碍东道国的社会价值之实现。[17]与缔结于 20 世纪 90 年代之前的侧重保护投资者利益、追求投资自由化的 IIAs 不同，[18]新一代 IIAs 大多不再片面强调自由化与投资保护，而是回应对于劳工、环境、健康问题的现实需求，[19]注重为东道国在公共政策领域留有正当监管空间。

"一带一路"倡议之下的 IIAs 渐进式地朝着平衡化的方向发展，而"平衡化"则要求 IIAs 对劳工等非经济议题给予更多关注，逐步纳入其中。中国与"一带一路"沿线国家缔结的 IIAs 多订立于 20 世纪 90 年代之前，既有偏向于东道国公共政策维护的协定，也有更多地以保护外国投资者的投资为目标的协定。"一带一路"建设在逐步推进，国家之间的经贸合作愈发频繁也更加深化，保守型抑或是自由型的协定均已不能适应目前的"一带一路"投资形势。随着投资者与东道国之间的矛盾日益激化，投资保护与东道国公共利益之间的冲突逐渐放大。[20]现实情况要求订立能够在投资者与东道国之间

〔15〕 David M. Trubek，"The Emergence of Transnational Labor Law"，*American Journal of International Law*，Vol. 100，No. 3，2006，p. 728.

〔16〕 隽薪：《将人权纳入投资规则：国际投资体制改革中的机遇与挑战》，载《环球法律评论》2016 年第 5 期。

〔17〕 余劲松：《国际投资条约仲裁中投资者与东道国权益保护平衡问题研究》，载《中国法学》2011 年第 2 期。

〔18〕 王彦志：《内嵌自由主义的衰落、复兴与再生——理解晚近国际经济法律秩序的变迁》，载刘志云主编：《国际关系与国际法学刊》（第 8 卷），厦门大学出版社 2019 年版，第 70 页；曾华群：《"可持续发展的投资政策框架"与我国的对策》，载《厦门大学学报（哲学社会科学版）》2013 年第 6 期。

〔19〕 韩秀丽：《后危机时代国际投资法的转型——兼谈中国的状况》，载《厦门大学学报（哲学社会科学版）》2012 年第 6 期。

〔20〕 王晔琼：《国际投资协定中的可持续发展议题：从外部性到内生性的转变》，载《武大国际法评论》2021 年第 5 期。

实现平衡的平衡型投资协定。此外，从"一带一路"倡议的宗旨来看，其旨在促进各国在开放共享的交往环境下开展经贸合作，在此基础之上形成有机的、稳定的命运共同体。[21]稳固的共同体的塑造需满足其内部意愿与发展诉求。从"一带一路"倡议参与主体角度来看，沿线国家多为经济发展水平相对较低的发展中国家，这些国家更重视合作与收益，在开展经济活动的过程中对于主权的关注更为敏感谨慎。[22]这些国家既希望为本国经济政策的推行保留灵活空间，也追求为本国的海外投资提供充分保护。为在主权空间与投资保护之间寻求一个平衡点，推动 IIAs 在更新换代中走向平衡化是解决之策。

对于中国自身而言，中国在"一带一路"倡议之下的"双向投资大国"身份要求其应当审慎对待投资者利益与东道国社会公共利益。[23]在缔结或重新谈判 IIAs 时，一方面要保障国际投资自由，另一方面应当确保东道国政府保障国内经济社会稳定发展的权威，实现市场自由与政府干预之间的平衡。[24]从中国缔结 IIAs 的实践来看，中国对于签订 IIAs 的态度由限制走向平衡，甚至是自由。随着中国的国内法治水平不断提高，外资保护措施日益完备，中国越来越能够融入现代化的国际投资法机制。[25]备受瞩目的《中欧全面投资协定》（EU – China Comprehensive Agreement on Investment，CAI）是中国 IIAs 缔约实践的最新成果，该协定设定了可持续发展专章，纳入了劳工条款，适应了跨国投资活动的新要求，是一份全面的、高水平的 IIA。[26]这表明了中国对于劳工议题的态度逐渐向开放的、

---

〔21〕 何志鹏：《"一带一路"：中国国际法治观的区域经济映射》，载《环球法律评论》2018 年第 1 期。

〔22〕 王贵国：《全球治理与规则导向"一带一路"的原则和方向》，载《经贸法律评论》2019 年第 5 期。

〔23〕 王彦志：《中国在国际投资法上的身份转换与立场定位》，载《当代法学》2013 年第 4 期。

〔24〕 王彦志、王菲：《后危机时代国际投资全球治理的变迁：趋势、影响与成因》，载刘志云主编：《国际关系与国际法学刊》（第 5 卷），厦门大学出版社 2015 年版，第 227 页。

〔25〕 沈伟：《构建"一带一路"高水平投资协定：基于征收条款的考察》，载《兰州大学学报（社会科学版）》2021 年第 3 期。

〔26〕 池漫郊、任清：《中国国际投资仲裁年度观察（2021）》，载《北京仲裁》2021 年第 2 辑。

积极的方向转化，也是中国主动地参与劳工标准制定、争夺话语权的重要体现，可为以后的缔约实践提供参考。[27]

（二）贯彻"一带一路"倡议的指导原则：可持续发展

在国际投资法语境之下，"可持续发展"具体针对的是劳工、环境等社会问题，要求国家承担更多的责任。[28]可持续发展原则是对IIAs中所体现的"投资—发展"关系的丰富与重塑，[29]强调IIAs不应仅仅关注保护与促进投资的"原始功能"，也应当发挥促进缔约国的经济社会可持续发展的作用。[30]

可持续发展是推进"一带一路"倡议平稳、健康、高品质发展的指导原则。"一带一路"具有鲜明的发展导向，遵循包容性增长模式，强调通过经济社会的可持续发展带来人的全面发展。[31]"一带一路"是经济繁荣发展之路，也是社会健康运转之路。可持续发展原则是"一带一路"倡议保持生机与活力的关键。"一带一路"倡议的顺利推进更需要将可持续发展的思想融入经贸规则。坚持可持续发展不仅是"打造政治互信、经济融合、文化包容的利益共同体、命运共同体和责任共同体"的必经之路，还是弘扬"和平合作、开放包容、互学互鉴、互利共赢"的丝路精神的必然选择。[32]"一带一路"倡议之下，中国更多地向发展中国家开放，在更多地输出资本的同时，也应当输出可持续发展的理念、模式。[33]可持续发展原则要求国家在进行投资决策时考虑可持续发展因素，要求外国投资

---

〔27〕 周渝舜、徐树：《国际投资协定与国际劳工标准的衔接机制》，载《社会科学研究》2021年第6期。

〔28〕 曾华群：《共同发展：中国与"一带一路"国家间投资条约实践的创新》，载《国际经济法学刊》2019年第1期。

〔29〕 Manjiao Chi, *Integrating Sustainable Development in International Investment Law*, New York：Routledge，2017，p.19.

〔30〕 张晓君、曹云松：《"一带一路"建设中双边投资协定的功能发掘与范式构建》，载《国际经济评论》2021年第4期。

〔31〕 盛斌、靳晨鑫：《"一带一路"倡议：引领全球包容性增长的新模式》，载《南开学报（哲学社会科学版）》2019年第6期。

〔32〕 漆彤：《"一带一路"国际经贸法律问题研究》，高等教育出版社2018年版，第9页。

〔33〕 漆彤：《"一带一路"国际经贸法律问题研究》，高等教育出版社2018年版，第7页。

者在开展经济活动时要遵循可持续发展之精神。[34]诚然，"一带一路"国家都希望通过倡议的推进实现经济增长。然而，经济的发展不得以牺牲国家主权政策目标与社会的平稳健康运行为代价。

劳工权利保护是贯彻可持续发展原则的重要环节。虽然最初可持续发展原则是针对环境问题而提出的，近年来该原则已经发展成为经济社会发展的一般原则，涉及劳工、环境、企业社会责任等领域，强调经济与社会的平衡、协调发展。联合国《2030年可持续发展议程》（2030 Agenda for Sustainable Development）将"促进持久、包容和可持续的经济增长，促进充分的生产性就业和人人获得体面工作"作为可持续发展目标之一，体现了劳工权利是可持续发展规划的重要一环。[35]联合国贸易和发展会议（UNCTAD）2012年提出的《可持续发展投资政策框架》（Investment Policy Framework for Sustainable Development，IPFSD），把可持续发展目标纳入投资政策，倡导在 IIAs 中订入核心劳工标准。2014年经合组织（OECD）的调查《投资条约法、可持续发展和负责任的商业行为：一个实情调查》（Investment Treaty Law，Sustainable Development and Responsible Business Conduct：A Fact Finding Survey）将劳工权利确立为与跨国投资活动有关的四项可持续发展要素之一。[36]这些国际层面的实践都说明了劳工权利保护是实现经济可持续发展的重要组成部分，保障劳工权利、实现经济与社会双重维度的发展是贯彻可持续发展原则的内在要求。

进一步而言，为贯彻可持续发展原则，应当实现经济与人权的良性互动。在开展投资活动中积极保护劳工权利与国际法的人本化

---

〔34〕 王彦志：《经济全球化、可持续发展与国际投资法第三波》，载陈安主编：《国际经济法学刊》（第13卷），北京大学出版社2006年版，183页。

〔35〕 龚柏华、何力、陈力：《"一带一路"投资的国际法》，复旦大学出版社2018年版，第80页。

〔36〕 Kathryn Gordon，Joachim Pohl，and Marie Bouchard，"Investment Treaty Law，Sustainable Development and Responsible Business Conduct：A Fact Finding Survey"，OECD（Jul. 23，2014），https://www.oecd-ilibrary.org/finance-and-investment/investment-treaty-law-sustainable-development-and-responsible-business-conduct-a-fact-finding-survey_5jz0xvgx1zlt-en，last visited on Nov. 12, 2021.

发展趋势是保持一致的。[37]从国际法发展的大背景来看，全球化时代对国际法提出了人本主义要求，体现为对人的利益需求、人的幸福的关注。[38]国际法的理念、规则等越来越重视人的利益的确立、维护与实现。[39]国际法的人本主义转向要求在开展投资活动中不得以牺牲人权为代价换取经济增长。尊重和保障人权是经济可持续发展的内在目标与价值所在，IIAs考虑人权维度，纳入劳工保护条款是顺应国际法人本主义趋势的战略选择。单纯依赖国内法或其他专门国际协定对于实现可持续发展的目标并不足够，应当考虑将可持续发展的要素纳入IIAs，[40]把保障人权和可持续发展放在投资协定的核心，[41]不宜一味地对劳工、环境等非经济议题采取排斥态度。

中国"走出去"的企业规模越来越大，与沿线国家开展经贸合作的领域、深度都逐步拓展，在输出资本的过程中不可避免地会因为劳资关系等问题产生摩擦。中国应当更加重视人权对于开展经贸往来的影响，[42]贯彻人本理念，努力实现投资收益与人权保障的相互增进。[43]"一带一路"建设把关注民生作为重要内容，"五通"的目标之一便是"民心相通"。[44]纳入劳工议题，有助于促进沿线国家劳动者权益保障水平的提高。将劳工议题纳入"一带一路"合作

〔37〕 刘笋：《国际法的人本化趋势与国际投资法的革新》，载《法学研究》2011年第4期。

〔38〕 何志鹏：《全球化与国际法的人本主义转向》，载《吉林大学社会科学学报》2007年第1期。

〔39〕 曾令良：《现代国际法的人本化发展趋势》，载《中国社会科学》2007年第1期。

〔40〕 王彦志：《RCEP投资章节：亚洲特色与全球意蕴》，载《当代法学》2021年第2期。

〔41〕 Jens Martens, "The Role of Public and Private Actors and Means in Implementing the SDGs: Reclaiming the Public Policy Space for Sustainable Development and Human Rights", in Markus Kaltenborn, Markus Krajewski and Heike Kuhn eds. , *Sustainable Development Goals and Human Rights*, Cham: Springer, 2020, p. 215.

〔42〕 戴瑞君：《"一带一路"建设中的人权因素——以中蒙经贸合作为例的分析》，载《人权》2018年第5期。

〔43〕 隽薪：《将人权纳入投资规则：国际投资体制改革中的机遇与挑战》，载《环球法律评论》2016年第5期。

〔44〕《以改善民生促民心相通，助力"一带一路"走深走实》，载 https://share.gmw.cn/theory/2018-08/31/content_30900855.htm，最后访问日期：2021年11月20日。

平台是促进"一带一路"倡议健康、可持续发展的重要措施，体现了经济发展与人权保障之间的平衡。参考新一代 IIAs 的缔结实践，中国在与"一带一路"国家重新谈判、订立 IIAs 时应当使可持续发展成为条约之下的义务，纳入劳工、环境、企业的社会责任等议题，促进"一带一路"倡议的健康稳定发展。[45]

（三）回应"一带一路"倡议的内在要求：促进负责任的投资

2015 年发布的《推动共建丝绸之路经济带和 21 世纪海上丝绸之路的愿景与行动》指出，"一带一路"应当"促进企业按属地化原则经营管理，积极帮助当地发展经济、增加就业、改善民生，主动承担社会责任"。[46]这体现出"一带一路"倡议的一个基本要义是不应仅专注于"逐利"，也应当"重义"。[47]在"一带一路"建设中，中国始终坚持"义利兼备，以义为先"。[48]"一带一路"倡议是中国超越简单的物质利益计算，与其他国家增进合作、弥合分歧、谋求共商共建共享的具体举措。[49]"一带一路"建设摒弃了跨国公司盈利至上的投资模式，[50]强调平衡投资者的权利与责任，避免为获取经济收益付出国家声誉成本。

国际投资法朝着平衡化方向发展，呼吁为东道国保留更多的公共政策空间，相应地，就要求海外投资在东道国积极承担在劳工、环境等方面的社会责任。[51]对投资者的行为进行规范，以确保负责任的投资是国际投资体系的一个发展方向。企业社会责任（Corporate

〔45〕 张瑾：《"一带一路"投资保护的国际法研究》，社会科学文献出版社 2017 年版，第 33 页。

〔46〕 国家发展改革委、外交部、商务部：《推动共建丝绸之路经济带和 21 世纪海上丝绸之路的愿景与行动》，载 http://zhs.mofcom.gov.cn/article/xxfb/201503/20150300926644.shtml，最后访问日期：2021 年 11 月 23 日。

〔47〕 李向阳：《"一带一路"建设中的义利观》，载《世界经济与政治》2017 年第 9 期。

〔48〕 陈鑫：《"一带一路"：助力世界构建"人类命运共同体"》，载张奕、王小涛主编：《全球化视野下的"一带一路"研究：理论与实践》，科学出版社 2019 年版，第 75 页。

〔49〕 何志鹏：《超越计算：国际法中国范式的理论前提》，载《经贸法律评论》2018 年第 1 期。

〔50〕 龚柏华、何力、陈力：《"一带一路"投资的国际法》，复旦大学出版社 2018 年版，第 81 页。

〔51〕 张瑾：《"一带一路"投资保护的国际法研究》，社会科学文献出版社 2017 年版，第 123 页。

Social Responsibility，CSR）是劳工权利保障的重要基础，[52]旨在从投资者义务的角度强调企业对社会、环境、人权、反腐败等公共利益的责任，实现企业和社会利益共赢。[53]UNCTAD 强调："所有的社会组织都要明确自己的任务和职责，并随社会发展而改变，企业社会责任涉及商业企业如何实现及影响社会需求和目标。"强调 CSR 已经成为国际投资的重要发展趋势。根据 UNCTAD《2021 年世界投资报告》，在 2020 年签署的 IIAs 中，各国将确保负责任的投资的承诺转化为促进负责任发展的条款，在选取的 9 项 IIAs 样本中，有 5 项包括促进企业承担社会责任的条款。[54]中国近来的缔约实践也反映出了对于企业责任的关注。2013 年中国—坦桑尼亚 BIT 在序言中提出"鼓励投资者尊重企业社会责任"。2015 年《中国—瑞士自由贸易协定》指出"承认良好的公司治理与企业社会责任对可持续发展的重要性，并确认双方将致力于鼓励企业遵守此方面的国际公认准则和原则"。

从投资者义务的角度强调企业对社会的责任，有利于实现经济与社会的可持续发展。[55]2011 年 OECD《国际投资与跨国企业宣言》中指出："鼓励跨国企业为经济发展、社会进步、环境保护做出积极贡献。"保障劳工权利是企业的人权责任。《经合组织跨国企业准则》（OECD Guidelines for Multinational Enterprises）中列举了企业尊重人权的具体建议框架，强调了跨国公司开展投资活动时的人权

〔52〕漆彤：《从新自由主义到嵌入式自由主义——论晚近国际投资法的范式转移》，载刘志云主编：《国际关系与国际法学刊》（第 4 卷），厦门大学出版社 2014 年版，第 213～214 页。Oliver Shelton，"The Philosophy of Management"，in Kenneth Thompson eds.，*The Early Sociology of Management and Organizations*，London：Routledge，2003，p. 69. 1924 年奥利弗·谢尔顿（Oliver Sheldon）在其《管理的哲学》（*The Philosophy of Management*）一书中提出了"企业社会责任"的概念，强调企业的社会责任的道德因素。

〔53〕钱嘉宁：《国际投资法下履行要求的可持续发展型改革》，载《国际经贸探索》2018 年第 3 期。

〔54〕联合国贸易和发展会议：《2021 年世界投资报告：为可持续复苏投资概述》，载 https：//unctad. org/system/files/official-document/wir2021_ overview_ ch. pdf，最后访问日期：2021 年 9 月 13 日。

〔55〕张庆麟、余海鸥：《论社会责任投资与国际投资法的新发展》，载《武大国际法评论》2015 年第 1 期。

义务。国际劳工组织（ILO）在 2019 年的《关于未来工作的百年宣言》中提出："采取以人为本构建劳动世界未来的方法，将工人的权利和所有人的需求、向往和权利置于经济、社会和环境政策的核心。"海外投资者代表着中国的国家形象，不应单纯追求投资收益的增长，而应当着眼于长远利益，承担起相应的责任，自觉遵守东道国的劳动法律法规等，树立良好的投资者形象。[56]同时，为促进负责任的投资，东道国也应当积极承担责任。从国家角度来看，"一带一路"要求政府引导企业活动服务于国家规划，强化海外企业的社会责任感，督促海外企业履行社会责任，负责任地开展投资活动，[57]在国内层面完善劳工权益保护体系，提升劳工保护水平。

四、改革路径之前瞻

在考虑纳入劳工议题的具体方式上，应当从"一带一路"倡议的特质出发。与西方国家通过在国际合作、国内监管与私人交易三个层面建立一套统一规则的经贸合作发展模式不同，[58]中国的"一带一路"倡议，采取的是非正式的、非制度化的、基于伙伴关系的模式（partnership-based relational approach），在这种模式之下的合作并不囿于一套固定的模板，而是强调友好协商。[59]"一带一路"是一套以共商共建为路径，以开放包容为态度，以共同发展为指向的体系。因此，处理"一带一路"倡议之下劳工权利的保护问题，应当采取合作而非对抗、渐进而非激进、软磋商而非硬裁判的方式。在针对劳工保护条款的总体态度上，应当渐进接受，有限接纳；在

---

〔56〕 周渝舜、徐树：《国际投资协定与国际劳工标准的衔接机制》，载《社会科学研究》2021 年第 6 期。

〔57〕 李向阳：《"一带一路"的高质量发展与机制化建设》，载《社会科学文摘》2020 年第 8 期。

〔58〕 Wang Jiangyu, "China's Governance Approach to the Belt and Road Initiative (BRI) Relations, Partnership, and Law", *Global Trade and Customs Journal*, Vol. 14, No. 5, 2019, p. 225; Dilini Pathirana, "Rising China and Global Investment Governance: An Overview of Prospects and Challenges", *The Chinese Journal of Global Governance*, Vol. 4, No. 2, 2018, p. 123.

〔59〕 Wang Jiangyu, "China's Governance Approach to the Belt and Road Initiative (BRI) Relations, Partnership, and Law", *Global Trade and Customs Journal*, Vol. 14, No. 5, 2019, p. 225.

与沿线国家的缔约路径选择上，应当因地制宜，区别缔约；在配套的争端解决方式上，应当加强磋商对话，凝聚共识。

（一）总体态度：渐进接受，有限接纳

一方面，中国应当把握在 IIAs 中纳入劳工等社会条款的国际投资发展趋势，彰显保护劳动者权利的积极态度，作出劳工保护的承诺。另一方面，劳工权利保护牵涉到结社自由等政治权利，因而具有一定程度的敏感性，而沿线不同国家的发展水平各不相同，对于劳工问题的敏感程度有所区别，应当依据其发展情况、态度能力等进行具体分析，确定劳工保护的标准。因此，对劳工条款采取一种有限接纳的态度是比较可行的应对之策。对于包括发达国家鼓吹的包括劳工标准在内的内容相对宽泛、模糊的公共利益条款，应当考虑以"宣示性"用语的方式列入 IIAs，以防对投资者的合法权益造成不合理的侵蚀。〔60〕"一带一路"开放包容、灵活务实的合作模式更强调东道国在处理社会议题上的灵活自主。"一带一路"倡议是柔性的、开放的、包容的，相应地，不宜模仿欧美国家硬性的、强制的 IIAs 模式对劳工问题进行"硬规制"。鉴于沿线国家处于不同发展阶段，应当确立不同水平的、更易被接受的劳工标准。〔61〕

1. 以宣示性用语表达对于劳工保护的关切

劳工等议题涉及一国社会公共利益，因此无论是发展中国家还是发达国家对此都更为敏感，在这一事项上也更易产生分歧。在序言中增加劳工权利保护内容或在正文中通过"宣示性"用语对劳工权进行概括性规定，以彰显保护劳工权利的态度与决心更为可取也更具有操作性。例如，在经济全球化的浪潮中，美国在其 2004 年 BIT 范本中就对劳工权益保护作了序言式规定。而之后的 2012 年 BIT 范本中除对劳工权利作了专门条款的规定外，也保留了在序言中的规定，提倡"要以保护缔约国的环境、健康和安全的方式实现协

---

〔60〕 张光：《国际投资法制中的公共利益保护问题研究》，法律出版社 2016 年版，第 270 页。

〔61〕 刘敬东：《"一带一路"法治化体系构建的再思考》，载《环球法律评论》2021 年第 3 期。

定目标，并努力提升国际公认的劳工权利"。此外，也可以引入"不降低有关标准"之类的宣示性条款，要求投资者承担更多的义务。[62] 例如，2012 年中国—加拿大 BIT 中规定："缔约方承认，通过放弃、放松或其他方式违背国内健康、安全或环保措施以鼓励投资是不合适的。"[63]

（1）在序言中以"软条款"的方式规定劳工保护，更易被各方所接受，减少谈判成本。国际社会在跨国公司的社会责任的具体内容上存在分歧。发达国家考虑到其在国际投资往来中更多地扮演了资本输入国的角色，在与发展中国家签订国际投资条约时更加倾向于采用较高的、严格的劳工标准以保护本国投资者的利益。与之相反，大多数发展中国家反对推行高水平的劳工标准。从现实情况来看，在劳工保护方面，作出具体的制度安排难以照顾到多方利益需求，甚至可能会使 IIAs 的谈判陷入僵局，为寻求妥协，在序言中以宣示性方式对国际社会普遍接受、缔约方共同认可的劳工标准加以规定，更能获得各方认可，从而推进谈判进程，相对减少缔约成本。[64] 尽管序言并不会为缔约国创设义务，但根据《维也纳条约法公约》（Vienna Convention on the Law of Treaties）[65]，在解释条约时序言具有帮助确定目的、宗旨的作用。在序言中规定劳工权利保护能够体现中国积极保障劳工权利的态度与价值追求，并能够在东道国的劳工保护需求与投资者利益之间找到平衡点。

（2）概括式规定劳工保护为缔约国留下了政策空间。通过对劳工权利保护内容进行概括性规定，实现"建设性模糊"（constructive ambiguity）。发展中国家缔结的传统 IIAs，为吸引外资，而牺牲了公共政策空间，承担了大量条约义务。在对 IIAs 进行转型换代之时，应当以此为戒，对东道国的正当规制权予以足够的关注。通

---

〔62〕 张瑾：《"一带一路"投资保护的国际法研究》，社会科学文献出版社 2017 年版，第 36 页。

〔63〕 Agreement between the Government of Canada and the Government of the People's Republic of China for the Promotion and Reciprocal Protection of Investments, Article 18（3）.

〔64〕 张光：《论国际投资协定的可持续发展型改革》，载《法商研究》2017 年第 5 期。

〔65〕 1969 年《维也纳条约法公约》第 31 条。

过以宣示性、倡导性方式规定劳工权利保护的义务的方式，缔约国可以在劳工保护问题上保留一定的自由裁量空间与监管空间。对劳工权利保护事项作出过于具体的安排会使得东道国国内的相关政策、法规"无用武之地"，构成对于东道国主权政策空间的损害。此外，由于各国劳工权利保障水平不同，以概括式条款进行规定，有利于弥合国家之间的分歧，回应东道国对于公共利益保护的需求。

2. 纳入已采纳的劳工标准，彰显积极态度

近年来，发展中国家与发达国家关于投资保护与规制的争议逐渐转向了更广泛、更具体的议题，[66]劳工保护问题是其中之一。长期以来，西方国家对于发展中国家的低劳工标准保持着警惕，美国和欧盟等国对"一带一路"倡议是否遵守了劳工标准等表示担忧与质疑。[67]西方国家认为发展中国家的低劳工标准降低了劳动力成本，使其获得了吸引资本流入的竞争优势。[68]不仅如此，对于"一带一路"倡议本身，西方国家也心存疑虑。

总体而言，中国在劳工权利保障问题上与发达国家具有一定的差距。发达国家在国际投资实践中往往主张将劳工保护与 ILO 确立的劳工保护标准挂钩。美国在 IIAs 的谈判当中就意图将劳工议题与投资活动相联系，对此中国应当持警惕态度，不能贸然接受。[69]目前，中国已经批准了包括《关于结社自由和集体谈判权的公约》《关于消除一切形式的强迫或强制劳动的公约》《关于有效废除童工方面的公约》《关于消除就业与职业歧视的公约》四项核心公约。实际上，近几年间，中国对待劳工标准的态度已经有所转变。虽然中国并未采用强制性的劳工标准，但已经开始了将劳工保护与国际

---

〔66〕 张庆麟：《论晚近南北国家在国际投资法重大议题上的不同进路》，载《现代法学》2020 年第 3 期。

〔67〕 王彦志：《"一带一路"倡议下的国际经济秩序：发展导向抑或规则导向》，载《东北亚论坛》2019 年第 1 期。

〔68〕 Jing-Lin Duanmu, "A Race to Lower Standards? Labor Standards and Location Choice of Outward FDI from the BRIC Countries", *International Business Review*, Vol. 23, No. 3, 2014, p. 620.

〔69〕 张光：《国际投资法制中的公共利益保护问题研究》，法律出版社 2016 年版，第 277 页。

劳工标准挂钩的尝试。在贸易领域，中国"入世"之前明确反对将贸易与劳工标准挂钩，拒绝将劳工标准问题作为贸易谈判议题。但2008年，中国在与新西兰签署《中华人民共和国政府和新西兰政府自由贸易协定》的同时签订了《劳动合作谅解备忘录》（MOU）。该MOU强调双方应当遵守国际公认的核心劳工标准，承担作为 ILO 成员的义务。[70]这表明中国具有遵守劳工标准的意愿并且已经开始了这一领域的"软合作"，对于已经采纳的劳工标准具有一定实践基础，将其引入 IIAs 中具有可操作性。

中国最新的缔约实践也对劳工等社会议题予以关注，一定程度上回应了西方国家的担忧。CAI 是中国现阶段缔结的高水平 IIAs，其鼓励缔约国制定法律与政策实现高水平的劳工保护，要求缔约国承诺善意尊重、促进和落实国际劳工组织基本原则，执行已批准的国际劳工组织公约。[71]在 CAI 的框架下，中国需要将劳工保护水平提高到新的高度。具体而言，中国需要积极履行已加入的 ILO 体系下的公约中的义务，同时加快批准涉及强迫劳动的两个基本公约以及其他现代化劳工公约。[72]与此同时，仍需注意的是，"一带一路"沿线国家以经济发展水平相对落后的、法治相对不健全的发展中国家居多，在缔结 IIAs 时应当考虑这一现实情况：一方面，提高劳工标准，对于缓解中国与西方国家的焦点矛盾有所助益；[73]另一方面，在与相对欠发达的国家缔结 IIAs 的活动中，不宜纳入同样高水平的劳工标准。

（二）缔约路径：因地制宜，区别缔约

"一带一路"横跨亚欧板块，涵盖多国，沿线国家地缘政治复杂，文化传统、所属法系、经济发展水平、国家利益诉求等呈现出多

---

〔70〕 中国—新西兰《劳动合作谅解备忘录》（2008）第1条。

〔71〕 叶斌：《〈中欧全面投资协定〉与监管权：战略机遇及外部风险》，载《国际法研究》2021年第6期。

〔72〕 石静霞、陈晓霞：《〈中欧全面投资协定〉：我国商签经贸条约的新范式》，载《国际法研究》2021年第5期。

〔73〕 石静霞、陈晓霞：《〈中欧全面投资协定〉：我国商签经贸条约的新范式》，载《国际法研究》2021年第5期。

元态势，[74] 树立一套"放之四海而皆准"的劳工保护标准显然并不现实。从中国自身定位来看，近年来，中国"走出去"战略效果显著，中国经济腾飞，在国际投资格局中的身份地位已经由原初的东道国身份转为兼具资本输入国与资本输出国的混同身份。而"一带一路"倡议沿线多为发展中国家，中国更多地承担了资本输出国的身份。中国在谈判 IIAs 的劳工条款的过程中，应当考虑不同国家的发展情况以及自身角色定位的转化。因此，未来与"一带一路"沿线国家制定、修订 IIAs 时，中国应考虑相关国家与自身在国际投资活动中的关系，根据不同的身份地位采取区别的缔约策略。[75]

第一，"一带一路"沿线发展中国家居多，不宜超过其经济发展水平与法治化程度设置过高的劳工保护标准。尽管从发展趋势上看，在 IIAs 中订入劳工条款符合发展规律，但在"一带一路"倡议推进的过程中要充分考虑沿线国家的经济社会发展水平，不宜设置与其发展水平不相匹配的劳工标准：一方面，强行推进高标准易激起有关国家的抵触情绪。各国现实发展情况不同决定了各国在劳工问题上会有不同的立场选择与不同程度的追求。对于发展水平较低的国家而言，其国内的法治水平、治理能力等也处于相对低的水平，过高的劳工标准未免"强人所难"。另一方面，"强硬态度"易进一步挑动一些国家对于"一带一路"倡议的敏感神经。一些国家本就对"一带一路"倡议秉持审慎的态度。纳入过高水平的劳工保护标准会加深这类国家对"一带一路"的疑虑。这些国家会对"一带一路"倡议是否会损害其国家利益作出更加谨慎的评估，对合作前景表示出更多的担忧。[76]

第二，"一带一路"沿线国家与地区在发展水平、治理能力、

---

〔74〕 何志鹏、赵健舟：《中国主导的"一带一路"争端解决机制审思》，载刘晓红主编：《"一带一路"法律研究》（第 2 卷），知识产权出版社 2020 年版，第 7 页。

〔75〕 何芳：《国际投资协定利益平衡化改革及中国的应对》，载《甘肃社会科学》2018 年第 4 期。

〔76〕 何志鹏、赵健舟：《中国主导的"一带一路"争端解决机制审思》，载刘晓红主编：《"一带一路"法律研究》（第 2 卷），知识产权出版社 2020 年版，第 11~12 页。

法治追求等方面存在差异，中国与不同国家进行经济交往过程中的角色定位也应有所区别。中国应当立足于自身的立场定位结合不同国家的现实情况，在与相关国家进行充分协商的基础之上，综合考虑一国之国家利益、价值观念、法治水平等确定立场，区别缔约。[77]

一方面，针对经济发展水平相对较低、与中国的投资往来中单纯处于资本接收地位的国家，应当更加注重保护中国对外投资，审慎对待劳工条款。该类国家发展水平、法治程度相对较低，法律制度不够健全、透明，投资环境的不稳定因素相对较高，这意味着中国海外投资者将面临更高的风险，也需要更多的保护。[78]审慎对待涉及劳工利益的条款意味着在缔约过程中仍需对劳工利益予以考虑，这是中国尊重东道国公共利益之体现。在"一带一路"倡议之下，走出去的中国投资应当是负责任的投资，中国也理应彰显负责任的大国形象。遵守东道国的法律政策也是投资者开展投资活动应尽的义务。中国在"一带一路"倡议下更多扮演了投资者母国的角色，海外投资保护的需求更加紧迫。伴随着"一带一路"倡议的持续推进，中国投资者在沿线国家的投资规模、领域等也将不断扩展。中国应当加强对海外投资企业的引导与支持，为本国的海外投资企业制定一套规范与标准，帮助其履行社会责任，[79]引导海外投资者尊重东道国包括劳工标准等在内的国内经济政策，避免中国企业因为劳工权利保障问题卷入诉讼。[80]

另一方面，针对经济发展水平较高，与中国有着双向资本往来的国家，应当兼顾投资保护与劳工权利保护两种需求。该类国家经

---

〔77〕 王彦志：《中国在国际投资法上的身份转换与立场定位》，载《当代法学》2013 年第 4 期；何芳：《国际投资协定利益平衡化改革及中国的应对》，载《甘肃社会科学》2018 年第 4 期。

〔78〕 吴岚：《国际投资法视域下的东道国公共利益规则》，中国法制出版社 2014 年版，第 179 页。

〔79〕 詹晓宁：《全球外国直接投资形势及国际投资体制改革》，载《国际经济合作》2015 年第 7 期。

〔80〕 彭德雷：《论国际投资秩序中投资者保护与国家规制的二元结构——基于中国的实证考察与理论解释》，载《当代法学》2017 年第 4 期。

济发展水平较高，法律体系相对完善，相应地，投资风险较小。鉴于与此类国家开展投资活动中，双方均兼具资本输入国与资本输出国的角色，因此在缔结 IIAs 的过程中要实现投资保护与劳工权利等公共利益的平衡。从作为资本输出国的立场来看，中国仍要考虑对海外投资者的保护。从作为资本输入国的角度来看，中国在对外国资本施加一定程度的约束的同时，需要与投资者母国积极协商，完善抑或是增补劳工条款，要求外资积极承担保障劳工权利的社会责任，以实现中国经济社会的稳定、健康发展。

（三）争端解决：磋商对话，凝聚共识

伴随着投资仲裁的正当性危机，晚近投资条约呈现出了采用磋商、调解、调停等替代性争端解决方式的倾向。[81]对于"一带一路"倡议推进过程中产生的劳工争端，以磋商作为争端解决方式更为可取。"一带一路"强调各文明之间的包容互鉴，强调各国在尊重彼此文化尊严的基础上进行平等对话。[82]这与"一带一路"的定位是相适应的。"一带一路"倡议本质上是中国向国际社会供给公共产品以谋求各国共同利益之实现。[83]"一带一路"模式之下考虑的是中国自身与外部世界的利益诉求的交集。[84]中国一向重视本国利益与维护本地区乃至世界利益的结合。[85]中华民族一向推崇"以和为贵"，这在投资争端解决方面表现为中国政府一贯倾向于通过外交途径而非法律途径解决争端。[86]在贸易领域，中国已经有了通过磋商的方式解决劳工争端的条约实践。[87]通过协商对话更有利于寻找双

---

[81] 王彦志、王菲：《后危机时代国际投资全球治理的变迁：趋势、影响与成因》，载刘志云主编：《国际关系与国际法学刊》（第 5 卷），厦门大学出版社 2015 年版，第 206 页。

[82] 何志鹏：《"一带一路"：中国国际法治观的区域经济映射》，载《环球法律评论》2018 年第 1 期。

[83] 刘雪莲、夏海洋：《以共同利益推进人类命运共同体的构建》，载《吉林大学社会科学学报》2022 年第 1 期。

[84] 李向阳：《跨太平洋伙伴关系协定与"一带一路"之比较》，载《世界经济与政治》2016 年第 9 期。

[85] 王毅：《亚洲区域合作与中日关系》，载《外交评论》2005 年第 1 期。

[86] 银红武：《中国双边投资条约的演进——以国际投资法趋同化为背景》，中国政法大学出版社 2017 年版，第 281 页。

[87] 《中国—新西兰劳动合作谅解备忘录》（2008）第 4 条。

方利益的最大公约数：一方面，欧美国家追求的硬裁判模式不适合解决"一带一路"倡议之下产生的劳工争端，且硬裁判本身并非实现可持续发展的唯一进路；[88]另一方面，软磋商的模式更符合"一带一路"合作平台的包容理念，更多地考虑到东道国的公共政策空间，从而更易得到各国的接纳，也更利于加强投资者与东道国之间的对话，从而维持稳定的投资关系。

1. 硬裁判不宜被采纳

（1）从劳工保护争端自身出发，劳工议题本身兼具经济属性与社会属性，涉及东道国规制权的正当行使。投资者与东道国之间基于劳工等利益维护问题产生的争端具有公法争端的性质，[89]对此类议题的随意性解释有挤压人权等价值的合理存在空间的可能性。[90]若不将劳工争端排除在可仲裁事项之外，如约翰·G. 鲁杰（John G. Ruggie）所担忧的，东道国将面临国际仲裁的风险，[91]而仲裁威胁可能会带来监管上的"寒蝉效应"（Regulatory Chill），[92]使东道国在改进劳工保护相关的社会政策时受到束缚而犹豫不决。[93]对此，有学者明确提出，为避免投资仲裁机制对社会权利造成负面的潜在影响，可在投资协定中将劳工等涉及政策领域的事项排除在可仲裁事项之外。[94]

---

〔88〕 王彦志：《RCEP 投资章节：亚洲特色与全球意蕴》，载《当代法学》2021 年第 2 期。

〔89〕 王彦志：《国际投资争端解决机制改革的多元模式与中国选择》，载《中南大学学报（社会科学版）》2019 年第 4 期。

〔90〕 刘笋：《国际法的人本化趋势与国际投资法的革新》，载《法学研究》2011 年第 4 期。

〔91〕 John Ruggie, "Guiding Principles on Business and Human Rights: Implementing the U-nited Nations 'Protect, Respect and Remedy' Framework", https://undocs. org/en/A/HRC/17/31, last visited on Nov. 22, 2021.

〔92〕 UNCTAD, FDI Policies for Development: National and International Perspectives, https://unctad. org/system/files/official-document/wir2003overview_ en. pdf, last visited on Nov. 22, 2021.

〔93〕 Vid Prislan, Ruben Zandvliet, "Labor Provisions in International Investment Agreements: Prospects for Sustainable Development", in Andrea Bjorklund *et al.* eds. , *Yearbook of International Investment Law and Policy 2012/2013*, New York: Oxford University Press, 2013, pp. 369-370.

〔94〕 Valentina Cagnin, "Investor-State Dispute Settlement (ISDS) from a Labour Law Per-spective", *European Labour Law Journal*, Vol. 8, No. 3, 2017, p. 230.

（2）从"一带一路"倡议的客观情况出发，"一带一路"倡导"共商共建共享"。其中，"共商"是指集思广益、共商大计、凝聚共识，充分尊重各国发展理念，兼顾各方利益与关切，体现各方智慧和创意。[95]这与沿线国家重合作、重协商的一贯路径偏好是一致的。此外，"一带一路"沿线国家更倾向于追求主权政策空间，而不愿在劳工、环境等议题上受到硬约束。硬裁判的方式对抗性相对强烈，会打破沿线国家对于保留公共政策空间的期待，容易加重这些国家的不安情绪，使之对劳工议题更加抵触。此外，裁判的方式可能会使双方关系产生裂痕，影响后续的经贸往来。

2. 软磋商更易被接受

（1）磋商更加符合"一带一路"倡议"和平合作、开放包容、互学互鉴、互利共赢"的理念。通过磋商途径解决争端，本质是在合作氛围之下寻求矛盾的化解，以更加友好的方式定分止争，避免投资者与东道国关系撕裂，这更加符合二者的长远利益，有利于投资关系的维系以及后续合作的开展。[96]同时，在沟通交流之中，也能够增进投资者对于东道国的劳工法律、劳工政策、劳工文化、用工环境等的理解。"一带一路"倡议尤其强调文明之间的对话交流，包容互鉴，求同存异，兼收并蓄。[97]从促进各国在友好对话中实现互利共赢这个角度来看，磋商与"一带一路"倡议的理念更加吻合，是快速解决劳工争端的良好途径，并且有利于推动"一带一路"倡议的持续健康发展。[98]

（2）磋商更符合"一带一路"开放包容、灵活务实的合作模式。"一带一路"的合作模式充分尊重各方主动性，[99]旨在推动全球

---

[95] 廖丽：《"一带一路"争端解决机制创新研究——国际法与比较法的视角》，载《法学评论》2018年第2期。

[96] 陈安主编：《国际经济法》，法律出版社2016年版，第446页。

[97] 杨泽伟等：《"一带一路"倡议与国际规则体系研究》，法律出版社2020年版，第29页。

[98] 王卿：《"一带一路"经贸争端解决ADR体系的构建》，载《河北法学》2020年第8期。

[99] 何志鹏：《国家利益维护：国际法的力量》，法律出版社2018年版，第229页。

治理走向积极与自愿发展。[100] 对于非经济议题，欧美国家倾向于采用高度制度化、法律化的硬裁判机制。[101] 相比之下，软磋商的模式是灵活的、自主的。通过磋商寻求共识能够更好地了解各方真实意愿，兼顾各方的利益诉求，在争端产生后有效消解分歧，解决问题，在对话交流中增进理解，真正实现"共商共建"，这与"一带一路"的合作模式是相一致的。

（3）磋商更易被"一带一路"沿线国家所接受。为推动"一带一路"建设，中国应当争取较为广泛的国际认同。[102] 引入劳工标准易引起沿线有关国家的顾忌，将磋商作为相关争议的解决方式，能够相对避免一些国家出于疑虑而放弃投资。[103] 磋商的方式更具有柔和性、渐进性。在"一带一路"合作框架之下，更多的是中国企业对外进行投资，通过磋商解决经济交往活动中产生的一系列问题与障碍，会相对减少对于东道国的压力，更易得到东道国的认可与接受。[104]

进一步讲，采用软磋商的方式应当明确细节规定，对磋商的形式、内容，磋商过程中的时限等进行相对细致的规定。[105] 中国与"一带一路"沿线国家之间签订的 IIAs 相对保守陈旧，即便有关磋商的规定，也大多是原则性的、粗糙而模糊的。例如，仅规定"缔约国一方的投资者与缔约国另一方之间就在缔约国另一方领土内的投资产生的争端应尽量由当事方友好协商解决"。在纳入有关协定实施的磋商机制方面，可参照一些有益的 BIT 实践。例如，1988 年

---

〔100〕 Zhang Chun, "The Belt and Road Initiative and Global Governance in Transition", *China Quarterly of International Strategic Studies*, Vol. 3, No. 2, 2017, p. 178.

〔101〕 王彦志：《中国模式与国际经济法律秩序变迁》，载刘志云主编：《国际关系与国际法学刊》（第9卷），厦门大学出版社 2021 年版，第 244 页。

〔102〕 石静霞：《"一带一路"倡议与国际法——基于国际公共产品供给视角的分析》，载《中国社会科学》2021 年第 1 期。

〔103〕 黄洁：《美国双边投资新规则及其对中国的启示——以 2012 年 BIT 范本为视角》，载《环球法律评论》2013 年第 4 期。

〔104〕 何志鹏：《"一带一路"：中国国际法治观的区域经济映射》，载《环球法律评论》2018 年第 1 期。

〔105〕 蒋德翠：《中国—东盟自贸区投资争端解决机制的困境与出路》，载《河北法学》2020 年第 5 期。

中国—日本 BIT 第 14 条规定："缔约双方应当建立由双方政府代表构成的联合委员会（joint committee），以审查本协定的执行情况以及与两国投资有关的事项，对于本协定以及与本协定的适用有关的事项进行磋商……"[106]此规定为 BIT 注入了动态因素，同时也为两国提供了"可以在投资政策与规范互惠投资的法律方面进行持续对话的框架"[107]。再如，中国订立经贸条约的里程碑 CAI，对制度化磋商进行了详细的规定。CAI 在可持续发展章节下规定了磋商和专家组机制作为解决纠纷的机制，以七个条款对磋商的书面形式、磋商请求的内容、磋商的时限、磋商期间双方应做出的准备、磋商的保密性等作了规定。[108]未来，中国在对 IIAs 进行更新换代的过程中也应对磋商规则进行细化，以真正发挥磋商对于解决劳工纠纷的作用。[109]

五、结语

"一带一路"倡议不仅仅是发展经济的契机，也是中国对于全球治理的新的探索，是对国际规则的创新发展。[110]随着国际投资形势的发展变化，国际投资条约迎来了转型升级的关键时期，也激发了各国对于劳工、环境等新的具体议题的探讨。"一带一路"倡议之下，各国追求的不仅仅是经济增长，也有政治互信与长远发展。"一带一路"倡议并不仅仅是经济议题，也是法律议题、政治议题。单纯追求经济上的发展并不符合"一带一路"倡议的精神实质：一方面，审时度势纳入劳工保护条款，积极推动海外投资承担起社会责任，彰显对于东道国的政策的尊重，能够为中国赢得声誉，也能够

---

〔106〕 Agreement between Japan and the People's Republic of China concerning the Encouragement Reciprocal Protection of Investment（1988），Article 14.

〔107〕 Heribert Golsong，"China-Japan：Agreement concerning the Encouragement and Reciprocal Protection of Investment"，*International Legal Materials*，Vol. 28，No. 3，1989，pp. 575-576.

〔108〕 China-EU Comprehensive Agreement on Investment（2020），Section IV，Sub-section 4，Article 1.

〔109〕 石静霞、董暖：《"一带一路"倡议下投资争端解决机制的构建》，载《武大国际法评论》2018 年第 2 期。

〔110〕 何志鹏：《"一带一路"与国际制度的中国贡献》，载《学习与探索》2016 年第 9 期；何志鹏、孙璐：《中国与国际法的相互建构》，载刘志云主编：《国际关系与国际法学刊》（第 9 卷），厦门大学出版社 2021 年版，第 108 页。

回应个别国家的质疑；另一方面，考虑到"一带一路"倡议本身的特质以及沿线国家的发展情况，采纳更高的劳工标准的时机并不成熟，目前宜对劳工保护议题采取一种渐进推进的态度。

"一带一路"是推动全球平衡、包容和可持续发展的智慧设计。[111]中国作为"一带一路"倡议的倡导者，应当有引领"一带一路"倡议健康平稳发展、构建国际经济新秩序的自信与作为。推动"一带一路"倡议的繁荣发展必须提升法治化水平，目前我国与沿线国家的 IIAs 虽有规模，但质量与水平仍有提升空间。[112]中国应当同"一带一路"国家增强互信、扩大经济合作，积极参与新的 IIAs 规则的制定，引领 IIAs 朝着可持续、平衡化方向发展，共同促进"一带一路"的健康、稳定发展。[113]虽不可明确预知前路，但通过各国在交流与互鉴中共谋发展，"一带一路"定会在以后的岁月里熠熠生辉。

Labor Protection Provisions in International Investment Agreements under the "Belt and Road" Initiative：Status Quo，Motivation and Way Forward

He Zhipeng，Geng Siwen

Abstract：China has concluded a large number of international investment agreements with countries along the "Belt and Road" Initiative (BRI)，but these investment agreements generally do not pay attention to labor issues. In order to conform to the balanced development trend of the BRI international investment agreements，to promote the sustainable development of economy and society of the countries along the route，and to

---

〔111〕 杨泽伟等：《"一带一路"倡议与国际规则体系研究》，法律出版社 2020 年版，第 24 页。

〔112〕 石静霞：《"一带一路"倡议与国际法——基于国际公共产品供给视角的分析》，载《中国社会科学》2021 年第 1 期。

〔113〕 曾华群：《共同发展：中国与"一带一路"国家间投资条约实践的创新》，载《国际经济法学刊》2019 年第 1 期；刘敬东：《"一带一路"法治化体系构建研究》，载《政法论坛》2017 年第 5 期。

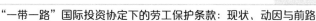

promote responsible investment, it is necessary to incorporate labor protection provisions. At the same time, due to the differences in degree of sensitivity and acceptance of labor issues among countries along the BRI, it is not appropriate to set out specific and concrete labor provisions or set relatively high labor standards. In the future treaty-making practice, it is proper to accept the labor issues in a gradual manner and in a limited way and distinguish between different countries in the treaty-making process. And it is appropriate to adopt consultation as way of dispute settlement to seek consensus among countries and to resolve disputes effectively.

Keywords: The "Belt and Road" Initiative; Labor Protection; International Investment Agreements

"冰上丝绸之路"背景下中国对北极能源投资法律风险防控研究[*]

岳树梅[**]　严思聪[***]

摘　要：北极地区能源储备丰富，被誉为"第二个中东"。随着"冰上丝绸之路"倡议下能源合作的日益拓展，我国对北极地区能源投资法律风险也不断加大。能源投资准入法律风险、环境保护法律风险以及能源投资争端法律风险，都潜在威胁中国对北极地区能源投资的水平。因此有必要重新审视中国对北极地区能源投资国内法与国际法保障的缺憾，提出完善方案，从而加快中国对北极地区能源投资步伐。中国可以尝试通过明确北极能源投资基本法律原则，健全海外能源投资保护国内法律体系，加强北极地区能源投资国际法保障和设立常设性能源投资协商机构等措施，捍卫中国能源投资者合法权益。

关键词："冰上丝绸之路"；北极地区；能源投资；法律策略

引　言

中国政府于 2018 年发表了关于北极地区的政策性文件——《中国的北极政策》白皮书，该文件提出共建"冰上丝绸之路"，希望加强中国与北极国家间互联互通和经济社会可持续发展带来的合作机遇。"冰上丝绸之路"是中国北极政策的重要倡议，是我国认识北

---

　* 基金项目：2020 年国家社科基金重大招标课题"人类命运共同体理念下我国核安全治理体系和治理能力现代化研究"（项目编号：20&ZD162）。

　** 西南政法大学国际法学院教授，博士生导师，西南政法大学核安全法律研究中心主任。

　*** 西南政法大学 2019 级国际法专业硕士研究生。

极、保护北极、利用北极和参与北极的国家战略。同时，"冰上丝绸之路"也是中国与北极国家合作的桥梁，是实现贸易互补、满足投资需求的重要平台。以能源合作为重心的产业合作是"冰上丝绸之路"建设研究的重点内容，对北极国家展开能源合作也成了"冰上丝绸之路"的关键目标之一。

中国与北极国家开展能源合作是双向互惠：一方面，对于北极地区国家而言，与中国开展能源合作有助于其获得中国资本、技术以及消费市场。另一方面，受制于能源主权和地缘政治因素的影响，中国难以独立开展北极地区能源开发与输出活动，所以通过与北极国家建立合作关系来实现这一目标，具有较大的可能性。中国对北极地区的能源投资也可以缓解我国石油、天然气资源国内供给匮乏的现状，有益于我国有效参与北极地区能源开发的历史进程。目前，我国企业对北极地区投资，尤其是能源投资规模不断上升，但是如火如荼的能源投资浪潮下也暴露出许多法律风险。因此，有必要梳理与检视我国对北极地区能源投资法律风险防控机制的不足，进而有针对性地探究法律应对策略与措施，从法律保障层面，推动我国与北极国家能源投资合作。

一、中国对北极地区能源投资面临的法律风险

在过往中国对外投资实践中，尤其是能源资源类投资，中国投资者时常遭遇法律风险，并且造成巨额投资损失。晚近，由国家主权衍生的国家对自然资源绝对控制的倾向加重，风险发生的频率也随之升高。[1]"冰上丝绸之路"背景下中国对北极国家能源投资不同于以往的中国对外能源投资实践，北极地区生态脆弱、环境保护要求高、人口稀少、开发难度大且地缘政治性强，这些都给中国对北极国家能源投资带来极大的挑战和风险。因此，有必要对中国在北极国家能源投资过程中可能面临的法律风险进行研判，从而助推中国能源企业以高效、安全和可持续的方式进行海外能源投资。

---

〔1〕 梁咏：《中国海外能源投资法律保障与风险防范》，法律出版社 2017 年版，第 25 页。

（一）能源投资准入法律风险

北极地区各个国家对能源投资准入条件的设置采取严格且谨慎的态度。尽管北极地区能源储备丰厚，但沿线国对于外资进入本国开发能源资源采取较为保守的态度。能源天生具有极强的战略价值，东道国往往主观上不愿意外国投资者涉足本国的能源行业。它们通过采取限制手段，构成客观层面的准入壁垒，阻碍外国能源投资者的进入。中国能源投资者有必要熟悉北极国家的能源投资法规，对于可能存在的法律风险作出判断，并提早进行准备与预防。

1. 俄罗斯的能源投资准入制度及其风险

俄罗斯作为世界能源大国，在经历数轮司法改革后，已经基本形成较为完整的外国能源投资法律体系，建立了覆盖能源投资、能源开发以及销售运输等领域的法律制度。[2]

对于涉及联邦级别地下资源开采、水下资源开发等领域，外资企业的并购行为被俄联邦政府严格限制。如果具有外国政府、国际组织背景及在它们控制下的组织对联邦级地下资源公司的直接或间接股权超过5%，则需向外国投资者监管委员会提交申请，而且上述主体将不被允许进行任何致使战略性公司控股权变更的交易发生。[3]此外，《俄罗斯联邦矿产法》规定，政府对非生物资源的开采权和外国能源投资者的投资行为采取较为严格的管控措施。

实现能源价值和完成市场准入的前提是能源进入市场流通。能源、经济、法律三者有着天然的关联性：一方面，能源为市场带来活力；另一方面，法律为能源运行提供制度保障和良好的竞争环境，

---

〔2〕 具体有《俄罗斯联邦外国投资法》（2011年修订）以及《俄罗斯联邦产品分成协议法》《俄罗斯联邦地下资源法》《俄罗斯联邦大陆架法》《俄罗斯联邦对保护国防和国家安全具有战略意义的企业进行外国投资的程序法》《俄罗斯联邦天然气出口法》等，这些法律规范除了明晰基本的投资概念和保护标准外，还设置涵盖行业准入审查、反垄断审查和国家安全审查三个层级的法律制度。

〔3〕 2008年生效的《俄罗斯联邦对保护国防和国家安全具有战略意义的企业进行外国投资的程序法》第4条第1款明确规定，如果境外的投资者可获得战略性实体的控股权，则需要接受俄罗斯政府的检查；第6条详细列出了具有战略意义的活动类型，其中包含自然资源领域，从事联邦级矿产、矿藏的研究、勘探和开采，开发和捕捞水生物资源等，其中位于油气田的自然资源更被视为"联邦的重要性"。

规范能源进入市场的各种行为。[4]自然垄断性是能源行业的显性特征，如果政府不能限制这种垄断力量，不仅会伤害能源消费者的利益，而且会危害国家能源安全，所以东道国对外来投资者的能源投资行为有必要进行反垄断审查。

从整体上看，俄罗斯能源投资准入法律制度变动较为频繁，可预期性差。近年来，俄罗斯受到个别区域性国际组织和国家的经济制裁，使得投资者在能源投资过程中面临现实风险。而且俄罗斯作为联邦制国家，联邦各主体和自治地方都拥有一定的自治权力，相关外资准入法律制度也分为三个层次，分别为俄联邦、联邦各主体及自治地方。这使得联邦各主体和自治地方颁布的规范性文件与联邦法律存在潜在冲突的可能，给外国投资者进入俄罗斯投资的前景带来一定程度的不确定性，不利于吸引海外资金的流入。

2. 北欧国家能源投资准入制度及其风险

冰岛是欧洲最西部的国家、北大西洋公约组织成员国，靠近北极圈。虽然目前冰岛尚未加入欧盟，但其在 1994 年加入了欧洲经济区（EEA），因此冰岛需履行《欧洲经济区协定》所规定的国家义务。冰岛投资准入法规也自然具有地缘政治色彩。冰岛采取双重外资准入标准，对 EEA 的居民、企业及其他国家的居民和企业采取不同的准入标准。[5]非 EEA 成员国的任何个人或企业在冰岛经商或运营无限责任企业，需向冰岛的产业和创新部及相关部门提出申请，而 EEA 成员国的居民和企业则无需申请。[6]

格陵兰岛是北极地区最大的岛屿，也是丹麦王国的自治领地，全境约 4/5 的地域面积位于北极圈以内。格陵兰岛拥有大量的矿产

---

〔4〕 郑佳宁：《能源市场准入法律制度的四维架构》，载《中国政法大学学报》2011 年第 4 期。

〔5〕《非冰岛居民投资商业企业法令》（No. 34/1991，也称《冰岛外国居民投资商业企业法》）第 3 条对外国投资设立了准入标准，"在本条例规定的限制或其他特殊立法的范围内，在符合其他条件和获得法律要求的许可证的基础上，非居民有权在冰岛投资企业。"第 4 条规定，"只有冰岛公民和其他冰岛实体，以及居住在欧洲经济区其他成员国的个人和实体，可以获得能源开发权，为非居民使用目的的开发瀑布和地热能。"

〔6〕《对外投资合作国别（地区）指南——冰岛（2021 年版）》，载 http://www.mofcom.gov.cn/dl/gbdqzn/upload/bingdao.pdf，最后访问日期：2021 年 12 月 10 日。

资源。[7]2009 年《格陵兰岛自治政府法案》（Act on Greenland Self-Government）生效，格陵兰获得高度的自治权，享有除外交、安全和司法外所有的国家权力。格陵兰岛政府对岛内自然资源进行治理，实行自治。[8]格陵兰岛目前还未颁布专门的外商投资法，也未规定相关行业的准入限制。外国投资者只要遵守格陵兰岛相关的法律制度，就可与岛上居民享受同等的待遇标准，不会面临特殊的投资准入标准和行业限制。与格陵兰岛的外资准入政策相似，丹麦也未对外国投资进行限制，除非涉及国家安全和国内航空运输等行业，否则外国企业与个人均可自由设立企业，享有国民待遇标准。

外国投资者在挪威享有国民待遇标准。但在实践中，外国投资者很难在渔业、采矿或水力发电等行业获得经营许可。[9]在挪威有一块特殊的领土——斯瓦尔巴群岛，适用于该群岛的《斯瓦尔巴德条约》（Svalbard Treaty）第 3 条规定，在遵守当地法规和法律的前提下，缔约国国民可以在绝对平等的基础上进行所有海洋、工业、矿产和商业活动。这为中国开展对北极地区能源投资准入提供了法理基础。

瑞典和芬兰都属于领土处于北极圈内，却不直接连接北冰洋的非北冰洋国家。瑞典与芬兰对外国投资者实行国民待遇标准，外国投资者享有与本国公民和企业相同的权利。但是作为外国投资者，在特定领域，如涉及国家安全、国民身心健康、金融等行业，东道国通过发放许可证或牌照等手段限制外国资本输入，外国投资者只

---

[7] Bent Ole Gram Mortensen, "Arctic Mining: The Case of Greenland", *The Yearbook of Polar Law*, Vol. 7, 2015, pp. 102-127.

[8] 《格陵兰岛矿产资源法》规定，从 2010 年 1 月 1 日起，格陵兰自治政府开始全权行使格陵兰岛的石油、天然气及其他矿产自然资源管理权，包括发放矿产资源勘探许可证、与企业洽谈、颁发资源开采营业执照等。格陵兰矿产石油局（BMP）负责管理格陵兰岛勘查开发石油和矿产的活动并提供相关服务，发放四种矿业权许可证：探矿许可证、勘探许可证、特别勘探许可证和开采许可证。其中开采许可证只授予格陵兰本地公司，非格陵兰本地公司只能在格陵兰勘查矿产，无法获得开采许可。

[9] 《对外投资合作国别（地区）指南——挪威（2021 年版）》，载 http://www.mofcom. gov. cn/dl/gbdqzn/upload/nuowei. pdf, 最后访问日期：2021 年 12 月 11 日。

有通过相关部门审核才有资格进入这些领域。[10]

综上所述，虽然北欧五国对于中国能源投资者来说投资前景广阔，但是中国能源投资者对北欧五国进行能源投资尚存在一定程度的风险：一方面，北极地区地缘政治复杂，北欧国家排斥域外国家参与北极事务，对中国参与北极地区能源投资合作也始终保持警惕。例如 2012 年，中坤集团的冰岛投资计划就受到冰岛乃至其他利益攸关国家的集体抵制。[11]对于以国有企业为主体的中国能源投资者来说，北欧五国或许会在颁发许可证、资质审查的过程中，对中国企业进行国家安全审查和政府特许审查，并可能随时以威胁国家利益为由拒绝来自中国的投资。另一方面，2019 年，欧盟通过了对外商投资进行筛选及监管的法律框架，即 2019/452 号令。芬兰、丹麦和瑞典作为欧盟成员国，欧盟法律自然成为其法律体系的一部分。[12]这意味着中国对芬兰、丹麦和瑞典三国的能源投资还需受到欧盟机构的审查。

（二）环境保护法律风险

随着能源投资范围的扩大与方式的演进，在能源基础设施建设及能源开发与输出的过程中，或多或少都会伴随着对环境的损害。北极生态系统与全球生态系统关系密切，牵一发而动全身，在全球气候调节中发挥着无可替代的作用，与人类的生存发展有直接关系。一旦能源开发、输出过程中存在失序与不当，将对北极生态系统造成不可逆的损失，损害结果最终将转嫁到全人类的身上，因而北极地区的环境保护也成为北极国家最为关心的事项。

从现有国际法律制度上看，《联合国海洋法公约》《联合国气候

---

〔10〕《对外投资合作国别（地区）指南——芬兰（2021 年版）》，载 http://www. mofcom. gov. cn/dl/gbdqzn/upload/fenlan. pdf，最后访问日期：2021 年 12 月 13 日；参见《对外投资合作国别（地区）指南——瑞典（2021 年版）》，载 http://www. mofcom. gov. cn/dl/gbdqzn/upload/ruidian. pdf，最后访问日期：2021 年 12 月 11 日。

〔11〕任沁沁、王亚光：《中坤冰岛项目再受阻 谁在折腾"简单投资"?!》，载 http://finance. people. com. cn/n/2012/1204/c70846-19788880. html，最后访问日期：2021 年 12 月 14 日。

〔12〕EUR-Lex 网站，载 https://eur-lex. europa. eu/legal-content/EN/TXT/? uri=CELEX%3A32019R0452&qid=1639483906549，最后访问日期：2021 年 12 月 14 日。

变化框架条约》《国际干预公海油污事故公约》《防止倾倒废弃物及其他物质污染海洋的公约》以及 IMO、北极理事会等国际组织都对北极地区的环境保护标准以及惩处方式作出了较为严苛的规定。由于北极地区大部分能源资源在近海地区，位于主权国家境内，这就使得北极地区能源合作不可避免要受到主权国家国内法的管制。以俄罗斯为例，2013 年俄罗斯政府出台《俄罗斯"北方海航道"水域商业航运法律修正案》，其规定通行船舶需要提前向北方海航道管理局提出申请，经审核通过方可进入该海域。除此之外，俄罗斯政府还制定了关于北方海航道航行的许可、航程中的报告、准入期间和区域、破冰船领航与引航员冰区引航等规则，并要求船舶在通行北方海航道时必须购买保险或者提供经济担保。[13]俄罗斯政府希望通过设立高标准的国内环境规制，对通过该地区的船舶及可能存在的海洋污染进行管控。

　　鉴于多部环境领域的国际公约和北极地区各国环境保护法律制度都规定了较为严苛的保护标准，这给我国能源投资者带来了潜在的法律风险。虽然国际环境法并未对一个国家海外能源投资规模和总量作出硬性规定，但现行国际环境法律机制却对发达国家和某些发展中大国的碳排放总量进行限制，此举势必会对我国在北极地区的能源投资产生一定消极影响：[14]首先，中国企业可能在获得了北极地区石油、天然气和煤炭的勘探权和开采权后，受制于碳排放总量的限制，最后无法运回中国消费。其次，随着国际环境公约对北极国家国内法所产生的影响，北极地区各国会加重本国环境法中外国企业的法律责任和社会责任，提高外国企业的经济和社会成本。

　　北极地区存在众多环境保护法律规范，但是从实际效果看，其环保标准并不一致，这将给中国对北极地区能源投资带来多重法律风险：一方面，就其北极地区环境保护规制特征而言，规制方式表

〔13〕 张侠等：《从破冰船强制领航到许可证制度——俄罗斯北方海航道法律新变化分析》，载《极地研究》2014 年第 2 期。
〔14〕 何力：《国际环境法硬法化趋势下的中国海外能源投资》，载《东方法学》2011 年第 1 期。

现为受到国际气候变化法和国际海洋法的双重规制，规制目标兼具行为导向的风险预防和结果导向的损害预防。[15]一些国际组织和机构对北极地区环境变化的态度存在分歧，环保的侧重点也不一致，这导致北极地区能源开采环保标准差异化明显。如何适应不同的环保标准，将给我国对北极地区能源开发与输出带来较大的挑战。另一方面，如果在能源开发和输出过程中发生环境污染事件或油气泄漏事故，除了支付高昂的维修成本和恢复成本外，我国能源投资者还将承担巨额的损害赔偿责任。

相比其他能源产区，北极地区脆弱的生态系统更容易面临环境问题。能源投资行为若危及生态环境，那么中国能源投资企业被东道国政府、民众和环保组织提起司法诉讼的可能性将加大。[16]一旦能源投资者陷入诉讼，除了面临高昂的诉讼成本和消耗巨大诉讼精力外，还将面临声誉风险，损害投资者甚至是投资者母国的形象。

（三）能源投资争端法律风险

海外能源投资周期长、资金量大、运营维护不易，同时"冰上丝绸之路"沿线国家对外来资金保护、市场对外开放程度等存在差异。因此，我国投资者需要将争端解决机制作为保护海外能源投资的重要武器。能源类投资作为海外投资主要领域之一，伴随着商业、政治等多重风险，极易产生争端。[17]据 ICSID 统计，截至 2020 年 12 月 31 日，《ICSID 公约》和附加设施规则共登记 803 起案件，其中石油、天然气及矿产占 24%，电力及其他能源占 17%。[18]因此，中国企业在对北极国家进行能源投资时，需对投资争端解决机制进行一定了解，做好充足的准备。

理论上，东道国政府和外国投资者间能源争端解决的法律途径

---

〔15〕 王阳：《全球海洋治理视野下海洋气候变化的法律规制：现状、特征与前景》，载《边界与海洋研究》2021 年第 1 期。

〔16〕 韩秀丽：《中国海外投资中的环境保护问题》，载《国际问题研究》2013 年第 5 期。

〔17〕 张正怡、郭爽：《亚洲国家涉能源类投资争端解决机制研究——兼谈对中国的启示》，载《仲裁研究》2020 年第 2 辑。

〔18〕 ICSID, *The ICSID Caseload-Statistics*, Issue 2021-1, pp. 8, 12.

主要有政治解决途径、司法解决途径和仲裁解决途径。国际投资仲裁是目前运用最为普遍的保护投资合法权益的重要法律手段。ICSID机制和特定仲裁机制是国际投资仲裁的两种主要形式。实践中，中国的企业已经通过 ICSID 起诉过东道国政府。特定仲裁是指在东道国和投资者母国签订的双边投资协定当中临时约定的仲裁措施，投资者可以运用这个条款起诉东道国。相对政治解决方式和司法解决方式，仲裁机制具有一定的优越性，但是中国运用仲裁机制解决争端的实际效果，却不尽如人意。[19]

北极五国和俄罗斯均已加入 ICSID 机制，不过俄罗斯国内立法机构尚未批准《ICSID 公约》，所以公约对其并未正式生效。与此同时，丹麦所属的格陵兰岛由于拥有高度自治权，是否适用 ICSID 机制，还存在"灰色地带"。由此可知，ICSID 机制并不能完全覆盖"冰上丝绸之路"倡议下的能源投资争端。

双边投资协定是我国海外能源投资的"防火墙"，也是解决能源投资争端的法律途径之一。目前我国与北极国家均签署了双边投资协定，不过现有 BITs 中尚存在不少法律问题：首先，中国与"冰上丝绸之路"部分沿线国家签署的 BITs，对于提交仲裁的事项受限于"与征收相关的任何补偿争议"。随着我国对北极国家能源投资的不断加大，提交仲裁事项的有限性会对我国对北极地区能源投资争端解决造成一定困扰。其次，部分 BITs 规定了争端提交仲裁或司法解决的前置性规定，比较常见的是协商、调解或谈判等。这些前置性规定不尽相同，有些 BITs 对前置规定起始时间、解决方式和解决期限都较为模糊，如中国—瑞典 BIT 就未明确前置规则的起始时间和仲裁事项等内容。[20]前置性规定内容不明确容易产生争议，降低协商谈判的效率。最后，我国与北极国家签署的 BITs，部分签署于 20

---

〔19〕 据不完全统计，中国在国际商事合同争端解决中，存在"90%"特征，具体为90%选择仲裁方式、90%选择外国仲裁以及 90%的中方败诉。

〔20〕《中华人民共和国政府和瑞典王国政府关于相互保护投资的协定》，载 http://tfs. mofcom. gov. cn/aarticle/h/au/201001/20100106724182. html，最后访问日期：2021 年 12 月14 日。

世纪八九十年代，时间间隔久远且内容较为简略。[21]若发生能源投资争端，中国企业的利益很难通过 BITs 得到充足保障。

BIT 名称	争端解决方式	仲裁事项	仲裁庭
中国—俄罗斯 BIT	司法解决/仲裁择一	全　面	ICSID/ICSID 附设仲裁/UNCITRAL 仲裁
中国—冰岛 BIT	司法解决优先	补偿额	ICSID/专设仲裁
中国—丹麦 BIT	司法解决/仲裁择一	全　面	ICSID/UNCITRAL 仲裁
中国—瑞典 BIT	司法解决/仲裁择一	无规定	ICSID/UNCITRAL 仲裁
中国—芬兰 BIT	司法解决/仲裁择一	全　面	ICSID/UNCITRAL 仲裁
中国—挪威 BIT	司法解决优先	补偿额	专设仲裁

资料来源：中国商务部双边投资协定一览表[22]。

二、"冰上丝绸之路"倡议下中国对北极能源投资法律风险防控现状

（一）中国对北极能源投资法律风险防控的国内法制现状

北极能源投资获得需要投资者母国法律及其政策的指导与帮助。相比美国、德国等海外投资保护制度较为完善的国家，我国海外能源投资保护制度较为年轻，还存在着投资保护覆盖范围不足、保护力度有限等问题。

"一带一路"实施至今，我国海外投资正迈入新阶段，能源投资也随之持续增长。晚近，我国海外投资法律制度日趋完善，现有的多部有关海外投资法律规范可适用于能源投资领域，也构造了一些

---

〔21〕 中国先后于 1982 年、1984 年、1985 年、1994 年、2004 年和 2006 年分别与瑞典、挪威、丹麦、冰岛、芬兰和俄罗斯签订 BIT。

〔22〕 参见《我国对外签订双边投资协定一览表 Bilateral Investment Treaty》，载 http://tfs. mofcom. gov. cn/article/Nocategory/201111/20111107819474. shtml，最后访问日期：2021 年 12 月 14 日。

保护海外能源投资的专门性制度。但整体上，我国国内对海外能源投资的支撑力与保障力还有所欠缺，许多法律规范还停留在部门和地方性规章层面，还未构建起切实有效的国内法律制度体系。

1. 海外能源投资管理制度

中国海外能源投资管理制度的主要依据是包括部门规章在内的规范性文件。[23]我国审核境外投资项目主要采取"备案制为主，核准制为辅"的模式。根据《境外投资项目核准和备案管理办法》第7条的规定，只有涉及敏感国家/地区、敏感行业的境外投资，才需报请国家发展改革委审核批准。此外，当投资额大于20亿美元时，需由国家发展改革委提出审核意见报国务院批准。[24]海外能源投资虽然不属于敏感行业的境外投资项目，但是由于海外能源投资资金量巨大，我国目前仍以核准制为主。

2. 海外能源投资保险制度

保险制度是海外能源投资法律体系中不可缺少的一部分，但我国并没有设立具有"国家保险"性质的海外投资保险机构。目前，中国出口信用保险公司（以下简称"中国信保"）代为承保我国海外投资保险业务，但其在承保过程中缺少清晰的法律依据：一方面，法律并未明确将海外投资保险纳入中国信保的投保范围；另一方面，法律也并没有确立中国信保作为合法海外保险的承保机构的主体地位。[25]中国信保承担海外投资保险业务的主要依据是商务部和国家发展改革委发布的经济政策性文件。此外，中国信保每年定期发布《国家风险分析报告》，这对于中国在北极能源投资法律风险防控具有一定参考和指引作用。

---

〔23〕如《境外投资管理办法》、《外商投资企业设立及变更备案管理暂行办法》（商务部令2016年第3号并于2017年、2018年修正）、《境外投资项目核准和备案管理办法》（国发〔2014〕9号）等规制办法。

〔24〕国家发展改革委《境外投资项目核准和备案管理办法》（国发〔2014〕9号），2014年4月8日发布。

〔25〕刘笑晨：《中国海外投资保险法律制度研究——基于"一带一路"倡议和全球治理理论视角》，载《财经问题研究》2018年第4期。

3. 海外能源投资环境保护制度

中国政府一直重视海外投资环境保护问题，并且已经颁布了一系列规范性文件。例如，2013 年，商务部与环境保护部联合印发《对外投资合作环境保护指南》，其明确规定了我国海外投资者需要开展环境影响评价、东道国环境管理体系认证和产品环境认证等生态环境保护的主体责任。[26] 2014 年《境外投资管理办法》发布，该办法要求境外投资的中国企业积极履行社会责任，做好环境保护工作。此外，还有《关于推进绿色"一带一路"建设的指导意见》《中央企业境外投资监督管理办法》《绿色投资指引（试行）》等文件均对我国企业境外投资环境保护问题作出相关指导，要求中国企业应当保护当地资源环境，积极履行社会责任，加强与东道国政府、商界和民间组织等各界的公共关系，讲好中国环保故事。

（二）中国加入北极能源投资法律风险防控的国际法制现状

我国已经与"冰上丝绸之路"沿线国家签署了一定数量的双边、区域和多边协定，现有法律机制对中国参与北极地区能源投资法律风险防控发挥了积极的作用。通过对双边投资协定、多边投资协定以及国际能源合作机制进行梳理，分析中国在北极地区能源投资法律防控的国际法保障现状。

1. 双边投资条约

双边投资条约是保护海外投资的重要武器，中国已经同"冰上丝绸之路"沿线国家均签署了双边条约，从而约束东道国的行为，这对中国对北极地区能源投资法律风险的防范起到了至关重要的保障作用。

当前，我国与北极地区国家签署的双边投资协定的内容涵盖投资范围、投资待遇标准、征收补偿措施和投资争端解决机制等条款，涉及投资准入前、投资进行时和投资后的商业运营及退出的多个阶段，其中既有对东道国的实体性要求，也有程序性要求，是维护中国投资者权益的重要武器。

---

[26] 肖蓓：《中国企业投资"一带一路"国家的生态环境风险及法律对策分析》，载《国际论坛》2019 年第 4 期。

2. 多边投资协定

从数量上来看，多边投资协定少于双边投资协定，并且数个多边投资协定在目的、内容上显示出不一致性甚至是对立性。但是难以否认的是，无论 ICSID 投资仲裁解决机制还是多边投资担保机构（MIGA）投资担保机制在国际贸易、投资等领域受到普遍的认可和应用。

（1）ICSID 对北极能源投资法律风险防控的作用。中国能源投资者在北极地区进行能源投资的过程中，遭遇投资风险和投资争端在所难免，一套完善的投资争端解决体系可以保障能源投资活动顺利进行。完善的投资争端体系不仅能够解决投资争端，维护投资者合法权利，还可进一步促进投资者在东道国投资的积极性。ICSID 是"冰上丝绸之路"大部分沿线国加入的机构，也是全球首个专门解决投资者与东道国之间投资争端的国际机构，条约缔约国众多。中国于 1993 年加入《ICSID 公约》，当我国能源投资者与东道国产生能源争端时，可以寻求 ICSID 的司法救济。[27]

ICSID 机制创造了一种相对中立的争端解决机制，较好地平衡了投资者与东道国之间投资争端解决的灵活化与法律化。成员国可以自由决定将何种投资争端提交到 ICSID，并且可以将用尽东道国当地救济作为 ICSID 管辖的前提条件。ICSID 在法律适用上灵活度较高，尊重当事方的意愿，其可以协议约定适用何种实体法。ICSID 以当事方同意为其管辖的基础，但是一旦接受 ICSID 的仲裁管辖，任意一方当事人就不能任意撤销其同意。争端双方不得阻碍仲裁程序的进行，也不可以对 ICSID 仲裁裁决进行任何国内司法审查，只有 ICSID 下设的专门委员会可以对裁决结果进行形式和程序审查。在 ICSID 机制中，能源投资者可以获得与东道国平等的法律地位。双方依据规则而非权力选择仲裁员组成仲裁庭，并在独立、公正的基础上解决国际能源投资争端，有助于维护能源投资者、东道国与投资者母国三者间的利益，营造良好的国际能源投资环境。此外，由于《ICSID

---

〔27〕 ICSID 网站，载 https://icsid. worldbank. org/about/member-states/database-of-member-states/member-state-details？state＝ST30，最后访问日期：2021 年 12 月 20 日。

公约》没有上诉条款，同时裁决往往仅涉及金钱给付问题，裁决结果容易得到有效执行，这为中国在北极地区能源投资中的法律风险提供了高效的争端解决机制。

（2）多边投资担保机构对北极能源投资法律风险防控的作用。鼓励会员国之间，尤其是发达国家向经济欠发达的会员国进行生产性投资是 MIGA 的目标之一。MIGA 通过承保非商业性风险，避免因非商业性风险造成利益损失，从而保障投资者利益。MIGA 机制承保范围包括货币汇兑险、征收及类似措施、违约险、战争及内乱险、不履行金融支付义务以及其他非商业风险。[28]同时，代位求偿权是 MIGA 的关键所在，在 MIGA 依法代位取得投资者对东道国或其他债务人所拥有的索赔权后，投资者与东道国之间的投资争端就会转化为东道国与国际组织间的投资争端，进而减少投资者在发展中国家所面临的非商业风险。此外，MIGA 作为政府间国际组织，无需过多考虑经济因素，更多关注对东道国发展的贡献，受非商业风险影响较小，有利于提高能源投资者与东道国间的信赖值，推进双方在能源领域的深度合作。

3. 国际能源合作机制

晚近，国际能源治理机制对多边及双边间能源合作的作用日益凸显。一些国际能源治理平台在国际能源投资贸易领域扮演着重要角色，如国际能源署（IEA）、二十国集团（G20）、国际能源论坛（IEF）等。现有的国际能源合作机制及平台对于我国北极能源投资法律风险防控能够起到一定的补充作用。

（1）IEA。IEA 是目前能源领域最具影响力的政府间国际组织之一。IEA 成立之初，主要是为了抗衡石油输出国组织（OPEC），为此制定了两大核心管理机制，即石油共享机制和应急反应机制。1996 年 10 月，中国与 IEA 签署《关于在能源领域进行合作的政策性谅解备忘录》（Memorandum of Policy Understanding in the Field of Energy），其中明确将在能源开发与利用、能源投资贸易、环境保护

---

〔28〕 余劲松：《国际投资法》，法律出版社 2018 年版，第 235~236 页。

等方面展开合作，该文件的签署奠定了双方合作的制度性基础。[29]
2013 年国际能源署部长级会议发表联合声明，提出了将以联盟国参
与国际能源署的各类常设小组会议及部长会议的方式，为 IEA 成员
国与联盟成员国提供对话平台。2015 年 11 月在巴黎部长级会议上，
IEA 与中国、印度等国发起"联盟计划"。中国由此成为 IEA 的联盟
国，与 IEA 在能源安全、能源数据与统计、能源政策分析领域开启
进一步合作。[30]

IEA 对中国北极能源投资法律风险防控的作用主要体现在：一
是 IEA 下设争议解决中心，通过仲裁手段解决能源投资争端。IEA
的管辖权来源于双方的同意声明，其仲裁程序规则与 ICSID 类似；
二是 IEA 定期会出版权威能源分析报告，如世界能源展望、IEA 市
场报告、世界能源统计等。这些报告为我国政府和能源投资企业提
供了重要的能源投资信息来源。

（2）G20[31]。G20 的前身七国集团（G7）在建立之初，就将
能源问题列为其核心议题之一。但是由于 G7 内部分歧、结构性问题
和缺少新兴经济体的参与，G7 在国际能源合作中并未达到良好的预
期效果。2007 年全球金融危机以来，G20 取代 G8 成为全球能源多边
合作的重要平台。近年来，G20 将能源问题与经济、环境、可持续
发展议题广泛联系起来。G20 已经陆续设立了几个与能源和气候问
题相关的工作组。[32]2014 年 11 月通过的《G20 能源合作原则》
（G20 Principles on Energy Collaboration），呼吁国际能源机构发挥更
大的作用。2015 年，首届 G20 能源部长会议在伊斯坦布尔召开。此
次会议重点关注能源开发、可再生能源、能源投资等问题，强调包
容协作，承诺加大能源基建特别是可再生能源领域的投资。[33]G20

〔29〕 马妍：《试论中国与国际能源署的关系》，载《现代国际关系》2015 年第 10 期。
〔30〕 杨泽伟：《"一带一路"倡议背景下全球能源治理体系变革与中国作用》，载《武大国际法评论》2021 年第 2 期。
〔31〕 中国、俄罗斯、美国、加拿大及欧盟均是 G20 的成员方。
〔32〕 潘旭明：《中国参与 G20 能源治理：机制、进程与展望》，载《国际石油经济》2016 年第 9 期。
〔33〕《2015 年全球能源大事盘点》，载 https://www.cgs.gov.cn/gzdt/dzhy/201603/t20160309_303289.html，最后访问日期：2021 年 12 月 20 日。

作为能源领域重要的政府间国际机构，其在可再生能源投资、能源基础设施建设、能源智慧化合作等问题上的导向性作用，有助于减少中国在北极地区能源投资所遇到的环境保护问题，进而降低在东道国被提起环境诉讼的风险。

三、"冰上丝绸之路"倡议下中国对北极能源投资法律风险防控存在的问题

法治化是国家治理体系和治理能力现代化的要义所在，法治化程度成为衡量国家治理体系和治理能力的重要标尺，而健全的法律制度是实现国家治理体系和治理能力现代化的重要保证。随着我国对北极地区能源投资规模的不断扩大，我国现有对外能源投资法律制度的不足逐渐凸显。

（一）我国对北极地区能源投资国内法制的障碍与不足

投资者母国的法律能够引导与规制海外能源投资活动。近年来我国政府侧重能源投资领域法律制度的构建，已经制定和颁布了一系列能源法律规范。但是从整体保护效力上观察，国内法律制度对于我国海外能源投资规制与保护仍然存在不足，需要尽早完善。

1. 现有海外能源投资立法存在不足

《可再生能源法》《节约能源法》《电力法》《煤炭法》四部能源单行法及七十余部行政规章与地方性法规构成了中国能源法律制度体系。然而上述单行法并未涉及海外能源投资和能源投资保护的问题。并且《能源法（征求意见稿）》虽然涉及对外能源投资的风险控制问题，但其尚属草案，迟迟未能成型。目前我国海外能源投资基本法律依据的是商务部颁布的《境外投资管理办法》，及其他部门如国家税务总局、外汇管理局、国家发展改革委等发布的规章与意见，法律约束力较弱。立法的随意性和法律效力的弱化凸显我国海外能源法律支撑的不足。

此外，现有的海外能源投资法律规范还缺少对北极地区能源合作专项性法律制度的规定。与北极地区国家进行能源合作是"冰上丝绸之路"倡议的重要一环，对于提升我国能源安全韧性具有

重要意义。相比于其他地区的能源投资活动，北极地区能源投资活动要面临开发环境恶劣、环保标准高、政治风险大等困难，而国内对北极能源投资法律规范的缺失，无形中加大了中国能源企业的投资风险，也会使得中国企业更加依赖政治途径解决能源合作争端。

2. 海外投资保险制度不完善

发达国家海外投资保险法律制度普遍带有"国家保险"的烙印，海外投资保险业务一般由国家专门性机构负责管理实施。目前，我国尚未建立完善的海外投资保险制度，与之相关的法律仅有《保险法》，但其作为调整国内保险关系且限制为商业类的保险法律，涉外投资保险并不在其直接调整范围内。"一带一路"海外投资保险制度需要国内相关法律规范的支撑，如果该制度的实施仅采用开设新险种的方法，可能无法发挥制度本身的实际作用，因此可以考虑重新构建符合其特点的系统化规范。我国海外保险制度将审批权力、业务管理、特定细分市场份额集中于中国信保、中国再保险集团股份有限公司等国有独资企业，使得上述企业具有审批机构和保险机构的双重身份。若对外能源投资者与中国信保产生争议纠纷，鉴于中国信保的特殊身份，适用于平等主体间的民事纠纷解决机制并不适合解决双方的矛盾。[34] 此外，我国对外保险模式属于单边模式，其保护方式以外交保护为主，这种模式存在弊端，不利于投资者权益保护，甚至还可能会引发外交风险。

3. 海外能源投资监管机制不健全

依据国际法中的属人原则，投资者母国对海外能源投资者具有相应的监管权限。中国参与北极地区能源开发的企业多是大型国有能源公司。该类企业往往资金雄厚，技术装备先进，可以承担北极地区能源项目所需的资金投入和先进技术支撑。但是大型国有企业在海外能源投资的过程中，在监事会存在能力赤字、独立董事制度缺失等因素的限制下，管理过程中时常被产权不清、"内部人控

---

〔34〕 郭德香、李璐玮：《"一带一路"倡议下我国对外投资保险法律制度的完善》，载《中州学刊》2018 年第 10 期。

制"等问题所困扰。然而目前我国海外能源投资监管主要依据商务部颁布的《境外投资管理办法》以及一些部门规章与意见，法律位阶较低、针对性不强，存在"重审批、轻监管"等情况，并不能对国有企业海外能源投资行为起到良好的监管效果。一旦国有企业进入海外运营环节，来自母国的监管就会有一定程度的松懈，进而可能引起国有资产流失、贬值和海外能源投资风险频发等问题。

完备的监管机制是规范企业生产性活动、帮助企业规避法律风险的重要路径。海外能源投资监管机制是否健全将是国有能源企业在北极地区进行能源投资是否顺利的重要影响因素之一。因此，我国需要加强对国有能源企业的监督和服务管理，尽早弥补制度真空。

（二）我国对北极地区能源投资国际法制的障碍与不足

我国利用国际法防范海外能源投资风险的法律渊源主要来自多边与双边投资协定，例如 ICSID、MIGA、TRIMs 以及和其他国家签订的双边投资协定。不过上述防范机制在运用过程中存在一些不足，实际作用也不尽如人意。

1. 多边投资条约解决能源投资争端效果欠佳

虽然我国已经加入《ICSID 公约》《MIGA 公约》等多边公约，不过实践中，我国投资者利用多边投资条约解决能源投资争端效果并不理想。首先，自中国加入《ICSID 公约》后，至今为止仅有 5 个案例通过 ICSID 中心来解决，其作用并不明显。[35] 究其原因，一方面在于我国企业并不熟悉多边投资条约中的程序性与实体性规则，另一方面我国投资者利用多边投资条约解决能源投资争端的意识较为薄弱。其次，北极地区沿线国家大多数是发达国家，MIGA 机制作为针对发展中国家的多边投资协定，并不完全适合中国对北极能源投资的现状。最后，我国目前只是《能源宪章条约》（ECT）的观察员国，ECT 在能源类投资争端解决上的优点，并不能适用于我国在

---

〔35〕 ICSID 网站，载 https://icsid.worldbank.org/cases/case-database，最后访问日期：2021 年 12 月 25 日。

北极地区的能源投资实践。[36]

2. 利用双边投资协定保护北极能源投资的内容不充分

目前我国与北欧五国和俄罗斯均签署了双边投资协定，不过其中还存在一些缺憾。首先，我国与"冰上丝绸之路"沿线国家双边投资协定大多签署于20世纪八九十年代，随着国际经济形势与投资结构发生巨大变化，原有双边投资协定范本并未更新，大部分依然沿用了改革开放初期的原始版本，[37]协定内容滞后于"一带一路"倡议下新的国际合作形势，限制了 BITs 在能源投资领域的作用。其次，中国与北极国家现有 BITs 内容覆盖范围有限，使得北极能源投资在"整个生命周期"难以获得全面保障。再次，现有的 BITs 规范性不足，统一性欠缺。对于最惠国待遇条款，中国投资者理论上可以依据该条款的"自动传导效应"获得更多的优待，但这并不利于发挥 BITs 的正面效应和积极效果，也无法使中国投资者行使权利的效率得到提高。最后，中国与北极国家 BITs 中的争端解决条款亟待完善，这与中国在北极地区投资争端解决的稳定性和可预测性密切相关。

3. 利用国际能源治理体系提升能源话语权程度不够

通过发挥现有国际能源治理体系的作用也是我国参与国际能源合作的有效途径。目前在国际能源合作治理中有重要影响的国际能源合作组织和机制，如 IEA、IEF、G20、国际能源宪章条约组织等，可以成为解决国际能源投资争端的良好平台，未来可以对中国在北极地区能源投资起到良好的保护作用。然而，即使许多发达能源消费国和新兴能源消费国已经被现有全球能源治理组织和机制包含在内，但以中国为代表的新型能源消费大国在全球能源治理中仍然缺少话语权，占据主导地位的依旧是欧美等发达能源消费国。[38]中国

---

〔36〕《能源宪章条约》包含50条正文和14个附件，详细规定了成员方需履行在能源贸易、能源投资、能源运输等过程中的法律义务，其中能源争端解决机制是其最为重要的内容。中国目前仅是《能源宪章条约》的观察国，享有参与能源宪章会议及其下属组织的所有会议、接收相关文件、报告和分析研究，参与能源宪章进程中出现的工作辩论的权利。

〔37〕 卢进勇、王光、闫实强：《双边投资协定与中国企业投资利益保护——基于"一带一路"沿线国家分析》，载《国际贸易》2018年第3期。

〔38〕 刘明明、李佳奕：《构建公平合理的国际能源治理体系：中国的视角》，载《国际经济合作》2016年第9期。

对于国际议题设置、决议的投票权、执行的行动权以及其他能源治理问题存在能力赤字。近年来，中国与国际能源组织之间的联系日趋增多，积极主动展开能源合作，但鉴于中国在国际能源合作方面尚处起步阶段，部分合作内容的深度和广度还有待改善。

四、一些主要国家对外能源投资法律风险防控实践借鉴

（一）美国对外能源投资法律风险防控实践借鉴

二战结束后，美国海外能源投资增速迅猛。其中 20 世纪 50 年代末至 70 年代初美国对发展中国家石油工业的投资增长 2.5 倍，到 20 世纪 60 年代中期，美国海外投资额占全球投资总额的六成以上。[39] 美国海外能源投资遍布世界的各个角落，经过半个多世纪的演变后，美国作为投资者母国对本国能源投资者保护的法律制度相对系统与周备。

1. 完善能源投资基本法律

美国为了保障私人对外直接投资，相继颁布《对外援助法》《经济合作法》《国家能源政策法》《共同安全法》等基本法律，涉及能源领域的各个方面，提供法律支撑。

2005 年美国颁布《国家能源政策法》(the U. S. Energy Policy Act)，该法案对能源利用效率、节约能源、清洁能源等内容作出了规定。《国家能源政策法》的主基调是减少对海外能源进口的依赖，加强和提升国内电网水平，鼓励建设核电站等。《国家能源政策法》的生效为美国海外能源投资风险防控提供了法理依据。随着国际石油储量的日益下降和碳排放管控的逐步加强，传统海外能源投资项目遇到各类法律风险的可能性也随之增大。美国一方面利用国家立法为面临海外能源投资风险的本国能源投资者提供法律保障，另一方面重视并加大对清洁能源行业的投资，从而降低美国投资者面对传统能源行业所遇到的风险。

---

〔39〕　仇华飞：《战后美国海外投资研究》，载《社会科学》2004 年第 1 期。

2. 美国 BIT 新范本扩充投资与环境的规定

2012 年美国政府发布新式美国 BIT 范本，该范本对 2004 年 BIT 范本进行了一定的修缮。相较于 2004 年旧式 BIT 范本，新范本出现几个较为显著的变化，其中强化环境与投资条款备受瞩目。

相较于美式旧范本的鼓励性措辞，新范本显得更加务实。首先，新范本第 12.1 条提到，缔约双方意识到各自国内环境法律和政策以及双方共同参加的多边环境协定在保护环境方面的重要性；其次，新范本第 12.2 条提到东道国应确保不得减损或削弱国内环境法规，从而达到吸引海外投资的目的，不过通过注释表明该条款有例外规定；再次，第 12.3 条承认缔约国实施管制的自由裁量权，并且说明前提条件是这些裁量权需具备合理性，同时缔约双方基于诚信基础上的资源分配具有决策权；最后，新范本第 12.4 条对环境法作出了定义，并为就投资与环境条款产生的争端解决设置磋商程序。[40]

3. 初创海外投资保险制度

海外投资保险制度源于美国的"马歇尔计划"所实施的投资方案，之后经历美国长期海外投资实践，已经成了一套相对完善的制度。美国海外投资保险制度是通过一系列法案构建起来的，1948 年美国依据《对外援助法》制定了《经济合作法》，开始确立海外投资保险制度。随后专门性立法《共同安全法》于 1950 年通过，较之前的《经济合作法》，将投资区域确定在发展中国家，并且增加了战争险。1969 年《对外援助法》修正案设置了直接由美国国务院领导的保险机构"海外私人投资公司"（OPIC），为美国私人海外投资提供专项保险服务。

它接受的被保险者包括具有美国国籍的公民，经美国联邦、州法律设立的法人或其他团体等。OPIC 承保的险种有征用险、汇兑险和战争内乱险，并且其承保的前提是东道国与美国已签订 BIT。美国通过与东道国签订 BITs 中的代位权条款来使得内国的海外投资保险制度与国际法相衔接，这种确保代位权实现的方式被称为美国的"双

---

〔40〕 朱明新：《美式新旧双边投资协定范本比较研究》，载《北方法学》2015 年第 6 期。

边运作"模式。[41]

(二) 德国对外能源投资法律风险防控实践借鉴

德国是世界上最早对海外投资保护实践进行探索的国家。与中国相似，德国具有"多煤、缺油、少气"的资源禀赋特点，因此德国长期以来一直是能源进口大国，同时也是海外能源投资大国。第一次石油危机后，德国就开始进行结构转型，扩大能源进口渠道，逐年减少对石油的依赖，侧重风能、太阳能等可再生资源的开发与利用。在德国海外能源投资实践中，德国尤其注重利用法律保障本国海外能源投资者的权益，降低遭遇海外能源投资法律风险的概率，支撑德国海外能源投资健康持续发展。

1. 重视海外能源投资的法律保护

通过建立完备的法律制度促进对外能源投资便利化，维护本国企业海外利益，是德国的宝贵经验。根据德国《对外经济法》和《对外经济条例》的规定，只有少数特定领域受到法律限制或官方监管，如军民两用品、武器、监控设备和技术出口等。德国企业对境外其他行业投资无需事前审核。德国作为世界第五大能源消费国，石油依存度长期在 95%~100% 间浮动，天然气进口依存度在 2013 年达到 86.8%。在此情势下，德国自 20 世纪 90 年代开始将开发可再生能源作为自身能源转型的方向。德国针对可再生能源出台了一系列政策、法规及制度，也正基于此，德国成了世界能源转型的典范。晚近，德国以《可再生能源优先法》为核心，并与欧盟的能源政策路线、方针保持一致，制订相关联的能源投资计划，通过科学的方式防范海外能源投资风险。

德国是与他国签订 BITs 数量最多的国家，BITs 内容覆盖也较为全面，包含最惠国待遇标准、国民待遇标准、资本和收益的自由汇出、投资者与东道国投资争端解决等。2015 年欧盟成立能源联盟，主要关注能源安全、能源市场、能源效率以及研究与创新等一系列计划，这一举措使得欧盟内部对海外能源投资防范法律措施保持一

---

[41] 梁开银：《论海外投资保险代位权及其实现——兼论我国海外投资保险立法模式之选择》，载《法商研究》2006 年第 3 期。

致性。德国签署的 BITs 与欧盟签订的 BITs 一起为德国海外能源投资者提供法律支持。

2. 重视能源投资信息咨询服务机制

为了促进和开拓北极地区作为未来能源进口地，德国于 2010 年创立国家矿产资源局，主动与其他地质部门合作搭建信息化平台，在全球范围内调查和评估矿产资源与油气资源，为德国企业在北极地区开展能源投资项目提供专业性的讯息与报告，并为德国政府参与北极事务提供法律建议。[42]除此之外，联邦经济事务部、联邦对外信息办公室、海外商会、驻外使领馆、德国"经济之家"等政府部门或行业组织通过网络媒介为本国投资者提供有关东道国的投资法律法规、税收、经济、人文方面的信息，搭建交流平台，为中小企业开拓海外市场提供服务，帮助德国企业与当地企业建立联系，并且为德国能源投资者提供能源投资的信息咨询与建议。[43]

五、中国对北极地区能源投资法律风险防控的法律策略

近年来，随着全球气候变暖加剧、地表资源稀缺以及科技装备的发展，北极地区资源开发利用速度日益加快。在"冰上丝绸之路"的背景下，中国对北极地区的能源投资规模不断扩大，在能源投资进程中将会伴生诸多法律风险，若处理不慎，不仅会损害中国能源投资者的利益，同时也会对国家利益产生负面影响。法律制度与秩序的理性构建是中国投资者面对北极地区能源投资法律风险及制度性困境的重要保障。因此，有必要加强中国对北极地区能源投资的国内法与国际法的双重保障，完善现有北极能源投资法律保障制度，使中国的能源投资者尽可能免于遭遇风险或损失。

---

〔42〕 徐文韬、曾文革：《构建中国"冰上丝绸之路"的北极政策——基于德国实践经验的思考》，载《广西大学学报（哲学社会科学版）》2021 年第 2 期。

〔43〕 李若瀚：《比较法视野下中国海外能源投资保障法律机制的构建》，载《法学评论》2017 年第 6 期。

(一) 明确中国对北极地区能源投资基本法律原则

1. 共商共建共享原则

共商共建共享原则是国际法原则发展的新方向，也是未来构建国际法的基石。[44]从"人类命运共同体理念"与"一带一路"倡议实施至今，共商共建共享原则受到国际社会的普遍认可，具有普遍约束和普遍适用的特点，符合现代国际法的基本特征。在未来中国对北极地区能源合作过程中，"共商"要求在能源生产、利用、运输、消费等各环节，保持政府间良好沟通，在相互尊重主权基础上进行交流与合作，这既是前提也是底线。在中国与北极国家能源合作中不应以国家大小、强弱、贫富等为转移，实行差别对待。"共建"就是在现有北极合作法律机制框架下，要求各国履行责任，共同维护国际法治，对于缺少国际规则的能源合作领域的具体环节，共同构建国际法则。当今世界，"逆全球化"现象横行，主要原因就是国际社会存在普遍的"赢家通吃"的旧思维，而"共享"原则是要求在北极能源国际合作中保持双赢、多赢、共赢的新局面。

2. 能源主权原则

能源主权原则是国家主权在国际能源合作中的具体要求，尊重能源主权原则是国际能源合作的重要前提。能源主权原则包含三个主要内涵：首先，国家对本国能源事务管理具有排他权与自主权，不受外来因素干扰；其次，主权国家对本国境内能源资源具有永久主权；最后，基于国家安全、公共利益等特殊事项，主权国家对在该国境内从事能源活动的外资享有征收征用的权力。1962 年，联合国大会通过了《关于自然资源永久主权的宣言》，这是能源主权原则的直接法律渊源。它承认各国依据国家利益自由处置本国能源资源的权力，尊重各国的能源主权独立。能源资源是国家主权的重要组成部分，在我国对北极地区展开能源投资过程中，应以尊重各国能源

---

〔44〕 杨泽伟：《共商共建共享原则：国际法基本原则的新发展》，载《阅江学刊》2020年第 1 期。

主权为首要原则。[45]

3. 国际合作原则

国际社会的产生与发展就是国际合作原则不断加强的历史。从全球能源安全保障出发，中国与北极国家应当求同存异，兼顾各方利益，寻找利益契合点。发挥北极国家在能源合作领域的各自优势，舍短取长，寻求多方共赢。如共同研究制定能源合作政策以及节能和提高效率的措施，合作开发利用能源资源，重视能源开发、运输、生态保护等领域的新技术的研究与发展，对能源开发与环境的关系采取应有的行动，减少能源开发、运输、利用过程中对环境的影响，等等。

4. 可持续发展原则

在国际法领域，可持续发展理念已经完成了从抽象原则迈向具体规则的转变。在"一带一路"倡议投资实践中，由于历史、政治与现实因素，中国的国际投资常常受到更多关注。部分投资者在东道国的投资常常漠视生态环境，以致引起颇多微词与不满，给中国政府声誉与形象造成负面影响。可持续发展问题是个复合型问题，包含经济、政治、法律等因素。随着卡沃尔主义复活，不符合可持续发展的投资将受到国内法的惩罚，承担民事与刑事责任，会损害中国投资者的整体利益。在北极能源投资实践中，需要充分考虑社会、环境、人权等利益等。

（二）健全中国海外能源投资国内法保障体系

1. 优化我国现有能源投资相关立法

国有良法，方能善治。完备的能源立法是我国对北极地区能源投资开发的有效保障。《能源法（征求意见稿）》虽然已经勾勒出中国能源法的基本框架，不过具体内容上对能源国际合作的规定较为抽象，篇幅有限，在未来具体实践中恐难以得到有效的贯彻与执行。因此需要通过制定专项性规定和专属性法规予以补充，在"能源法"框架下，细化中国对北极地区能源投资活动、拓宽能源市场、环境

---

〔45〕 岳树梅：《"一带一路"能源合作法律机制构建研究》，载《社会科学战线》2017年第 8 期。

保护、能源投资争端解决和开采设备安全标准等方面的法律规定，形成以"能源法"为核心、相关专项性法规为基础以及部门和地方性规章为补充的三级能源投资法律体系。[46]

在立法过程中，可以考虑将海外能源投资纳入登记备案管理制度范围，合理放宽对敏感地区和行业的核准限制。积极制定相关法律法规以规制中国企业海外能源投资活动，因为能源行业具有高度敏感性，能源企业在海外不合法、不道德的投资行为往往直接减损国家形象和声誉。

2. 完善我国海外投资保险制度

海外投资保险制度是我国海外能源投资法律体系中的重要一环。目前我国尚未将海外能源投资保险作为一项特殊的承保类型。因此我国可以对现有海外投资保险制度作出适当改进：首先，除了传统的政治风险外，应适当扩大海外能源投资承保范围，并且合理降低能源投资者的保险费率；其次，为了提升海外能源投资者的投保积极性，可以合理放宽能源投资者的投保条件，从而降低投资者在能源投资过程中的风险；再次，可以设立专门性的保险机构，采取"国家审批+专业机构经营"的方式，鼓励更多中国民间能源企业"走出去"；最后，加强我国保险规则与多边条约的有效衔接，明晰海外投资保险的基本概念与适用范围等内容。

（三）加强对北极地区能源投资的国际法保障

1. 改进双边投资协定全面保护北极地区能源投资

政府间签订的双边投资协定是中国对北极地区能源投资的重要法律基础，不过我国现有与"冰上丝绸之路"沿线国家签署的双边投资协定的实际效用还需进一步提升。首先，针对现有双边投资协定结构较简单、技术较粗糙、内容较简略的现状，我国可以在 BITs 立法与目的上，添加关于中国作为投资者母国的法律定位。其次，建议对"最惠国待遇条款""公平与公平待遇原则"等基本概念和适用范围予以明确界定，以免相关规定被滥用。此外，还需明确对外

---

〔46〕 吕娜等：《美国、俄罗斯能源战略结构比较研究及启示》，载《资源与产业》2013年第6期。

国投资者开放的行业领域、间接征收认定标准和赔偿标准等内容。再次，完善投资保障救济措施。在 BITs 中对代位权进行安排，使其充分保障海外能源投资制度"动力源"的作用。对于投资争端解决机制的选择，在用尽东道国当地救济的前提下，可以优先选择 ICSID 机制。除此之外，我国还应根据能源投资行业的特点，增添特殊条款，如调解机制和补偿方法等。最后，可以考虑在双边投资协定中增加环境保护方面的内容，细化"投资与环境"义务。具体可以在双边投资协定中增加序言性环境条款，可以对环境保护条款设置单独章节及增加程序性条款等。

2. 考虑加入《能源宪章条约》

《能源宪章条约》对能源投资领域除了规定了较为具体的投资保护和促进义务，还对准入后待遇和全面的"投资者—国家争端解决机制"作出更高要求。随着我国对北极地区能源投资项目的增多，中国企业遭遇法律风险的可能性也在逐渐加大。相比于其他能源投资大国，我国企业应对风险经验不足，承受能力较弱。并且我国国内关于海外能源投资的相关规定较少，当企业遇到法律风险时，难以获得投资者母国的法律保障。而《能源宪章条约》相对全面的能源投资保护可以成为我国与北极国家双边投资协定的重要补充，增强中国企业在北极地区能源投资法律保护力度。

中国加入《能源宪章条约》还将带来经济、法律及政治收益：[47]经济上，"冰上丝绸之路"沿线国家普遍是《能源宪章条约》的缔约方或潜在缔约方，中国可以利用《能源宪章条约》提升对北极地区能源投资保护水平以及投资可能性；法律上，可以整合国内能源投资领域相关立法，推动国家能源治理体系综合改革，积累参与国际能源多边机制的有益经验，提升中国在全球能源治理体系中的制度性话语权与影响力；政治上，《能源宪章条约》在多个层次上与中国"一带一路"政策相契合，有助于中国参与国际能源治理，有利于搭建"冰上丝绸之路"能源平台，有益于综合性国际能源治理体

---

〔47〕 单文华、王鹏、王晗：《"一带一路"建设背景下中国加入〈能源宪章条约〉的成本收益分析》，载《国际法研究》2016 年第 1 期。

系改革。

3. 成为国际能源治理的"积极影响者"

"合作"是中国参与国际能源治理的最有效的方法。但是国际能源合作该如何进行以达到最优化仍是需要思考的问题。当前国际能源治理的话语权仍由以英美为首的少数西方国家所掌握。但是随着新兴大国在国际能源治理中影响力的不断提升，我国应该积极参与到全球能源治理博弈之中。

首先，应注重区域能源合作机制创新与资源调动。近年来，我国成功举办一系列主场外交，如"一带一路"杭州 G20 合作峰会、厦门金砖国家峰会、"一带一路"国际合作高峰论坛等，并在话语框定、议题嵌入等方面，有了长足进步。与此同时，中国也积极推动区域能源合作平台的建设，如 APEC 可持续能源中心、中国亚洲经济发展协会能源发展委员会、中国—东盟清洁能源合作中心等。过往中国参与区域能源合作机制多是单向度，以政府与智库参与为主，缺少私营企业与社会资本的加入，成效并不显著。[48]因此，我国在注重发挥政府力量的同时，还要鼓励民间力量的加入，集中现有优势资源为国际能源合作发展提供更多可能。

其次，需要加强能源安全领域的公共外交：一方面，可以考虑与其他能源需求大国保持能源政策上的一致，协商成立"买油国俱乐部"；另一方面，与北极地区能源生产国建立良好的合作关系，加大在能源贸易、能源投资、能源科技文化交流等方面的合作。此外，我国可以积极参与到联合国气候组织、IEA、G20 等国际组织改革之中，提交利于我国的能源议案，推动北极地区能源可持续发展议程。

最后，推进北极地区能源智慧化合作。中国可以与环北极国家建立"北极能源互联网合作机制"，推动建设智能化能源生产消费基础设施，加强多能协同综合能源网络建设、推动能源与信息通信基础设施深度融合、营造开放共享的能源互联网生态体系等。

---

〔48〕 李昕蕾、张宁：《全球可再生能源治理中的制度性领导：德国外交路径及其启示》，载《国际论坛》2021 年第 4 期。

（四）设立常设性的能源投资协商机构

在世界能源格局的深度调整与北极地区竞合关系日趋复杂化的背景下，域内外国家在北极地区的能源竞争也将呈现愈发白热化的态势。为了应对这一情势，我国可以考虑整合政府相关部门、能源产业、科研高校的优质资源，打造中国对北极地区能源投资的制度优势。首先，可以通过发起建立"政+商"能源合作平台，增强中国参与北极能源投资协作能力；其次，可以由海外能源投资的管理机构商务部和国家发展改革委负责牵头，与外交部、国家能源局、生态环境部等联合成立常设性能源投资机构，整合形成国家行政资源网络，为中国参与北极地区能源合作提供政治赋能；最后，可以加强北极能源投资企业、科学考察机构和高校之间的三方对话机制，搭建信息交流平台。科学考察机构可以在北极地区展开调查和评估非生物资源，为中国能源投资企业提供专业知识报告。高校可以通过对国际法律规则的研究，为中国政府和能源投资企业参与北极能源合作提供法律建议。

六、结语

中国是北极事务的"外来者"与"后来者"，与其他国家进行双边能源合作是现阶段有效参与北极地区能源合作的重要路径。随着"冰上丝绸之路"倡议下能源合作的稳步推进，中国与北极地区国家进行能源合作的可能性不断增加，建立与完善相关国内法制和国际法制尤为重要。作为北极地区重要的利益攸关国，中国不妨考虑积极主动地推进北极能源投资机制的完善，并采取积极灵活的应对策略，提升北极地区能源治理法治水平，引领国际能源秩序向公平公正的方向发展。

Research on Legal Risk Prevention and Control of China's Energy Investment in the Arctic under the Background of the "Polar Silk Road"

Yue Shumei, Yan Sicong

Abstract: The Arctic is known as the "Second Middle East" because of its rich energy reserves. With the development of energy cooperation under the initiative of "Polar Silk Road", the legal risk of energy investment in the Arctic is increasing. The legal risks of energy investment access, environmental protection and energy investment disputes potentially pose threats to the quality and quantity of China's energy investment in the Arctic. Therefore, it is necessary to re-examine the insufficiency of the Chinese domestic law and the international law in order to protect China's energy investment in the Arctic as well as propose a better plan to accelerate the pace of China's energy investment in the Arctic. The Chinese government could try to clarify the basic legal principles of energy investment in the Arctic, improve the domestic legal system for the protection of overseas energy investment, strengthen the international legal guarantee for energy investment in the Arctic, and establish a standing energy investment consultative body, thereby safeguard the deserved interests of Chinese energy investors in the Arctic.

Keywords: "Polar Silk Road"; the Arctic; Energy Investment; Legal Strategy

论国际投资仲裁准据法的适用模式

——以"一带一路"投资协定为切入点*

宋　阳**　邹彦蒙***

摘　要：我国与"一带一路"沿线国家签订的投资协定，在投资者—东道国仲裁条款的准据法选择方式上大多采取了国内法与国际法复合适用的模式。这就有必要研究在具体投资争议中两种法律渊源各自的法律功能以及两者之间的适用关系。经过对已有投资仲裁案例的梳理和我国实践"一带一路"倡议的实际需要的研究，认为应采取东道国国内法与国际法协调适用的立场。在具体适用的方法上东道国国内法应在顺位上优先适用，但如果东道国的国内法的适用结果与投资保护协定相冲突，则其应该承担国际法上的"违约责任"。

关键词："一带一路"倡议；投资者—国家争端解决；准据法适用

一、问题的提出

"一带一路"倡议提出以来，得到了沿线国家的积极响应，截止到 2021 年 3 月底已有 136 个国家和 30 个国际组织与我国签订了 195 份合作协议。[1]此外，一些传统的发达国家如德国、法国、意大利等也已经发出积极的合作意向。随着我国越来越多的企业响应"走

---

　* 基金项目：2016 年国家社科基金一般项目"国际商事惯例适用问题研究"（项目编号：16BFX195）。

　** 河北大学法学院教授，法学博士。

　*** 河北大学法学院 2019 级硕士研究生。

　〔1〕《已同中国签订共建"一带一路"合作文件的国家一览》，载 https://www. yidaiyi-lu. gov. cn/ xwzx/roll/77298. htm，最后访问日期：2021 年 4 月 1 日。

出去"的号召，我国在"一带一路"沿线国家投资的数量激增。进入 2021 年以来，一方面随着我国政府与"一带一路"国家政府合作的不断深化，我国越来越多的企业正在走向国际；但另一方面，随着新冠肺炎疫情的扩散以及中美关系出现持续负面走向，我国企业所面临的海外"政治风险"有不断加大的趋势。受此两重因素的影响，从客观上导致我国企业海外投资保护的需求很可能会在今后一段时间内持续走高。一般认为投资者母国保护本国海外投资者利益最为重要的法律手段是通过与东道国签订"双边投资保护协定"，进而投资者可以依据投资协定中的争端解决条款提起"投资者—国家争端解决"（Investor-State Dispute Settlement，ISDS）程序，通过国际投资仲裁的方式来直接向东道国政府求偿。随着"一带一路"倡议的不断深入实施，我国未来在基于上述条约所产生的 ISDS 程序中，对于如何处理国际法和东道国国内法之间的适用关系是一个必须要解决的法律问题。

二、"一带一路"投资准据法适用的实践困境

根据商务部公开的数据，笔者统计了"一带一路"沿线国家共计 51 个投资协定。这些投资协定中绝大多数带有"投资者—东道国仲裁条款"（Investor-State Arbitration Clause），[2]当投资者与东道国政府或东道国政府控制的企业发生特定事项的争议时，可以通过机构仲裁或特别仲裁的方式来解决争端。在这些仲裁条款中对于准据法的选择大致可以分为四种类型：第一类是复合选择东道国法律以及国际法，将协定、东道国法律与一般国际法并列作为投资争端的准据法。这种类型的选择占统计样本的一半以上，达到 31 个国家。[3]

---

〔2〕 在 51 个国家的投资协定中只有泰国和巴基斯坦的投资协定没有提及投资争端仲裁条款。其中巴基斯坦的投资协定只是规定在征收补偿金额方面投资者有争议可以向东道国法院求偿。泰国的投资协定则完全没有投资者和东道国发生争议时的争端解决条款。

〔3〕 这类国家有：保加利亚、俄罗斯、乌兹别克斯坦、乌克兰、摩尔多瓦、白俄罗斯、阿尔巴尼亚、克罗地亚、爱沙尼亚、斯洛文尼亚、立陶宛、塞尔维亚、马其顿、科威特、马来西亚、越南、蒙古、吉尔吉斯斯坦、亚美尼亚、塔吉克斯坦、格鲁吉亚、阿联酋、阿塞拜疆、印尼、阿曼、叙利亚、也门、巴林、埃及、摩洛哥、黎巴嫩等。

第二类是未选择准据法，这种类型的国家有 16 个，不过在没有选择准据法的双边协定中，绝大部分双边投资条约准用了《关于解决国家和他国国民之间投资争端公约》（又称《华盛顿公约》）所规定的准据法选择规则，根据该公约第 42.1 条的规定，事实上与第一类选择准据法的方式在实际效果上大同小异。[4]第三类则是排他选择国内法，[5]第四类则与第三类完全相反，只选择了国际法作为投资争议的准据法，这样的例子也只有 1 个。[6]可见除了极少数情况，我国与"一带一路"国家在仲裁准据法选择层面大多采取的是"复合准据法适用条款"（Compound Choice of Law Clause），也就是说，将东道国法律与国际法相并列，这种带有"战略模糊"的准据法适用条款给 ISDS 的准据法选择带来了巨大的不确定性。总之，在涉"一带一路"投资纠纷的准据法规则选择方法和适用的相关规定层面，存在灵活有余、标准缺失的问题，其具体表现可以大致分为以下几个方面：

（一）国际法与国内法在 ISDS 中的适用位阶之争

从国际投资法法律适用的理论层面来说，发达国家的大多数学者坚信调整国际投资法律关系的根本法律基础是相对独立于国家制定法的"国际习惯法"以及"一般法律原则"，而国内法不过是确定东道国的行为是否履行了相应国际义务的"事实问题"。例如英国学者扎卡里·道格拉斯（Zachary Douglas）教授研究了超过 12 种类型的投资争端后指出：投资者与东道国签订的投资协议所涉及的利益不仅限于东道国的利益，更与投资者母国的利益息息相关。因此投资主体与东道国签订的投资协议必须根据投资东道国以及投资者母国共同承认的国际法规则来判断东道国是否已然履行了相应的国际义务，东道国的国内法仅仅是判断争端当事国是否履行以及在多

---

〔4〕 这类国家有：意大利、波兰、匈牙利、捷克、希腊、罗马尼亚、马耳他、塞浦路斯、土耳其、以色列、沙特、卡塔尔、伊朗、巴布亚新几内亚、澳大利亚、菲律宾等。
〔5〕《中国—新加坡双边投资保护协定》第 10 条。
〔6〕《中国—土库曼斯坦双边投资保护协定》第 7.6 条。

大程度上履行了国际义务的事实依据。[7]发达国家学者的这种主张遭到了广大发展中国家的反对，集中体现为《华盛顿公约》第42条的起草风波。在草案阶段，该公约第42条的规定与《国际商会仲裁院仲裁规则》第17条的规定十分类似，仲裁员有权采用"准据法直接选择方法"（voie directe）选择到底适用东道国国内法还是国际法规则。[8]换言之，仲裁员可以根据案件的具体情况，发挥几乎无限制的自由裁量权选择适用其认为合适的准据法规则。这种条约安排引起了发展中国家代表的强烈不满，为了缓解这种不满，时任世界银行顾问的阿龙·布罗歇（Aron Broches）提出建议，要求重新修改《华盛顿公约》第42条的规定以防止给人留下"仲裁庭在根据仲裁规则选择准据法时，国际法总是具有优先权的印象"。[9]但即便如此，还是无法完全平息发展中国家代表的抗议之声。因此布罗歇不得不完全修改了《华盛顿公约》第42条的内容，并作出了特别强调："让仲裁庭发挥自由裁量权来选择准据法规则对于很多国家来说根本难以接受，在大多数情况下东道国的法律似乎应该首先被考虑适用，如果东道国愿意适用国际法，那么可以在投资协议中明确表明此态度。"[10]

由此可见，由于ISDS程序面对和处理的是一种具有"混合性质"（hybrid）的争端，因此裁判者所要面对的准据法适用问题的复杂程度要远远高于国内法院和国际法院。特别是当东道国的国内法和国际法在适用结果存在冲突的情形下，裁判机构如何协调和解决两类规则之间的矛盾冲突以及相互之间的位阶显然会成为一个非常棘手的难题。

---

〔7〕 Zachary Douglas, *The International Law of Investment Claims*, Cambridge：Cambridge University Press, 2009, pp. 40-41.

〔8〕 J. Christopher Thomas, Harpreet Kaur Dhillon, "Applicable Law under International Investment Treaties", *Singapore Academy of Law Journal*, Vol. 26, 2014, pp. 984-986.

〔9〕 Summary Record of Proceedings, Addis Ababa Consultative Meetings of Legal Experts, Z7 (16-20 December 1963), p. 29.

〔10〕 Memorandum of the Meeting of the Committee of the Whole, SID/65-5 (25 February 1965), p. 4.

（二）ISDS 准据法适用的政治"极化现象"

国际投资的实体规则由于涉及东道国的公共利益，因此特别容易出现政治极化的现象。二战结束以后，国际社会主义运动风起云涌，并出现了一大批新独立的原殖民地国家。东道国对其自然资源拥有永久主权的观念已然成为一种"政治正确"而深入人心。1952年联合国大会通过的《关于自由开发自然财富和自然资源的权利的决议》确定："各国人民自由地利用和开发其自然财富和自然资源的权利，乃是它们的主权所固有的一项内容。"在此政治氛围下，在"英伊石油案"中，裁判机构完全承认了东道国对外国投资的国有化是其一项固有的主权权利。[11]广大发展中国家依据其国内法对外国投资实施了征收，这使得来自发达国家的投资者损失惨重，而且几乎没有得到任何实质意义上的补偿。[12]

但是自 20 世纪 80 年代末起，由于国际上大多社会主义国家改弦更张，社会主义工人运动进入低潮。这种国际政治形势直接导致在 ISDS 程序中，裁判机构对发展中国家和前社会主义国家的国内法的态度不够友好。以"CME 诉捷克案"（CME v. Czech Republic，以下简称"捷克案"）为例，仲裁庭在部分仲裁中认为捷克的国内法带有"共产主义"色彩而完全未予以考虑。这导致捷克籍仲裁员贾罗斯拉夫·甘迪尔（Jaroslav Hándl）提出强烈抗议并拒绝在部分仲裁裁决书上签字，他指出："投资发生在捷克的领土上，无论从任何角度来看捷克法律都是与该争议具有最密切联系的法律，没有任何理由可以让国际法规则直接越过捷克法律而适用。"[13]

虽然法律的发展不可能不受到国际政治的影响，但在国际投资法这个以人类共同发展为核心的法律部门，政治过度嵌入司法不但会降低争端解决程序结果的可预测性，还可能导致投资争端由法律争端向政治争端的升级。因此，在投资争端准据法适用的层面，应

---

〔11〕 龚向前：《发展权视角下自然资源永久主权原则新探》，载《中国地质大学学报（社会科学版）》2014 年第 2 期。

〔12〕 Yogesh Tyagi, "Permanent Sovereignty over Natural Resources", *Cambridge Journal of International and Comparative Law*, Vol. 4, 2015, pp. 602–605.

〔13〕 CME v. Czech Republic, Partial Award, para. 22.

建立去政治化的准据法适用规则体系，让投资准据法的适用在中立和法治的框架下发挥协调投资人和东道国之间的利益平衡的作用。

（三）ISDS 适用准据法不统一造成的困境

与商事仲裁不同，ISDS 的裁决结果通常是面向所有人公开的，人们势必更加追求裁决的内在一致性和统一性。正如在"杜克能源电力公司诉厄瓜多尔共和国案"（Duke Energy Electroquil Partners & Electroquil S. A. v. Republic of Ecuador）中，国际投资争端解决中心（ICSID）仲裁庭指出：仲裁机构有责任"寻求促进投资法的内在统一，从而满足国际社会和投资者对建立法治的确定性的合理期望"。[14]然而，由于 ISDS 机制下，仲裁机构的多样性、仲裁员人员构成的复杂性以及不论是双边的投资协定还是多边投资争端解决公约在准据法的选择上都采取了"战略模糊"的复合式适用模式等原因，导致在准据法的适用方法上不同裁决之间存在较大的差异。而这种裁判的差异对于我国实践"一带一路"倡议所带来的负面效应是显而易见的：一方面，投资准据法适用的差异会导致投资者在进行投资时进行机会主义选择；另一方面，还会影响我国和"一带一路"沿线国家的友好关系。作为"一带一路"倡议的发起国，我国理应构建起科学、统一的准据法适用规则，牢牢掌控住在国际规则制定中的话语权。

总之，ISDS 所要解决的投资争议与传统的国内法律争端和国际法律争端完全不同，涉及复杂的政府与政府之间、政府与个人之间的多层次法律关系与秩序层级，因此同一个国际投资法律问题很可能会涉及国际法与国内法之间的层叠交叉甚至相互冲突。这种法律适用的复杂性和模糊性决定了很可能出现准据法适用的"极化现象"，最终破坏法律规则之间的平衡、损害投资者或东道国的信赖利益。因此，必须构建起科学、合理的投资准据法的"冲突法"体系，以服务我国"一带一路"倡议的伟大实践。

---

〔14〕 Duke Energy Electroquil Partners & Electroquil S. A. v. Republic of Ecuador, ICSID Case No. ARB/04/19, Award, 18 August 2008, para. 117.

三、国际投资仲裁准据法适用模式的类型化分析

（一）排他性适用东道国法律

这类案件中最具代表性的是"马菲兹尼诉西班牙案"（Emilio Agustín Maffezini v. the Kingdom of Spain，以下简称"西班牙案"），该案在准据法层面被规定在《阿根廷与西班牙投资保护协议》第10.5条，该条规定："投资争议应该按照本协定约定、投资者与东道国政府签订的协定约定以及东道国的法律（含冲突法）以及国际法一般准则来裁决。"在该案的审理过程中，仲裁庭直接根据西班牙国内的环境保护法进行了审查，认为西班牙的国内行政措施不但符合西班牙的国内法，在国际法上也无任何不妥。[15]仲裁庭指出："投资项目 EAMSA 化工厂会产出大量的有毒有害废物，因此东道国完全有理由要求其履行环境评估义务。西班牙政府的环境评估要求完全符合欧共体和相关国家的行业法律，因此对于环境评估所支出的额外费用西班牙政府无需负责。"[16]

（二）主要适用东道国法律次要适用国际法

"中东水泥公司诉埃及案"（Middle East Cement Shipping and Handling Co. SA v. Arab Republic of Egypt，以下简称"埃及案"）主要涉及希腊与埃及签订的投资协定的第 9.5 条："仲裁应依据法律包括本协定以及与本协定有关的其他协议，此外还有国际法中通常为人所知的规则和原则来进行裁决。"仲裁庭首先排除了《华盛顿公约》第 42.1 条第一句的适用可能，认为从该第 9.5 条的规定中无法判断出双方当事人可能同意的法律。然后仲裁庭根据《华盛顿公约》第 42.1 条第二句的规定，在双方当事人没有合意的情况下，埃及法律就应该成为调整该投资争议的主要法律规则，只有在埃及法律没有规定的情况下才能适用一般国际法的规定。仲裁庭认为双边协定所能调整的范围极为有限，案件所涉及的绝大部分问题都应该直接适用埃及的法律，国际法规则只能通过补充双边投资协议的方式发挥

---

〔15〕 Emilio Agustín Maffezini v. the Kingdom of Spain, Case No. ARB/97/7, para. 67.

〔16〕 Emilio Agustín Maffezini v. the Kingdom of Spain, Case No. ARB/97/7, para. 71.

调整功能与作用。[17]但是在利率问题上，仲裁庭明确排除了埃及国内法而适用了国际法。理由是仲裁庭认为埃及法律在汇率问题上的规定与投资协定以及国际法的基本准则完全不符。在进行征收后，东道国对投资者的补偿在实际支付以前当然计算利息而且应该是复利，这是一般国际法规则所确立的应有之义。[18]

（三）主要适用国际法次要适用东道国法律

在"捷克案"中，荷兰与捷克共和国签订的投资协定第 8.6 条规定，争议应按照法律规则，考虑但不限于：缔约国有效的法律、本协定以及与本协定有关的其他协议的条款、国际法的一般原则。在部分裁决下，仲裁庭犯了一个严重的错误，完全没有考虑捷克国内法的规定就直接判决捷克政府的行为违反了其与荷兰政府签订的投资协定。[19]在最终裁决中，仲裁庭意识到并纠正了这个错误，主动将捷克的法律作为重要的参考依据纳入裁决的依据之中。只不过仲裁庭根据仲裁地瑞典的仲裁法以及《荷兰与捷克共和国投资协定》第 8.6 条的规定采取了一种多元的准据法适用方法，将捷克的法律作为一种考虑因素与国际法的规则通过结果比较的方法来进行适用。仲裁庭根据《捷克民法典》和《捷克商法典》的规定对捷克政府的行为是否构成"胁迫"以及这种行为产生相应法律责任进行了"假设适用"，并将适用捷克法律的结果与《荷兰与捷克共和国投资协定》以及国际法一般原则的客观要求进行了比较，仲裁庭发现适用捷克法律将明显不利于投资者，这与《荷兰与捷克共和国投资协定》第 3.5 条产生了严重的冲突，根据该理由，仲裁庭最终依据国际法规则作出了相应的裁决。[20]不过在赔偿标准上，仲裁庭认为捷克的赔偿标准已经足够高了，所以直接适用了捷克国内法的赔偿标准，

---

〔17〕 Middle East Cement Shipping and Handling Co. SA v. Arab Republic of Egypt, ICSID Case No. ARB/99/6, para. 87.

〔18〕 Middle East Cement Shipping and Handling Co. SA v. Arab Republic of Egypt, ICSID Case No. ARB/99/6, para. 174.

〔19〕 CME C CME Czech Republic B. V. v. The Czech Republic, UNCITRAL, Partial Award, paras. 533-538.

〔20〕 CME C CME Czech Republic B. V. v. The Czech Republic, UNCITRAL, Partial Award, paras. 533-538.

驳回了仲裁申请人要求复利的主张。[21]

（四）适用国际法而东道国依据国内法抗辩失败

"ADC 公司诉匈牙利案"（ADC Affiliate Ltd. and ADC & ADMC Management Ltd. v. Republic of Hungary，以下简称"匈牙利案"）涉及的准据法选择条款是《塞浦路斯和匈牙利双边投资保护协定》第 6.5 条："投资者与东道国之间的争议适用缔约国法律，包括本协议在内的两国之间的其他协议，以及公认的国际法原则。"对此仲裁庭在解释该条款时采取了一种非常特别的解释方法，仲裁庭依据《华盛顿公约》第 42.1 条的起草历史得出结论，在进行投资仲裁时对于一个事项不能适用两种以上的法律渊源。既然双方同意将争议提交国际仲裁，就意味着双方当事人默示地选择了单一类型的准据法规则适用于他们之间的争端。那么根据该投资协定第 4.3 条的规定："在对征收所造成的损失和补偿方面，应按照东道国的法律作为唯一的裁量依据"，鉴于《塞浦路斯和匈牙利双边投资保护协定》只有在这一处特别规定了由东道国法律来进行调整，这也就意味着双方默示地将关于征收的其他事项归结于非东道国的法律也就是投资协定的约定，而投资协定当然要受到国际法一般原则的调整，所以要根据国际法确定匈牙利政府的行为是否构成征收。[22]

不过即便如此，在根据投资协定和国际法的一般原则确认匈牙利政府的行为构成征收后，接下来需要解决的一个问题是计算赔偿金额，由于投资受到政府行为的不利影响，在计算赔偿金额时必须根据政府行为是否违法以及违法程度来进行计算。匈牙利政府首先主张投资者的租约中关于航空管理权无期限的约定是无效的，因为投资者进行的是公共基础设施投资，这种投资本质上是一种有限期限的特许经营。其次，匈牙利政府根据《匈牙利航空交通法》第 45.1 条的规定，投资者的项目公司应该注册为股份有限公司，投资

〔21〕 Jarrod Hepburn, *Domestic Law in International Investment Arbitration*, Oxford：Oxford University Press，2017，p. 87.

〔22〕 ADC Affiliate Ltd. and ADC & ADMC Management Ltd. v. Republic of Hungary，ICSID Case No. ARB/03/16，Award，paras. 291-292.

者的股份占有比例应得到匈牙利的批准，而投资者却违反该法律的规定注册为有限责任公司，因此该项目公司的成立是无效的。最后，匈牙利政府还主张根据《匈牙利民法典》第201条的规定，该合同存在合同履行双方的交易对价严重不公的情况。

对于匈牙利政府的抗辩，仲裁庭逐一予以回应：首先，仲裁庭对《匈牙利航空交通法》第45.1条的规定"管理航空设施的机构可以是：①一个政府控制的商业实体或者由政府预算列支的事业机构，或者②是一个政府控股的股份有限公司，该股份公司的控股情况应得到政府的批准和许可"进行解读。在第1项和第2项之间是"或者"（or）的关系，根据仲裁申请人提供的证据，该航空管理项目公司在存续期间是一个由匈牙利政府财政预算列支的机构，完全满足《匈牙利航空交通法》第45.1条第1项的规定，那么第2项就失去了适用的必要，所以该公司的形式不受任何限制。其次，仲裁庭认为虽然双方当时没有约定具体期限，但是根据匈牙利国内司法普遍接受的实践做法是将无期限的约定视为5年约期。最后，匈牙利政府与投资者所签订的投资合同是双方真实有效的意思表示，匈牙利政府从双方的合作中获得了很多利益，并使投资者在很长一段时间内相信投资协议是有效的。如果匈牙利政府主张该协议是无效的，那它先要考虑是否是自己的违法行为所导致的。仲裁庭的推理也可以从《匈牙利民法典》第四编的规定中得到印证。[23]

（五）对投资仲裁裁决准据法适用规律的总结

通过对上述五个典型案例的总结不难看出，在双边投资协议笼统地选择国内法和国际法作为投资仲裁准据法的情况下，仲裁庭几乎全部都是以一种"混合适用"的方法来结合适用东道国国内法和国际法的。以完全适用东道国国内法的"西班牙案"来看，该案中仲裁庭不是没有考虑适用国际法规则，而是认为东道国的法律在国际法层面没有任何不妥，所以才没有在裁决中直接援引国际法的规定。在"埃及案"中，虽然仲裁庭认为东道国的法律是仲裁纠纷的

〔23〕 ADC Affiliate Ltd. and ADC & ADMC Management Ltd. v. Republic of Hungary, ICSID Case No. ARB/03/16, Award, paras. 450-475.

主要准据法，但是在利率等具体问题上，仲裁庭发现了东道国法律的不妥之处，由于埃及法律与投资协定及其依托的国际法不符，于是就排除了东道国的法律转而适用国际法规则。在主要适用国际法的两个案件中，仲裁庭也并不是完全无视东道国的国内法，而是将适用国内法的效果与国际法的要求相比较，在适用东道国法律违反国际法要求的情况下才排除了东道国法律的适用。例如在前述"捷克案"中，部分裁决所犯的最大错误就是直接根据国际法对案件进行了裁决，在最终裁决中仲裁庭修正了这个错误，将捷克的国内法作为判断捷克政府行为合法性的核心依据，只不过由于捷克的法律规定明显不利于投资者，所以才被部分排除适用。在"匈牙利案"中，虽然仲裁庭最终没有适用东道国匈牙利的法律，但这种排除的依据也恰恰是匈牙利法自身，因为《匈牙利航空交通法》本身的条款设定就直接否决了匈牙利政府的主张，而且在租赁期限约定不明确的情况下，5年的默认租期也是匈牙利国内司法实践所确定的。

综上所述，在投资仲裁协议中"国内法"和"国际法"何者优先适用，很可能是一个没有答案的伪命题，不能泛泛地得到答案。这是因为不论是东道国国内法还是国际法都需要结合具体的语境和实际情况来确定适用的方式和方法。传统国际法理论那种试图为不同类型的法律渊源"排座次"的思路在投资仲裁中恐怕行不通。这就要求我们在未来"一带一路"投资协定的实践中采取一种较为务实和辩证的态度来看待两种法律渊源之间的关系。

四、"一带一路"实践下追求东道国法律与国际法的协调适用

之所以在国际投资仲裁中出现前述准据法适用现象，是因为从顶层设计来看，国际投资仲裁机制对于仲裁庭在准据法的选择层面只是提供了一个程序性的框架结构。仲裁庭的管辖权本质上来自投资者和东道国所签署协议的授权，那么以此为基准就决定了仲裁庭选择准据法的核心方法在于寻求东道国、投资者以及母国之间的一种潜在合意。这在当代国际投资法下是一个必然会出现的结果，因

为只有同意、承认或接受才是义务规则是否具有法效力的判断标准，如果欠缺这种同意、承认或接受，并使得适用于投资争端的实体法混沌不明时，由仲裁庭行使准立法（quasi-legislative）的功能，也就是去推测与适用当事双方所可能同意用来解决争端的法律规则，因此即便是"国际"投资仲裁，国际法也只是一种"摆在那边"但却没有被直接规定为应予适用的规则，不能先验地认为国际法就是当事方当然默示同意的规则，因为只有同意、承认或接受才是义务规则是否具有法律效力的判断标准。[24]这种协商式的法律选择架构决定了从两种法律体系整体来看，不论是国内法还是国际法都不可能完全高于另外一方。[25]基于此规律，笔者认为应该进一步系统研究在投资仲裁中如何让东道国法律和相关国际法规则相互协调以实现平衡东道国和投资者利益的科学方法。

（一）在投资仲裁中以东道国法律作为裁判基准的理由

在具体的投资仲裁案件中，仲裁庭在适用法律时需要找到法律适用的切入点。换言之，在裁决案件时，仲裁员必须对案件适用的准据法进行初步认定（prima facie），以确定从何种类型的法律规则出发来对案件进行分析。这种案件裁判的基准规则十分重要，因为这可能直接确定了案件裁判的基调。以我国实践"一带一路"倡议为根本出发点结合已有的投资仲裁实践，我国未来应从以下几个方面处理投资仲裁准据法中基准法的选择问题。

首先，从我国国内法现有规定来看，仍是以东道国法律为投资的基本准据法。自改革开放以来，吸引和利用外资就一直是我国对外经济工作的重中之重，而且我国又一直被定位为发展中国家，所以我国在投资法律制度层面一直采取以东道国法律为首要的准据法基准。例如根据单文华教授的梳理，我国自1986年以来几乎所有与国外签署的"中外合资经营合同""中外合作经营合同"都明确规

〔24〕 王自雄：《条约冲突的类型、解释、与制度性限制：国际投资仲裁之例》，载《台北大学法学论丛》2015年第94期。

〔25〕 Yas Banifatemi, "The Law Applicable in Investment Treaty Arbitration", in Katia Small ed., *Arbitration Under International Investment Agreements: A Guide to the Key Issues*, Oxford: Oxford University Press, 2010, pp. 196-197.

定应受到中国法律的约束并由中国的法院排他管辖。[26]又如我国
《民法典》第 467 条第 2 款规定："在中华人民共和国境内履行的中
外合资经营企业合同、中外合作经营企业合同、中外合作勘探开发
自然资源合同，适用中华人民共和国法律。"该规定虽然仍将我国法
律规定为投资合同的排他性准据法，不过将合同的范围限定在"我
国境内履行的投资合同"。再如《外商投资法》第 6 条规定："在中
国境内进行投资活动的外国投资者、外商投资企业，应当遵守中国
法律法规……"同时该法第 4 条第 4 款则规定："中华人民共和国缔
结或者参加的国际条约、协定对外国投资者准入待遇有更优惠规定
的，可以按照相关规定执行。"由此不难看出，我国在投资政策和法
律制度上虽有微妙的修正，但仍未改变我国法律是以我国国内法为
裁量基准的根本原则。我国虽至今尚未出台《对外投资法》，不过在
实践"一带一路"倡议的过程中基于"互惠道德义务"（reciprocity
moral duties），[27]似乎不应过分偏离我国现有的管理外国投资的基本
标准与原则。

其次，从政策导向来看，"一带一路"倡议是以和平合作、开放
包容、互学互惠、互利共赢为核心的丝路精神，习近平总书记称
"这是人类文明的宝贵遗产"。不同于近代以来西方殖民主义的经济
掠夺和帝国主义的"零和"竞争思维，也不同于战后西方倡导的对
外援助等形式的国际合作模式，"一带一路"倡议主动发展与沿线国
家的经济合作伙伴关系，不仅造福中国人民，更造福沿线各国人民，
是各国合作共赢的康庄大道。[28]但是对我国和平发展的政策，极少
数的西方国家总是试图进行歪曲解读。如果我国在对外投资过程中
将国际法标准予以过度强调，就很可能授人以柄。其实将投资仲裁
的裁决标准国际化，要求东道国给予投资者国际最低标准的做法是

---

〔26〕 Wenhua Shan, "Is Calvo Dead?", *American Journal of International Law*, Vol. 55, 2007, p. 129.

〔27〕 Bryan H. Druzin, "Anarchy, Order, and Trade: A Structuralist Account of Why a Global Commercial Legal Order Is Emerging", *Vanderbilt Journal of Transnational Law*, Vol. 47, 2014, pp. 1067-1070.

〔28〕 柴尚金：《"一带一路"的思想基础与时代意义》，载《前线》2018 年第 12 期。

西方国家的一贯行径。20 世纪 50 年代在阿拉伯国家与西方投资者之间出现的石油设施投资仲裁中，西方国家认为阿拉伯国家的法律不能满足发达国家投资者在投资时的最低合理期待。于是他们强调石油投资合同具有"跨国属性"，基于这种"跨国属性"强求所谓的"国际法的一般原则"取代阿拉伯国家的法律成为争议的准据法。这种思维模式带有强烈的西方殖民主义色彩，不但将发展中国家的法律视为不完备、不文明的落后法律制度，还人为地将跨国公司拔高为国际法主体，因此遭受了广泛的批判。[29]我国在实践"一带一路"倡议时，是基于为了实现中国与沿线国家共同繁荣的人类命运共同体的价值理念。缘此，在追求本国利益时必会兼顾他国合理关切，在谋求本国发展中更会促进各国共同发展，最终定会建立更加平等均衡的新型全球发展伙伴关系，同舟共济，权责共担，增进人类共同利益。[30]那么我国在签订投资协定时，肯定不会像西方发达国家那样将自己的利益标榜为国际标准强加于其他国家，所以将东道国法律作为投资仲裁的裁判基准是体现上述思想精神的最为合理的选择。

再次，从投资仲裁的属性来看，西方法学理论认为仲裁本质上是仲裁机构对当事人提供的争议解决服务，因此仲裁员和争议当事人本质上是代理人和被代理人的关系。在美国第七巡回法院审理的"乔治·瓦特公司与蒂凡尼公司上诉案"（George Watts & Son, Inc. v. Tiffany and Company）中，法兰克·伊斯特布鲁克（Frank Easterbrook）大法官指出："仲裁庭是案件当事人的代理人，其只能为了当事人的利益在授权范围内行事。"[31]从权力架构上来看，仲裁机构不享有任何公共权力，当然不直接具有对案件的管辖权。仲裁机构的管辖权完全来自当事人之间的仲裁协议的授予，仲裁员也是由当事人选择任命出来的。相对应地，仲裁员的报酬、仲裁的各种费用也完全

---

〔29〕 M. Sornarajah, *The International Law on Foreign Investment*, Cambridge：Cambridge U-niversity Press, 2017, pp. 289-295.

〔30〕 曲星：《人类命运共同体的价值观基础》，载《求是》2013 年第 4 期。

〔31〕 United States Court of Appeals, Seventh Circuit, George Watts & Son, Inc. v. Tiffany and Company, No. 00-3231, https://openjurist.org/248/f3d/577, last visited on March 31, 2020.

由当事人承担，从这个意义上来说是当事人雇用了仲裁员来帮助他们解决纠纷。正如著名法理学者汤姆·金斯伯格（Tom Ginsburg）教授所指出的那样："是当事人选择和雇用了仲裁员来解决争端，那么仲裁员就必须在仲裁事务的安排上满足当事人对他选择时所抱有的默示预期，这种对预期的满足也构成仲裁员对当事人职业伦理上的承诺，只有在违背公共秩序的情况下仲裁员才能打破这种承诺。"[32]在投资仲裁语境下，这种利益关系仍然成立。[33]如果在投资仲裁中仲裁庭完全无视与投资争议有直接关联的东道国法律，势必会遇到东道国的强烈抵制，"柯克纳工业诉喀麦隆案"（Klöckner Industrie-Anlagen GmbH and others v. United Republic of Cameroon and Société Camerounaise des Engrais，以下简称"喀麦隆案"）就是典型例证，在该案中双方当事人选择的准据法是基于法国法律为标准的喀麦隆法，但是仲裁庭认为这种法律选择意味着双方当事人选择了法国法和喀麦隆法所共同含有的"一般国际法原则"，随即直接根据这种"一般国际法原则"裁决柯克纳公司违反了投资协议。对此作为投资者的柯克纳公司表达了强烈不满并提起了撤销仲裁申请，最终获得了支持。负责审查仲裁撤销的专门委员会认为，原仲裁明显超越了当事人对仲裁庭的授权："原仲裁对于法律的解释完全基于一种推测，这是完全不可接受的。仲裁庭只有在充分调查了东道国的法律之后，才可以诉诸国际法规则，《华盛顿公约》第42.1条的规定显然没有授予仲裁员抛开缔约国国内法直接根据国际法原则进行裁决的权力。"[34]

最后，从已有的投资仲裁实践来看，除了前述已经被撤销的"喀麦隆案"和被修正的"捷克案"部分裁决以外，在绝大多数情况下，仲裁庭都将东道国国内法作为裁判的基准。这是因为在发生

---

〔32〕 Tom Ginsburg, "The Arbitrator as Agent: Why Deferential Review Is Not Always Pro-Arbitration", *University of Chicago Law Review*, Vol. 77, 2010, pp. 1018-1019.

〔33〕 宋阳：《"一带一路"商事仲裁中国际商事惯例适用研究》，载《法商研究》2020年第2期。

〔34〕 Klöckner Industrie-Anlagen GmbH and others v. United Republic of Cameroon and Société Camerounaise des Engrais, ICSID Case No. ARB/81/2 Annulment, para. 76.

争议时，相对于一般国际法原则和规则，国内法的内容更为具体和确定，任何裁判者在适用法律时都会采取先易后难的策略。此外由于投资是在东道国境内进行的，东道国法律与投资具有更为密切的联系。而且，投资仲裁大多是东道国的国内措施所引起的，那么很自然地仲裁庭一定先要分析这种措施的国内法依据是什么。例如在"法兰克福机场集团诉菲律宾案"（Fraport AG Frankfurt Airport Services Worldwide v. Republic of the Philippines）中，由于法兰克福机场集团拒绝遵守菲律宾国内法中有关股权限制的规定，仲裁庭认定这种拒绝遵守违反了"合法投资"必须接受任何一个涉案缔约国的法律的前提性要求，所以争议投资不能被视为"合法投资"，也就不能根据德国与菲律宾签订的投资协定以及相关的国际法规则来寻求保护。[35] 对此，德国著名学者马蒂亚斯·赫雷丁（Matthias Herdegen）教授指出："国际投资法在绝大多数的情形下会支持东道国的国内法，因为投资保护协定往往会前置地将投资者遵守东道国国内法作为其发挥效力的根本前提。"[36]依照这种思路，对于《区域全面经济伙伴关系协定》（RECP）第10.5条的解读也不应该将国际习惯法与成员方的国内法对立起来。RECP第10.5条旨在为外国投资设定实体待遇标准，达到这种待遇的路径事实上还是要依据成员方的国内法来实现。RECP根本无意超越成员方的国内法去单独设定一套"超国家"的法律规则体系。一个明显的例子是RECP协定第10.14条第4款规定："泰国可根据其国内法的规定，拒绝本章关于接纳、建立、收购和扩大对来自另一缔约方的投资者的投资的利益。"该条明确将泰国国内法的效力置于作为国际协定的RECP一般规定之上，作为投资利益判断的"优先准据法"。

总之，从国际投资仲裁的实践来看，绝大多数仲裁都将东道国的国内法作为最先要适用的法律规则来对案件的是非曲直进行裁定，

---

　　[35]　Fraport AG Frankfurt Airport Services Worldwide v. Republic of the Philippines, ICSID Case No. ARB/03/25, paras. 300–304.

　　[36]　Matthias Herdegen, *Principles of International Economic Law*, 2nd edition, Oxford：Oxford University Press, 2016, p. 7.

只有在国内法适用完毕后才有国际法规则适用的空间。[37]

（二）国际法在国际投资仲裁中的"有限"适用

虽然东道国国内法在投资仲裁中应该作为争议法律分析的起点并优先适用，但这并不意味着东道国基于主权原则可以完全无视国际法的要求。只是在 ISDS 程序中适用国际法时要对国际法的适用予以"限制"。

首先，应当明确国际投资领域中东道国所承担国际义务的来源基础是东道国与投资者母国签订的双边条约或者多边条约。换言之，在没有条约保护伞条款义务的情况下，东道国对于投资者通常不承担国际法上的义务。[38]因此，ISDS 裁判机构适用国际法的目标通常是判断东道国政府的法律是否违反其所承担的条约义务。在此语境下，东道国的法律内容可以成为判断该国是否违约的"事实依据"。此外，ISDS 裁判机构没有权力直接宣告东道国的法律是违反国际法的。[39]

其次，如果有充分证据证明东道国修改或者滥用本国法律来规避条约义务时，应该不考虑东道国的国内法而直接认定东道国的行为属于违约行为。例如，如果东道国的一个政府机构实施了一项侵害投资者利益的行为，但其通过立法将该机构排除在政府机构的范围之外以规避其条约义务，这种规避行为是无效的，裁判机构可以直接判决东道国违反了投资保护的条约义务。[40]

最后，在东道国对外国投资进行征收后，如果根据东道国的国内法计算补偿数额畸低的情况下，可以根据相关的"国际法标准"

〔37〕 Taida Begic, *Applicable Law in International Investment Disputes*, The Netherlands: Eleven International Publishing, 2005, p. 56.

〔38〕 当然在条约之上东道国必须遵守对投资者源于"国际强行法"（jus cogens）的义务，但笔者查阅了 ICSID 的所有案例，绝大多数都是财产性的争议，没有一个案例涉及违反人类良知的强行法事项。

〔39〕 例如，加拿大新公布的投资协定范本第 32.3 条规定："裁判机构无权宣告缔约国国内法措施的违法性，但是在判断缔约国的行为是否符合本协定时，其国内法可以作为事实来进行参考。"

〔40〕 Monique Sasson, *Substantive Law in Investment Treaty Arbitration: The Unsettled Relationship between International Law and Municipal Law*, The Netherlands: Kluwer International, 2017, pp. 19-28.

计算补偿数额。这是因为从法理上来看，在承认东道国行使征收权力时有一个"默示的前提"，即其必须给予投资者以"公平合理的补偿"。在行使了征收权力后，如果再允许其以超低的价格来计算补偿金额的话，明显构成了"不合理权力"的叠加效应，这对投资者来说非常不公平。

总之，在 ISDS 程序中，国际法的适用具有附随性和自限性的特征。所谓附随性，是指国际法的适用必须依托于投资保护协定，因此国际法的适用仅能够在判断东道国的行为是否违反条约约定的依据。所谓自限性，是指在东道国法律规定面前要保持谦抑的姿态，不能够直接依据其自身内容来宣告东道国对于外国投资的管理行为违法。

(三) 追求东道国法律和国际法适用的协调效果

从投资仲裁所要解决法律关系层面来看，与 WTO 裁决制度根本不同，在投资仲裁的语境下，裁判者面对的法律关系是复合性的。这就决定了其不可能完全按照一种法律秩序确定案件的裁判思路。仲裁庭必须解决的一个问题是如何在适用两种不同的法律秩序中寻求具体的平衡关系。例如在 "CMS 燃气诉阿根廷案"（CMS Gas Transmission Company v. Argentine Republic）中，仲裁庭指出："事实上阿根廷关于天然气私有化、许可的立法与相关习惯国际法以及在此支配下的国际条约之间存在着密切的互动。所有这些规则都是不可分割的，仲裁庭需要做的工作是对这些不同类型的规则进行有效的协调。"类似的表述也出现在"西方勘探诉厄瓜多尔案"（Occidental Exploration and Production Company v. Republic of Ecuador）中。[41]通常情况下，东道国国内法与国际法之间的价值追求和秩序导向应该是一致的，国家制定国内法是为了履行其承担的国际义务。我们不应该先验地推定国内法与国际法之间代表了两种相互矛盾、彼此冲突、不可调和的价值取向，这并不符合国际投资实践的现实状况。

---

[41] CMS Gas Transmission Company v. Argentine Republic, ICSID Case No. ARB/01/8, A-ward, para. 117. See also Occidental Exploration and Production Company v. Republic of Ecuador, LCIA Case No. UN. 3467, Final Award, para. 93.

美国著名大法官理查德·莫斯克（Richard Mosk）在美伊求偿仲裁案中指出："在绝大多数情况下，对于一个具体的法律问题，不论是选择国内法还是国际法都将不会影响最终的裁决结果。"[42]此论断解释了本文前面所列举的大量具体案例中，为何仲裁庭没有完全将一种类型的法律规则作为解决投资争议的法律渊源，而是采取分别适用的方法来寻求两种规则体系适用结果的一致性。

即便由于东道国法律和国际法规则存在本质冲突而将导致适用不同规则会出现截然相反的判决结果，仲裁庭对此的处理方法往往是寻找一种当事人之间的利益协调关系，而不是直接判断两种规则之间的效力孰高孰低。与法院的法官依照职权出庭审理案件不同，组成仲裁庭的仲裁员中的两位"边裁"人员是争议双方分别选择的，这就决定了仲裁庭的治理结构和利益架构与法院有本质上的区别。当事人有强烈的动机去选择能为他们争取更多的裁决利益的仲裁员。虽然首席仲裁员的地位相对中立，但也不能改变他也是由当事方选择的事实。这样一来，仲裁员在进行仲裁时很可能达成一种"无声的默契"，他们必须对当事人的利益差异进行协调，而不是从形式主义出发去机械地适用法律规则，这就从客观上要求必须采取一种相对灵活的方法作出裁决，这种裁决更倾向于一种结果主义。[43]具体来说，在投资仲裁中往往通过下列手段来使国内法和国际法规则达到协调适用的状态：

首先，若想证明仲裁裁决的公正性，说服当事人自觉遵守仲裁裁决，就必须注意法律适用的均衡性。当两种类型的规则分别对争端一方有利时，仲裁庭在适用对胜诉方有利的法律的同时，更要特别关注对败诉一方有利的法律，必须着重加强对败诉方有利法律的适用和说理。该做法在前文"捷克案"和"匈牙利案"中体现得淋漓尽致。

---

〔42〕 American Bell International Inc. v. Government of the Islamic Republic of Iran et al. , Interlocutory Award, 11 June 1984, Concurring and Dissenting Opinion by R. M. Mosk, 6 Iran-U. S. C. T. R. 74, at. 98.

〔43〕 Gilles Cuniberti, "Three Theories of Lex Mercatoria", *Columbia Journal of Transnational Law*, Vol. 52, 2014, pp. 407-410.

其次，从实用主义角度来看，仲裁庭作出的裁决必须要得到有效的执行才能维护其权威性。此时东道国对于仲裁的态度就变得非常重要，假设仲裁庭要适用国际法来进行裁决，其也不得不从东道国的国内法中寻找相类似的依据以帮助仲裁裁决被东道国接受。[44]

最后，协调适用国内法和国际法反映出仲裁庭中负责任的仲裁员希望突破"司法经济原则"，超出基本的审查范围进而充分地解决争端各方提出的争议性问题。在投资仲裁中，争议所涉及的问题比较复杂，仲裁员希望通过对国内法和国际法的协调适用，超越案件本身，为投资者和东道国的未来行为提供指引，帮助双方协调投资事务以预防争议的升级。[45]

承前文所述，我们发现不能将传统国际法效力层级的概念套用在投资仲裁中国际法规则与东道国法律的适用关系问题之上。东道国国内法是投资仲裁中主要的准据法渊源。但这种表述有严格的语境限制，特指东道国国内法与国际法之间的适用关系是一种顺位性（sequential）关联，而非指两者之间存在效力层级（hierarchy）的高低差别。具体而言，强调东道国法律的优先适用是指在裁判案件时要先以东道国的国内法为基准来判断当事人的权利义务分配，在适用东道国法律时不明显违反条约以及公认的国际法强制规则的情况下就根据东道国的国内法进行裁决和判断。只有在判断东道国的法律实施效果是否违反投资保护条约时，才能充当准据法予以适用。但这种适用应该被定性为被动的、附随的和自我限制的例外，不能由仲裁庭预设地主动行使。

五、结语

为了维护"走出去"企业的海外投资利益，中国必须根据"一带一路"沿线国家的实际情况和我国面临的国际环境来构建符合

---

〔44〕 Hege Kjo, *Applicable Law in Investor-State Arbitration: The Interplay between National and international Law*, Oxford: Oxford University Press, 2013, pp. 273-276.

〔45〕 S. D. Myers, Inc. v. Canada, First Partial Award, Separate Concurring Opinion by B. Schwartz, para. 90.

"一带一路"特殊需要的投资协定条款。从当下的国际环境来看，我国所面对的"一带一路"沿线国家国情复杂、文化多元而且大多数国家的经济以及社会发展水平与西方国家的情况完全不同，这就要求我国在解决投资争端时应当采取一种相对稳妥的态度来对待东道国的法律。尤其是在可能对于东道国作出不利裁决的时候，必须从适用顺位上考虑优先根据东道国的法律规定来处理争议，从而达到"仁至义尽""以理服人"的裁判效果。那种把东道国的法律视为事实，用国际法单向评判国内法的法律方法并不符合我国"一带一路"倡议的"人类命运共同体"的基本理念。从法律主张上来看，可被视为将投资仲裁过度"私法化"的论调。这种做法很可能会过度消费"一带一路"沿线国家中的发展中国家对该倡议的信心和善意，甚至存在可能将投资争议升级为政治争端的潜在危险，总体来看是得不偿失的。[46]

On the Applicable Model of the Applicable Law of International Investment Arbitration
—Take the "Belt and Road" Investment Agreement as the Starting Point

Song Yang, Zou Yanmeng

Abstract：In the investment agreements signed between China and the countries along the "Belt and Road", the choice of applicable law of investor-host country arbitration clause is mostly based on the combination of domestic law and international law. Therefore, it is necessary to study the respective legal functions of the two legal sources and the applicable relationship between them in specific investment disputes. After sorting out the existing investment arbitration cases and studying the actual needs of

---

[46] Rodrigo Polanco, *The Return of the Home State to Investor-State Disputes: Bringing Back Diplomatic Protection?* Cambridge: Cambridge University Press, 2019, pp. 46-50.

China to implement "the Belt and Road" initiative, we believe that the position of harmonizing the application of domestic law and international law of the host country should be adopted. The domestic law of the host country should be applied in a subordination preference in terms of the method of application, but if the result of the application of the host country's domestic law conflicted with the investment protection agreement, it should bear the "liability for breach of contract" under international law.

Keywords: The "Belt and Road" Initiative; Investor-State Dispute Settlement; Application of Applicable Law

理论前沿

"一带一路"国际技术转移法律机制的进展、困境与应对*

彭亚媛**　马忠法***

摘　要： "一带一路"国际技术转移法律机制的构建担负着双重任务：一是激活市场活力实现经济可持续，二是重塑国际技术转移制度减少结构性不平等。"一带一路"新型产能合作、共建产业园区、第三方市场合作模式以及国际技术转移中心，都对便利技术要素自由流动提出了新要求。而目前既有国际技术转移规则出现结构性失衡，技术转移市场逻辑和国家立场时有冲突，大国责任和供给能力存在落差。因此，减少"一带一路"国际技术转移法律壁垒，需要在尊重技术财产的前提下促进先进技术的可获得性和可负担性。中国可以在"一带一路"倡议下推动"技术流动自由"新理念、推广国际合作成果共享的"三层结构"、创新技术转移融资模式，以此促进技术公平获取。

关键词： "一带一路"倡议；技术转移；国际合作；知识产权

一、引言

国际技术转移，对于推动"一带一路"产业融合发展具有重要意义。"一带一路"倡议的生命力在于通过不断创新国际合作形式，

* 基金项目：司法部法治建设与法学理论研究专项课题"产业链重构下涉外技术转让法律机制研究"（项目编号：21SFB4056）；江苏高校哲学社会科学研究一般项目"国际经贸协定中强制技术转让规则的法律应对研究"（项目编号：2021SJA2069）。
** 江苏大学讲师。
*** 复旦大学法学院教授，博士生导师。

解决交通、减贫、发展等全球性问题。从针对"一带一路"周边国家"基础设施赤字"问题提出的"五通"策略〔1〕，再到针对全世界面临的增长动能不足、发展失衡等问题提出的国际产能合作、共建产业园区等务实方案，中国致力于通过科技创新和技术转移来实现合作共赢。"一带一路"区域性产业结构关联互动也在不断升级，从政府间技术转移中心建设到合作研究与联合研发中心，再到共建产业园区。而技术转移转化与高效便捷流动，也就成为"一带一路"创新驱动发展中的应有之义。

国际技术转移议题在"一带一路"合作政策中的重要性也在不断升级。2015 年，《推动共建丝绸之路经济带和 21 世纪海上丝绸之路的愿景与行动》提出"共建国际技术转移中心"的方案。2016 年《推进"一带一路"建设科技创新合作专项规划》将技术转移中心、技术示范推广基地确定为"一带一路"科技基础设施。2017 年《国家技术转移体系建设方案》明确对外发出了"扩展国际技术转移空间"的信号。2019 年，中俄等五国达成的《"创新之路"合作倡议》，更是将构建"一带一路"技术转移协作网络作为促进区域创新一体化发展的关键行动。〔2〕

现有学术研究对于"一带一路"中的技术转移问题关注不足，既与中国在"一带一路"倡议下机制化的技术转移和产业合作实践相脱节，也没有关注到发展中国家公平公正转让技术的共同诉求，从而忽视了"一带一路"倡议下构建第五种基础自由，即"技术流动自由"的可能性和重要意义。有鉴于此，本文试图探究"一带一路"国际技术转移法律机制构建如何实现双重目标：一是激活市场活力促进经济可持续，二是重塑国际技术转移制度减少结构性不平等。

二、构建"一带一路"国际技术转移法律机制的必要性

国际技术转移是促进人类共享科技成果的最佳途径。科学技术

---

〔1〕 "五通"是指政策沟通、设施联通、贸易畅通、资金融通、民心相通。周五七：《中国对中东欧国家投资困境及推进策略研究》，载《西安财经学院学报》2019 年第 5 期。

〔2〕《"创新之路"合作倡议（2019 年 4 月 26 日）》，载 https://www.ydylcn.com/ydyl-gjhzgflt/dej/cgqd/339612.shtml，最后访问日期：2021 年 11 月 30 日。

自身的发展，从基础研究到应用研究再到实用技术，三者是互相促进、互相依存、互相渗透的。科学技术在现实世界的立体空间中不断流动，从国内到国外，从这一领域到另一领域，任意方向的结合、延伸、发展，注入人们生产生活的各个领域，实现着人们的幻想和追求，无穷无尽地创造出一个又一个前所未有的奇迹。国际技术转移正是在这种内外输出和流入中增值的过程，是技术转让、技术扩散、技术商业化以及技术能力建设的总和。[3]在国际技术转移中，技术高地与技术洼地的技术基础都在相互交融之中得到相应提升。技术高区输出的技术被不断调整和适应不同的环境，而技术低区在模仿学习过程中，逐渐减少技术差距，甚至有可能通过逐步改善技术进行二次创新。[4]

"一带一路"倡议下的国际技术转移行动逐渐制度化、体系化。"一带一路"国际合作模式推陈出新，无论是新型产能合作、共建产业园区，还是第三方市场合作，都在不同程度上激发了"一带一路"周边国家技术转移的活力。而"一带一路"国际技术转移中心的建设与完善，也为构建便利技术要素自由流动、促进科技产业融合的国际技术转移法律机制提供了平台。

（一）"一带一路"倡议的含义及其内容

"一带一路"国际合作不断扩大。[5]2013年中国首次提出建立"新丝绸之路"经济带和"海上丝绸之路"的倡议。2015年《推动共建丝绸之路经济带和21世纪海上丝绸之路的愿景与行动》详细阐述了"一带一路"倡议的概念框架与合作重点。至此，六个陆地走廊和一个海上通道的计划初现雏形。从地理位置上说，"一带一路"横贯东西、连接欧亚。[6]从成效上说，"一带一路"倡议实施8年以来对区域贸易、跨境投资、经济利益分配和包容性增长产生了积极

---

〔3〕 彭亚媛：《多边环境协定中技术转移条款研究》，复旦大学2020年博士学位论文。

〔4〕 马忠法等：《清洁能源技术转移法律制度研究》，法律出版社2018年版，第73页。

〔5〕《外交部："一带一路"造福世界》，载 http://www.gov.cn/xinwen/2021-06/28/content_5621322.htm，最后访问日期：2021年6月28日。

〔6〕 龚嘉琪：《资本逻辑语境下中国改革开放面临的挑战与解决方案》，载《福州党校学报》2019年第5期。

影响。截至 2020 年，中国为"一带一路"周边国家带来外商直接投资达到 1360 亿美元；"六廊六路多国多港"互通格局初现，区域货物贸易往来累计达 9.2 万亿美元〔7〕，相关国家的国内生产总值平均增加 2.6%~3.9%。〔8〕

在"硬联通"上，"一带一路"倡议主要通过输出基础设施和相关技术，来促进实现全球互联互通和市场一体化。"一带一路"倡议周边国家大多为欠发达地区，在过去 30 年全球化的浪潮中依赖于廉价的劳动力和丰富的自然资源，努力发展但依旧处于全球价值链底端。而西方主导下的国际秩序对于发展中国家的扶持与援助，更多地关注民主治理、经贸开放、政策透明度等"软"领域，却把贫富差距、发展乏力归咎于发展中国家自身能力问题。世界经济增长动能不足、国际治理体系滞后和南北发展失衡等诸多问题无法在现有的秩序下得到妥善解决。〔9〕"一带一路"倡议则更关注基础设施等"硬"领域。自 2008 年金融危机后，世界经济中心加速向亚太转移，但欧亚大陆存在着每年 1.3 万亿美元的基础设施缺口。而"一带一路"倡议则通过政策沟通、设施联通、贸易畅通、资金融通、民心相通和产业合作，构建了现代化铁路网、高速公路网、自动化港口和机场等"一带一路"重大交通枢纽系统，推动供应链和产业链的重新配置，加速生产集群和产业创新，以此来推动欠发达国家的工业化进程。

在"软联通"上，"一带一路"倡议还未形成统一的规则体系，但对发展和技术的共同追求可能会促成"技术流动自由"的新共识。"一带一路"倡议区别于大型区域经贸协议安排，并没有准入门槛和明确的规范；它也不是美国式的短期地缘政治计划，而是中国对周

〔7〕《商务部副部长：中国与"一带一路"沿线国家货物贸易累计达 9.2 万亿美元》，载 http://www.xinhuanet.com/2021-04/20/c_1127353387.htm，最后访问日期：2021 年 10 月 20 日。

〔8〕《共建"一带一路"倡议：进展、贡献与展望（2019 年 4 月 22 日）》，载 https://www.ydylcn.com/ydylgjhzgflt/dej/cgqd/339596.shtml，最后访问日期：2021 年 10 月 20 日。

〔9〕吴宗敏、吴宇：《全球贫困治理的深化与中国的实践创新》，载《江苏大学学报（社会科学版）》2019 年第 1 期。

边地区长期稳定的发展承诺；鉴于"一带一路"倡议的模糊性和松散性，相关备忘录、声明和共识大多缺乏约束力，不少学者提出了构建高水平投资协定〔10〕、建立多元争端解决机制等方案〔11〕，以充实"一带一路"倡议制度体系。然而，模仿既有的国际经贸规则构建的制度体系，可能并不符合"一带一路"周边国家对技术的紧迫需求。传统的经贸体系规则强调四大自由，即商品流动自由、服务流动自由、资金流动自由、人员流动自由，虽然会促进发展中国家融入全球供应链，但也在产业技术上受制于人，很难通过技术升级走出"资源诅咒"，最后沦为廉价商品加工地。新一轮科技革命与产业变革将打破现有的全球劳动分工格局，国际经济秩序将迎来重构。世界经济"南北差异"逐渐缩小，到2035年发展中国家GDP将超过发达经济体。〔12〕"东升西降"趋势进一步显现，亚太经济愈加活跃。人工智能等新技术的发展，也打破了资本向劳动力等要素低成本洼地流动的规律，深刻改变各国比较优势和竞争优势。因此，创新驱动发展将成为"一带一路"倡议未来发展的主旋律。出于发展中国家对公平公正技术获取的共同立场，"一带一路"倡议或能在"技术流动自由"方面有所作为，从而通过技术、人才等生产创新要素的自由流动，有效带动"一带一路"周边国家在新旧比较优势转化过程中赢得先机。〔13〕

（二）"一带一路"国际技术转移法律机制构建的现实需求

"一带一路"倡议已从最初的填补基础设施空白，逐渐朝着产业融合方向发展。从"一带一路"国际产能合作，到共建产业合作园区，再到"第三方市场合作"，技术要素快速流动成为"一带一路"创新驱动发展的应有之义，也对构建公平公正的国际技术转移法律

---

〔10〕 沈伟：《构建"一带一路"高水平投资协定：基于征收条款的考察》，载《兰州大学学报（社会科学版）》2021年第3期。

〔11〕 初北平：《"一带一路"多元争端解决中心构建的当下与未来》，载《中国法学》2017年第6期。

〔12〕 国务院发展研究中心"国际经济格局变化和中国战略选择"课题组等：《未来15年国际经济格局面临十大变化》，载《中国发展观察》2019年第1期。

〔13〕 商务部国际贸易经济合作研究院课题组：《共建合作机制"一带一路"经贸合作逆势前行》，载《国际经济合作》2021年第5期。

机制提出了更高的要求。

1. "一带一路"产能合作推动政府间技术转移制度化

"一带一路"国际产能合作模式下，集群式国际技术转移趋势明显。传统的跨国投资，无论是绿地投资还是股权投资，均呈现"点对点"式，将东道国作为产品出口加工地。此种"外包"产业链体系与东道国产业关联度较低，缺乏技术升级动力，东道国无法借此实现经济转型。而"一带一路"产能合作呈现集群式转移，产业链核心生产环节的横向转移和产业链上下游配套环节纵向转移同时进行。相应地，对于技术转移的需求也呈井喷式增长。

目前，政府层面业已达成的产能合作框架协议，通过国际软法性文件明确了技术转移的形式。中国已同哈萨克斯坦等四十多个国家签署了产能合作文件，同东盟等区域组织进行合作对接，开展机制化产能合作。产能合作框架协议及相关谅解备忘录等软法文件，为中外双方在产能合作领域、项目、规划、步骤、政策、机制等方面提供一种制度性安排。其本身虽无严格的法律约束力，但可促进双方加快规划、政策、项目和机制的出台与对接，并可根据相关国家的实际需要，为其"量身定制"产能合作的具体领域与项目，实现双方产能的科学性、持续性对接与合作，因此产能合作框架协议对国际产能合作可以起到积极的引导与促进作用。[14]

在产能合作框架协议及相关谅解备忘录中，技术转移条款呈现为三种形式：其一，概括式技术转移。如中国-哈萨克斯坦模式，只强调转移技术的先进性。其二，明确具体的技术转移形式。"中国—几内亚"模式具体列举了投资、合资、建设—运营—转让（BOT）、政府和社会资本合作（PPP）、工程建设、装备出口等形式，而"中国—阿尔及利亚"模式则少得多，仅仅提及成立公司、建设工厂以及技术人员培训等。其三，强调知识产权的保护和共享，如中国—马来西亚模式。中马"两国双园"跨国自贸区也是"一带一路"倡议中产能合作的典型范例，包括高新电子、新能源、生物医药等产

---

〔14〕 吴卡、田峰：《中非产能合作国际法律保障机制研究》，社会科学文献出版社2019年版，第97页。

业的聚集，因而在技术转移方面更强调知识产权保护与共享。

表 1 代表性产能合作框架协议中的技术转移条款

类　别	国　别	领　域	技术转移相关条款
"硬"基建合作	《中华人民共和国和几内亚关于加强产能合作的框架协议》（2016 年）	基础设施建设和经营，包括铁路、高速公路、电站、电网、电信等；金属和材料，包括钢铁、有色金属、玻璃制造、水泥等；自然资源深加工；装备制造；轻工业、电子工业和纺织业；产业聚集区；双方同意的其他领域	两国企业根据各自法律和规定程序，采取投资、合资、建设—运营—转让（BOT）、政府和社会资本合作（PPP）、工程建设、装备出口等进行合作
"硬件+软件"合作	《中华人民共和国和阿尔及利亚关于加强产能合作的框架协议》（2016 年）	机械工业、铁路、冶金、基建、石化、新能源与能效、石油天然气、工程、矿产品加工、建材、家电及经一方建议另一方同意开展双边合作的领域	鼓励本国企业重点通过成立公司、建设工厂等方式在对方国内投资；开展相关技术人员及中高级管理人员培训合作，探讨共建培训中心和专业与技术升级的可行性
"知识产权"合作	《中华人民共和国和马来西亚关于加强产能与投资合作的协定》（2015 年）	基础设施、基础产业和其他可再生能源、制造业、服务业、双方共同商定的其他产能与投资合作领域	在技术开发、产品及服务开发中取得的知识产权：如果上述活动由双方共同进行，或是通过双方共同开展的活动努力达成的研究成果，应当根据双方协商一致的条件由双方共享；如果上述活动由一方单独进行，或者是通过单独开展的活动努力达成的研究成果，应当由该方独享

续表

类　别	国　别	领　域	技术转移相关条款
重民生类合作	《中华人民共和国和哈萨克斯坦关于加强产能与投资合作的协定》（2015年）	水泥、平板玻璃等建材产业；钢铁等冶金产业；有色产业；油气加工、化工产业；机械制造；电力；铁路、公路、水运及航空的基础设施建设；羊毛加工等轻工业；农产品加工；运输物流；旅游业；食品加工业；居民消费品生产；双方同意的其他领域	双方同意，遵循各自国家法律，包括满足环保要求，采用先进适用技术，加强产能与投资合作

资料来源：中华人民共和国条约数据库。

2. 共建"一带一路"产业园区亟须稳定可预期的技术转移法律

"基础设施+产业园区"成为聚合"一带一路"周边国家创新资源的新模式。目前中国在"一带一路"沿线建立了80多个经贸合作区，为当地新增就业超37万。[15]企业也组建了"一带一路"国际产能合作园区联盟，促进政策信息共享与行业资源整合。[16]

目前，"一带一路"产业园区合作建设取得了较好的成绩，但同时也面临着法律政策模糊和缺乏稳定性的问题。"一带一路"产业园区的深化发展，也带动了中国高端装备、先进技术标准和优势产能向境外转移。发展较好的产业园区大多产业基础良好、当地营商环境较好。在功能上，这些园区逐渐从单一的出口加工区，向着科创新区和研发中心发展；在资产构成上，从基础设施投入逐渐向轻资产投入转变；在空间结构上，逐渐从工业区转变为产城融合。[17]而

〔15〕《"一带一路"沿线园区》，载 https://www.investgo.cn/channel/v3_0/hzq/hzq-TypeList.shtml?type=2，最后访问日期：2021年11月30日。

〔16〕 杨晓琰、郭朝先：《加强国际产能合作推进"一带一路"建设高质量发展》，载《企业经济》2019年第7期。

〔17〕 刘佳骏：《中国海外合作产业园区高质量建设评价体系研究》，载《国际经济合作》2021年第3期。

落后园区多位于政局动荡、产业基础薄弱的国家，如中缅边境经济合作区等。[18]产业园区发展落后除了自身经营问题，东道国朝令夕改、法律缺乏稳定性和预见性也是重要原因。因此，需要加快构建技术转移方面的"共同规则"，通过技术转移实现"一带一路"的"软联通"。

"一带一路"产业园区合作的不同发展阶段，对技术转移的法律制度也有着不同程度的要求。第一阶段的产业园区又被称为"飞地型"园区，通常以技术引进为主。"飞地型"园区通过优惠税收和特殊法律政策吸引外商直接投资，致力于提升就业和劳动技能，主要表现形式为出口加工区，旨在通过出口产品创收外汇。在此阶段，引进外资和学习国外先进技术是产业园区的重点任务，因此引进技术行政审批的效率和税收优惠政策都会极大影响技术转移速率。[19]第二阶段的产业园区主要由跨国企业的离岸生产基地构成，"以市场换技术"是这个阶段的典型特征。跨国企业为了降低成本将工厂企业等转移到土地、劳动力成本低廉，市场更近，税收更为优惠的国家或地区。在此阶段，当地企业慢慢进入模仿改良技术阶段。知识产权的保护力度、东道国对外商投资技术转移方面的业绩要求是这一阶段企业最为关心的事情。第三阶段，产业园区进入"自主发展"阶段，主要通过技术创新提高生产效率，自主创新成为主旋律，技术对外转让逐渐增多。在这一阶段，技术对外转让的国家安全考量和企业海外知识产权的保护，是东道国法律制度理应回应的问题。

表2 不同阶段的产业园区对技术转移法律制度的要求

阶　　段	形　　式	特　　征	技术转移法律制度的重点
第一阶段	"飞地型"园区	引进外国先进技术	引进技术的审批手续、税收优惠

〔18〕《"一带一路"中国海外园区建设应健全海外投资生态系统》，载 http://world.people.com.cn/n1/2018/0226/c1002-29834916.html，最后访问日期：2021年12月26日。
〔19〕张中元：《"一带一路"倡议与海外产业园区建设》，载中国社会科学院国家全球战略智库编：《2016年的中国与世界》，社会科学文献出版社2017年版，第76~77页。

续表

阶　段	形　式	特　征	技术转移法律制度的重点
第二阶段	跨国企业离岸生产基地	以市场换技术；对引进的技术进行模仿改良	知识产权的保护力度、东道国对外商投资技术转移方面的业绩要求
第三阶段	自主发展型园区	自主研发创新；对外转让技术	企业海外知识产权保护、技术对外转让的国家安全问题

3. "第三方市场合作"模式促进技术转移形式多元化

"第三方市场合作"是中国在"一带一路"倡议下提出的新型国际合作模式，旨在结合发达国家管理和技术优势、中国产能和资金优势，根据发展中国家市场需求进行业务合作。这种模式得到了越来越多国家的认可，中国已和诸多国家签订了16份"第三方市场合作备忘录"。

表3　"第三方市场合作"项目种类及其技术转移形式

种　类	含　义	技术转移形式
产品服务	发展中国家出资，中方与外方企业以采购设备、商务咨询方式承建相关项目	以技术服务、技术咨询为主
工程合作	发展中国家出资，中方企业与外方企业联合竞标大型基建工程	以建设工程、建造—合作—转让模式为主
投资合作	中国企业与发达国家企业以参股、并购、合资的方式在第三方市场上进行投资建厂	以技术投资为主
产融结合	中外金融机构为在发展中国家开发市场的跨国企业提供融资服务	以产业合作中的技术溢出为主

"第三方市场合作"秉持"共商共建共享"原则，旨在实现合作共赢。此类"第三方市场合作"主要有四种模式：第一种是产品服务，即发达国家企业和中国企业以采购设备和商务咨询方式，为

"一带一路"国家发展建设提供方案。例如在中德共建的"莫桑比克马普托大桥"项目中，中方负责承建，德方负责设计和监理咨询服务。[20]第二种为工程合作，即中外企业利用联合竞标等方式，与第三方发展中国家开展合作。例如厄瓜多尔瓜亚基尔医院项目，中国水电建设集团和西班牙莫德罗集团组建联营体签约承建该项目。[21]第三种为投资合作类，即中外企业以合资、并购或者参股的方式在第三方市场上开展合作。例如横跨亚欧大陆的中欧班列，由日本快运和中国铁路共同出资在"一带一路"周边国家进行建设。第四种为产融结合类，即由中外金融机构，通过融资、贷款等形式为发展中国家的建设项目提供资金支持。例如中国信保公司与意大利电力公司签订合作框架协议，为在拉丁美洲开发市场的意大利公司提供信用保险支持，从而解决融资不足的问题。

"第三方市场合作"强调各方地位平等和风险共担。通过对现有约50个第三方市场合作项目的分析，第三方市场合作模式已经从"发达国家作为融资方，中国作为承包方"扩展到包括第三方市场国家融资在内的联合融资。融资模式已从"发达国家主导"向"责任共担、风险共担、利益共担"转变。在"一带一路"框架下，中国与发达国家、发展中国家跨国公司的地位更加平等，中国企业和跨国公司将更有动力参与"一带一路"第三方市场合作。[22]

4. "一带一路"国际技术转移中心奠定技术转移制度化基础

先进技术的可及性与可负担性是制约"一带一路"可持续发展的关键因素。为了解决技术供给不足，实现区域产业需求对接，中国陆续在"一带一路"周边布局了国际技术转移中心。迄今为止，中国与东盟、南亚、阿拉伯国家、中亚、中东欧以及金砖国家建立了六个国际性技术转移平台，分别是广西的"中国—东盟技术转移

---

〔20〕 张振：《推进第三方市场合作 促进多方互利共赢——国家发展改革委外资司有关负责人就〈第三方市场合作指南和案例〉答记者问》，载《中国经贸导刊》2019年第17期。

〔21〕 《第三方市场合作指南与案例》，载 http://images. mofcom. gov. cn/mz/201909/20190912093710956. pdf，最后访问日期：2021年9月4日。

〔22〕 Youyi Zhang, "Third-party Market Cooperation Under? The Belt and Road Initiative: Progress, Challenges, and Recommendations", *China International Strategy Review*, Vol. 1, 2019, p. 323.

中心"、云南的"中国—南亚技术转移中心"、宁夏的"中国—阿拉伯国家技术转移中心"、新疆的"中国—中亚科技合作中心"、江苏的"中国—中东欧国家技术转移虚拟中心"、昆明的"金砖国家技术转移中心"。[23]这些国际技术转移中心，服务于技术供需对接和技术能力建设，主要工作包括促进技术信息交易，开展技术推介活动，举办技术博览会，开展技术服务培训。这些工作是根据中国和其他国家达成的科技合作双边或多边协议进行的，具有良好的共识和法律基础。这种共建模式一方面可以分担国际技术转移中心初期基础设施建设的费用，另一方面也可以加深各方对于各国技术创新法律法规和市场情况的了解。这些区域技术转移平台的建设，为"一带一路"技术转移制度建设奠定了良好的基础。

表4　"一带一路"国际技术转移中心建设概况

区　域	政府间技术转移中心	说　明
东盟地区	中国–东盟技术转移中心；中国–柬埔寨技术转移中心；中国—缅甸技术转移中心；中国—老挝技术转移中心；中国—泰国技术转移中心；中国—印尼技术转移中心；中国—越南技术转移中心；中国—文莱技术转移中心	按照《中国—东盟科技伙伴计划》的要求，除了需要建立中国—东盟技术转移中心外，中国需要和东盟10国都建立双边技术转移中心，目前建立了7个。
南亚地区	中国—南亚技术转移中心；中国—阿富汗技术转移中心；中国—孟加拉国技术转移中心；中国—尼泊尔技术转移中心；中国—巴基斯坦技术转移中心；中国—斯里兰卡技术转移中心	南亚7国之中，和中国建立双边技术转移中心的有5个，中国和印度技术转移中心建设正在谈判中。

---

[23]　杜新杰：《"一带一路"科技创新合作：现状、影响和发展前景》，载《财会学习》2019年第31期。

续表

区　域	政府间技术转移中心	说　　明
阿拉伯地区	中国—阿拉伯国家技术转移中心；中国—毛里塔尼亚技术转移中心；中国—约旦技术转移中心；中国—肯尼亚技术转移中心	根据 2014 年第六届中阿部长级合作论坛提出的"探讨设立中阿技术转移中心的倡议"，23 个阿拉伯国家和地区中，目前建立 3 个政府间技术转移中心。
中东欧地区	中国—中东欧国家虚拟技术转移中心	2012 年"中国—中东欧国家合作"（16+1 合作）机制正式成立，达成《中国—中东欧国家创新合作南京宣言》，成立"中国—中东欧国家虚拟技术转移中心"。
中亚地区	暂无	2013 年科技部提出新疆将建"中国—中亚科技合作中心"，新疆在乌鲁木齐建立总部，喀什建立分中心。
金砖国家	金砖国家技术转移中心	根据 2017 年金砖国家达成的《2017 昆明金砖国际技术转移创新协作论坛关于促进金砖国家国际技术转移协作联合宣言》，签署了《关于共建金砖国家技术转移合作机制的框架协议》，2018 年第六届金砖国家科技部长级会议达成的《德班宣言》明确了在金砖国家科技创新创业伙伴关系工作组的指导下建立金砖国家技术转移中心。

资料来源：中国科技部。

三、"一带一路"倡议下国际技术转移法律制度存在的问题

"一带一路"国际技术转移法律机制面临两方面的问题：一方面，既有国际技术转移规则存在结构性失衡，出现技术财产过度保护主义而先进技术公平获取机制缺位的现象。另一方面，"一带一路"国际技术转移法律机制面临集体行动的困境，市场逻辑和国家立场之间存在潜在冲突，而大国责任和供给能力之间的矛盾还需妥

善处理。

（一）既有国际技术转移规则的结构性失衡

1. 技术流动自由缺位

技术流动自由从未在国际经贸规则中得以确立。国际技术转移规则在保护私人技术财产方面卓有成效，但是却无法有效规制国家之间的技术遏制战略计划。究其原因，技术民族主义思潮起到了很大的推波助澜的作用。

技术民族主义者强调本国与他国的身份差异并警惕外部威胁。在技术转移语境下，私营主体的技术能力是一个国家竞争实力的关键来源，技术民族主义者倡导通过国家行动来保护和促进私营主体的技术能力。根据实施目的，技术民族主义又可分为防御型和进攻型。[24]

防御型技术民族主义的基本动机是自强，国际法律体系对此形成了较为完善的规范网络。防御型技术民族主义，主要通过提升科技水平来改善本国落后的技术状况，通过鼓励研发创新和保护本国产业等方式，对内培育幼稚产业，对外引进技术，因而其对于先进技术的公平获取的需求尤为迫切。为了防止东道国对技术转移的过度干预和不当阻碍，国际法发展了一系列规则来限制政府对国际技术转移的管制措施。国际投资法中规定了消除准入壁垒、禁止相关出口业绩要求以及征收征用规则，旨在保护外商投资者的经营自由；国际知识产权和多边自由贸易协定，规定了对技术财产需采取民事、行政和刑事等保护措施；国际贸易法则对产业补贴和倾销问题进行了规制。

而进攻型技术民族主义的基本动机则是垄断，国际法律体系对此规范较少。进攻型技术民族主义通常表现为单边或多边的技术制裁措施，以及歧视性的技术管制和技术安全审查等，旨在通过政治权力保持对战略领域和关键核心技术的管控力，以违背技术生命周期规律的方式延长技术垄断。进攻型技术民族主义对国际经济秩序

---

〔24〕 孙海泳：《进攻性技术民族主义与美国对华科技战》，载《国际展望》2020年第5期。

产生了两类效果：一方面，动用国家权力限制先进技术外流。美国对中国通信企业的经济制裁、欧盟加强对中资跨国企业技术获取型投资并购的安全审查、"五眼联盟"（Five Eyes）对华为5G技术的抵制、日本收紧签证政策防止技术外流以及西方国家借助《关于常规武器与两用产品和技术出口控制的瓦森纳协定》（The Wassenaar Arrangement on Export Controls for Conventional Arms and Dual - Use Good and Technologies，又称《瓦森纳协议》）推行多边化技术出口管制政策，均是进攻型技术民族主义思维的体现。[25]另一方面，对技术财产的过度保护。目前私人主体的技术能力大部分以知识产权的形式表现出来，因此发达国家不遗余力地推行更高保护标准的国际知识产权制度，从传统的商标、专利和著作权保护，扩张到试验数据和生物制剂，不断侵蚀发展中国家鼓励技术转移的政策空间。同时，"强制技术转让"概念不断延展甚至上升到了对国家产业政策的规制，远远超出了现有国际法律规范的范畴。

2. 国际技术转移规则的碎片化和偏向性

国际技术转移规则围绕着保护技术财产和促进技术获取两大核心内容展开，碎片化、偏向性问题突出。世界面临技术财产过度保护而先进技术获取不足的局面，发展中国家因"技术锁定"而无法实现经济腾飞和跨越式发展，全球价值链日益固化。[26]表现在法律上，即国际贸易法、国际投资法、国际知识产权法和国际环境法之中技术转移的标准并不一致甚至有所冲突。

（1）在保护技术财产方面，"商业基准模式"（Business - as - usual Model）占据主流，集中体现在国际知识产权法和国际投资法中。"商业基准模式"下的技术转移，保护技术财产居于首要地位，技术交易的条件和价格均由当事人决定，强调当事人的交易自由和意思自治，反对强迫性技术转移。这种模式可以有效促进产权交易，以

---

[25]《张明大使：新冠疫情是全人类的灾难，不应成为地缘政治的舞台》，载 http://world. people. com. cn/n1/2020/0426/c1002-31688111. html，最后访问日期：2021年12月26日。

[26]《黄奇帆：疫情下全球产业链将结构性重构，中国应有五大应对举措》，载 https://user. guancha. cn/main/content? id=318692，最后访问日期：2021年12月29日。

保证相关技术的权利能够保留在最有效率的使用者手中。[27]

国际知识产权法将无形的技术进行产权化配置，但也带来了模仿成本过高的问题。《与贸易有关的知识产权协定》（TRIPs）推行"全球知识产权最低保护标准"，为知识产权交易的全球市场提供了法律保障，规定了技术的产权种类、权利存续时间和保护方式，同时也明确国家为促进技术转移可采取的限制措施。TRIPs解决了部分市场投资不足的问题，但是却带来了新的市场扭曲，即"高昂的模仿成本"。对于发展中国家而言，TRIPs的知识产权保护条款增加了履约成本却压缩了"学习模仿"的空间。[28]其虽承认技术转移是国际知识产权的三大制度目标之一，但条款设置上却"虚"大于"实"，不仅违反技术转移条款的行为难以认定，而且也并无相应约束方式。因而，TRIPs在克服技术转移中的不平等等方面难有作为。

国际投资法保障了外商投资者的技术财产权利，但过度的保护主义，尤其是"强制技术转让"国际规范的生成，也与各国经济主权产生了剧烈的冲突。国际投资法强调保护技术财产，排除国家肆意干预技术贸易、技术许可、技术转让和技术投资。近年来，国际投资法中逐渐兴起对"强制技术转移"的规制，用以遏制发展中国家自强型的技术转移战略。有学者将强制技术转让政策区分为"以市场换技术的政策措施""别无选择的被迫转让措施"及"行政人员违反法律泄露技术信息"三类。[29]2019年经合组织（OECD）发布《国际技术转移政策》报告，将"强制性技术转移"措施扩大解释为"任何阻碍外国投资者进入特定市场领域的行为"。《国际技术转移政策》报告罗列了四种情形：在进入特定市场和专有技术转移之间建立了交换条件；歧视性措施或整体政策环境的歧视；措施的

---

〔27〕 黄炜杰：《"屏蔽或变现"：一种著作权的再配置机制》，载《知识产权》2019年第1期。

〔28〕 赵中伟、吕风勇：《TRIPs与发展中国家的技术创新》，载《山西财经大学学报》2005年第6期。

〔29〕 Prud'homme, et al., "Forced Technology Transfer Policies: Workings in China and Strategic Implications", *Technological Forecasting and Social Change*, Vol. 134, 2018, p. 151.

制定和实施以及整体政策环境缺乏透明度；国家在经济中的作用，例如国有企业在国外进行技术获取性的投资并购。[30]"强制性技术转移"概念扩展的结果是阻碍了发展中国家公平获取技术的发展道路。而且，许多所谓的"强制性技术转移"的政策，恰恰处在国际法所许可的、属于各国自主裁量的范围内。

（2）在促进技术公平获取方面，发展中国家仅在多边环境协定中赢得一定话语权，倡导环境技术转移应遵循"非商业模式"（Non-commercial Model）。鉴于各国"共有一个地球"的环境责任以及南北技术转让高昂的成本，责任规则在多边环境协定技术转让中扮演了重要角色，不仅决定权利的配置，而且决定权利的转让价格，任何人都可以通过第三方设定的条件，从权利持有者处获得权利。具体到技术转移的问题上，多边环境协定虽然承认技术转移基于双方意思自治，但附加了一定条件，即向发展中国家转移技术需要遵循"共同商定"（mutual agreed）与"公平和最有利"（fair and most favorable）的交易条件。在条款设置上，多边环境协定中的"技术转移条款"通常缺乏法律后果，即如果发达国家并未按照规定的"公平和最有利"条件向发展中国家转让技术，多边环境协定并未规定相应的惩罚或制裁措施。在履约层面，由于缺乏明确和强制性的"技术转移"履约标准，各国对于"技术转移"采取消极对待和泛化概念的策略，不按时提交"技术转移"的履约报告，以及不配合"技术转移"机制的工作，或者所履行"技术转移"并不包含"技术"或"转移"的要素。

技术转移国际规则的偏向性愈加明显。国际技术财产的保护规则在增加，但是技术公平获取的法律壁垒也在不断增多：其一，原本东道国可以利用1883年《保护工业产权巴黎公约》（以下简称《巴黎公约》）第5条"强制性本地利用"条款，要求专利人必须在当地实施专利技术。然而《巴黎公约》在后续修订过程中不断弱

<hr />

〔30〕 A. Andrenelli, J. Gourdon and E. Moïse, "International Technology Transfer Policies", *OECD Trade Policy Papers*, No. 222, OECD Publishing（Jan. 24, 2019）, http://dx. doi. org/10. 1787/7103eabf-en, lasted visited on Nov. 30, 2021.

化和限制该条款效力，发展中国家无法通过知识产权保护换取私营主体在当地建立产业及培育技术工人，反而可能沦为离岸加工地。其二，20世纪七八十年代的"国际新经济秩序运动"试图通过约束国际技术转移中的限制性商业行为，以实现公平合理的国际经济新秩序，但最终落败。其三，多边环境协定将技术转移作为解决全球环境问题的一项关键措施，尝试在保护知识产权和促进技术转移之间寻求"中间道路"，具体表现为在正式文本中"去知识产权化"，且将技术转移作为"软法"对待。然而结果却是既无法对"技术转移"条款中的权利和义务进行定量和定性，又难以避免责任被弱化存在甚至无视，以至于"技术转移"成为一种"虚幻的承诺"。其四，TRIPs将"技术转移"作为国际知识产权制度目标之一，但TRIPs主张的全球知识产权最低保护标准，也会显著提高后来者技术模仿的成本。[31]

如果说，20世纪80年代"亚洲四小龙"的兴起可以证明技术落后国还可以依赖于"后发优势"，通过模仿和引进国际先进技术得以实现技术赶超的话，那么TRIPs推行的"知识产权全球最低保护标准"打破了经济学家对"后发优势零模仿成本"的假定。而近些年发展中国家"以市场换技术"策略，即通过开放部分市场引进外部先进技术，也可能被目前正在兴起的"强制性技术转移"国际规则所否定。

表5 国际技术转移发展方式及相应的法律制度

类 别	具体规则
国际知识产权制度（《巴黎公约》）	知识产权成为技术的载体。国际知识产权制度为本国发明创造在域外生产和适用提供了法律保护。东道国可以使用"本地实施要求""强制许可"以促进技术转移。

---

[31] Arijit Mukherjee, Enrico Penning, "Innovation, Patent Protection and Welfare", https://www.nottingham.ac.uk/economics/documents/discussion-papers/03-02.pdf, lasted visited on Mar. 2, 2021.

续表

类　别	具体规则
国际贸易法（TRIPs）	推行了"知识产权全球最低保护标准"和普遍的"国民待遇"。东道国适用"强制许可"的条件受限。"市场换技术"策略成为发展中国家技术获取的主流方式。
国际投资法	禁止将技术转移作为外商投资的业绩要求；禁止捆绑销售等限制性商业行为。
国际环境法	"非商业性"的技术转移：共同商定条件、公平最优惠标准。

（二）"一带一路"国际技术转移制度化中集体行动的困境

当中国完成"一带一路"国际技术转移中心的初期平台建设后，需要考虑的是如何建立区域技术转移的长效机制，即如何通过国际技术转移推动产业合作、促进区域认同。当前中国建设了六个区域性技术转移中心，偏重技术推介与培训，而产能合作、共建产业园区、第三方合作机制等"一带一路"新型国际合作方式还处于起步阶段，尤其是缺乏"可推广和可复制"的公平合理的国际技术转移制度。资金问题也是制约区域公共产品长期供给的重要因素。中国在提供此类公共产品时面临两对非常棘手的矛盾，即市场和国家的矛盾、责任和能力的矛盾。

1. 市场逻辑和国家立场的矛盾

市场逻辑和国家立场的矛盾，即私营主体追求利润最大化的技术转移活动，与国家维持关键核心技术垄断优势之间的矛盾。自工业革命后，争夺科学技术领导权，保持技术优势是国际竞争中最重要的主题之一。技术转移一方面能促进全球共享科学进步成果；另一方面，技术的传播和扩散会降低原主导国家的比较优势。[32] 各国的技术转移政策通常具有双重目标，即在严格保持自己技术优势的

---

〔32〕任琳、黄宇韬：《技术与霸权兴衰的关系——国家与市场逻辑的博弈》，载《世界经济与政治》2020年第5期。

同时，努力获取他国先进技术。[33]由此，贸易自由和技术管控的国家政策彼消此长。

如果中国无法建立得到区域认同的公平合理的国际技术转移制度，则"中国威胁论"的疑虑很难消除。根据罗伯特·吉尔平（Robert Gilpin）的理论，权力将决定技术流向。技术服务、贸易、投资将会被大国政治化，以此遏制新兴国家的崛起。[34]如果缺乏区域认同的国际技术转移制度或标准，中国建立的国际技术转移机制可能会使区域内其他成员产生不认同感，反而产生离心力，分化区域整体力量。中国作为"一带一路"倡议的主导性大国，随着技术转移以及发展中国家的技术赶超战略，中国的技术比较优势有可能逐渐衰减，安全感的威胁上升。譬如，中国深圳的劳动力密集型企业大规模转移到越南，为越南带去了高标准纺织业技术，中国长三角、珠三角地区的纺织业面临着越南纺织业的激烈竞争。那么，为了维持大国地位，中国是否会基于国家逻辑，"矫正"原本试图建立的相对自由化的国际技术转移机制？

目前"一带一路"技术转移项目"经济外交混同"的属性，也让周边国家和地区对中国依赖过深产生忧虑：一是质疑中国"设置债务陷阱"。二是质疑中资跨国企业"一带一路"项目对当地经济发展的作用，如果中国的先进技术仅仅停留于基础项目设施，而没有为当地带来生产力的提升的话，"一带一路"倡议合作共赢的目标也难以实现。[35]"缅甸密松水电站事件"就是这种疑虑思维的最佳例证。密松水电站项目在启动之前已经根据缅甸的法律完成环境评估程序，但缅甸政治精英的"中国威胁论"导致前期投资超73亿人民币的中缅密松水电站无限期停工。[36]

---

〔33〕 Seely, Bruce Edsall, "Historical Patterns in the Scholarship of Technology Transfer", *Comparative Technology Transfer and Society*, No. 1, 2003, pp. 7~48.

〔34〕 ［美］罗伯特·吉尔平：《跨国公司与美国霸权》，钟飞腾译，东方出版社2011年版，第171~203页。

〔35〕 Dan Banik：《中国的"一带一路"倡议和全球化未来》，载赵江林等主编：《国外智库论"一带一路"》，社会科学文献出版社2021年版，第251页。

〔36〕《中电投：本届缅甸政府将明确密松水电站前景》，载 http://news.sohu.com/20150710/n416540711.shtml，最后访问日期：2021年12月29日。

在实际运行中，区域其他成员对于中国国际技术转移机制在制度建设方面开始逐渐提出要求，希望通过法律制度在国家立场和市场逻辑之间达成平衡。自2015年开始，中国—东盟技术转移中心除了常规的技术供需对接之外，开始加强研发合作方面的制度建设，为联合实验室、低碳能源项目等研发合作提供良好的政策环境。2015年"中国—中东欧国家技术转移虚拟中心"成立之初就将"形成合适的法律环境，加强知识产权保护以及促进技术转移"作为优先事项。[37] 2019年的金砖技术转移中心国际合作交流会上，法律合作成为重要的议题之一。在意识到国际技术转移法律政策环境的必要性后，中国开始将技术转移法律制度建设纳入国家规划建设之中，习近平主席也明确指出，共建"一带一路"要为当地经济社会发展做出实实在在的贡献，同时确保商业和财政上的可持续性。[38]

2. 大国责任和供给能力的矛盾

责任和能力矛盾，是指中国作为发展中国家的能力与提供长期高效区域公共产品的责任之间，还存在一定的落差。

中国是一个发展中国家也是一个负责任的大国，中国在提供公共产品时需要在能力和责任之间作出平衡。对于中国的地位，邓小平曾指出中国是发展中国家，在世界力量的角逐中需要长期恪守"不当头"的战略。邓小平强调，就国力来说中国还是个区域性国家，但区域大国不只中国一家。[39]改革开放后，中国借助全球化浪潮一心一意谋发展，通过"市场换技术"策略引进先进技术，并在此基础上进行改良创新和自主研发。2008年金融危机以来，美国实力相对衰弱、全球保护主义盛行，发达国家对于先进前沿技术的管

---

〔37〕 China+16 CEER Format Declaration on Mutual Cooperation in the Field of Technology Transfer Support between China and Central and Eastern European Counties (2015), Art 1, https://www.cvtisr.sk/buxus/docs//symposium/Declaration_on_TT_cooperation_16_1_FINAL.pdf, lasted visited on Nov. 29, 2021.

〔38〕 习近平：《齐心开创共建"一带一路"美好未来——在第二届"一带一路"国际合作高峰论坛开幕式上的主旨演讲》，载 http://politics.people.com.cn/n1/2019/0427/c1024-31053184.html，最后访问日期：2021年12月28日。

〔39〕 邓小平：《善于利用时机解决发展问题》，载《邓小平文选》（第3卷），人民出版社1993年版，第363页。

控愈加收紧，技术出口管制、技术投资安全审查日趋严格，日益严峻的技术民族主义更是与政治定向捆绑，发展中国家的技术获取难度越来越大。而中国拥有全球最为完备的产业链和供应链，中国技术"走出去"也将为"一带一路"提供更多的国际技术转移类公共产品。[40]

然而，中国在"一带一路"技术转移类公共产品供给过程中面临着严重的资金缺口问题。2012 年为落实《中国—东盟科技伙伴计划》中建设"中国—东盟技术转移中心"的任务要求，中国科技部出资 250 万美元，支持技术转移中心建设和相关活动组织。而目前，中国和东盟 10 个国家仅建立了 7 个政府间技术转移中心，和南亚 7 国也才建了 5 个双边技术转移中心。而区域性技术转移中心的开支是巨大的。参照宁夏"中国—阿拉伯技术转移中心"的经费支持，其每年经费达到 1000 万美元，用于联合共建实验室、研发中心、信息平台、网络体系建设以及开展技术培训、技术转移、项目前期研发、展览对接和举办科技活动周等。[41]缺乏经费的支持，各个区域性技术转移中心能做的有限，并未突破传统的"技术博览会"的方式。财政预算不足也直接影响了中国在"一带一路"周边国家的产业合作的成效。例如，被誉为成功范本的中国—莫桑比克农业示范中心，也因为资金限制而无法引进更多的畜牧兽医专家，无法满足当地迫切的农业技术转移需求。[42]

虽然中国的政治精英在国际场合倡导"中国版搭车论"，但在技术转移问题上适用空间有限：其一，从国际技术转移的特性上，政府间的技术援助只占到很少的一部分，占主导地位的反而是私主体之间的技术贸易、技术服务和技术投资。其二，从实际运行角度讲，

---

〔40〕 刘雨辰：《从参与者到倡导者：中国供给国际公共产品的身份变迁》，载《太平洋学报》2015 年第 9 期。

〔41〕 《自治区人民政府办公厅关于印发中国—阿拉伯国家技术转移中心建设总体方案的通知》（宁夏办发〔2015〕133 号）第 5.4 条，载中国政府网，http://www.gov.cn/zhengce/2016-03/23/content_5056793.htm，最后访问日期：2021 年 12 月 10 日。

〔42〕 张传红、李小云：《示范的激励：国家使命与利益驱动的混合实践》，载李小云等：《新发展的示范：中国援非农业技术示范中心的微观叙事》，社会科学文献出版社 2017 年版，第 185 页。

中国在初期阶段提供的技术转移类公共产品，主要集中在组织短期的技术培训、国际会议以及国际技术援助项目上，近些年才开始倡导长期的研发合作以达成"技术需求精准对接"，未来长期项目和深度科技合作将会是区域成员的普遍需求。其三，即使中国负担起大国的责任，中国在技术和经济上的实力并不等同于权力，在国际上中国依然面临技术封锁的挑战，故而《中国制造2025》（国发〔2015〕28号）和中国"十四五"规划，都在试图瞄准突破"卡脖子"技术。因此，结合中国的现实状况，中国在国际技术转移中提供的技术类公共产品是较为有限的，很难以一己之力满足区域成员多样化的技术转移需求。因此中国需要量力而行，设计相关制度合理分担公共产品的成本。除了对不同区域的技术转移需求进行分级分类之外，还需要扩展融资方式，为公共产品的长效供给提供充足的资金支持。

四、"一带一路"倡议下国际技术转移法律制度构建的对策

"一带一路"国际技术转移法律机制，应以减少国际技术转移壁垒，构建高效便捷的技术转移市场为目标。如果说，初期的"一带一路"国际技术转移实践，旨在进行技术援助与合作，以"输血"为主，主要通过中国巨量投资帮助周边国家提升基础设施和技术能力建设。那么后续应以"造血"为目标，在尊重技术财产的前提下促进先进技术的可获得性和可负担性，为"一带一路"国际技术转移扫清法律障碍。

（一）推动技术流动自由规则共识形成

技术、商品、资本、劳动力等生产要素的全球流动创造了经济高速增长，与之相对应的生产要素流动自由更是推动了区域一体化的奇迹。欧盟的经济一体化有赖于四大自由作为基石，即货物自由流通、提供服务自由、人口自由流动和资本自由流通。而这四大自由合一的背后既有经济逻辑也有政治逻辑。从经济上看，这四种自由可以分为两类：经济产出类（商品和服务）以及经济投入类（劳动力和资本）。从政治上看，欧盟需要协调各种相互冲突的利益，包

括大国与小国之间、生产者与消费者之间、雇主与雇员之间。而这四大自由有助于消除欧盟内部各种贸易壁垒和各成员国的歧视性政策。亚洲、非洲等均以这四大流动自由为范本，推动本区域的一体化进程。因此，将生产要素流动自由上升到国际经贸秩序的高度，有助于减少各国歧视性做法，促进经济繁荣发展。

在"一带一路"倡议中倡导"技术流动自由"不仅可以起到纠偏作用，还可以有效应对"中国威胁论"的疑虑。"一带一路"倡议中"技术流动自由"应有两项内容：

第一项为公平合理的技术获取机制，旨在减少国家间技术遏制战略实施中的不当措施。在国际技术转移过程中，技术公平获取可能遭遇技术所有者和国家两方面的阻碍。对于技术所有者所施加的捆绑销售等限制性商业行为，TRIPs 和《联合国国际技术转让行动守则（草案）》对此已有规制。但是对于国家间因技术遏制战略所引发的对技术获取的限制则处于空白。发达国家单边技术制裁和多边技术进出口管制措施的肆意滥用，日益威胁着世界经济的可持续发展。对于这种政治干预技术获取的情况，需要平衡国家利益和贸易自由价值。可以参考《关税及贸易总协定》（GATT）第 20 条 "一般例外条款"的必要性测试，即如果成员方为实现环境保护或维护国家安全等采取的相关法律或措施可能限制自由贸易，则其对贸易的限制程度不应超过达成政策目标所 "必要的"程度。[43] 由此，相关国家将会慎重考虑技术制裁等单边措施的适当性，而不会无限滥用权力。

第二项为技术财产的最低保护标准。目前，"一带一路"周边国家还未全部加入 WTO，部分国家游离在国际经贸秩序之外。"一带一路"技术财产最低保护标准，可以参考国际经贸规则通行的征收征用条款，以及 TRIPs 建立的知识产权最低保护标准。通过构建技术公平获取和技术财产的最低保护标准，可以有效地促进"一带一路"技术流动，尤其是先进技术可以遵循技术生命周期流动，同时

---

〔43〕 孔小霞：《论国际服务贸易的国家管制》，载《郑州航空工业管理学院学报》2010年第 1 期。

也会打消其他国家对于中国垄断先进技术的疑虑。

（二）建立"一带一路"国际合作成果共享机制

"一带一路"国际合作模式多元化，中国和"一带一路"周边国家之间的技术转移合作越来越密切，加强合作成果的知识产权保护与共享是应有之义。中国可以在和"一带一路"周边国家共建的国际技术转移中心以及合作的项目中试行"三层结构"的知识产权管理与共享机制：

第一层是政府层面。在两国技术转移合作协议中，明确知识产权保护，以及尊重各方知识产权相关法律政策的大方针。此外还可以扩展政府间合作形式，例如中国与新加坡签署的专利审查高速路（PPH）项目，为中新两国海外知识产权保护提供了新路径。

第二层是国际技术转移中心的机制建设层面，需要明确建立知识产权管理计划，着重研究项目合作中知识产权保护、分配、信息共享以及建立便利技术转移的许可框架。中美清洁能源联合研发中心的三个特别的制度设计尤其值得借鉴[44]：一是区分背景知识产权和项目知识产权，避免因合作产生的权属混乱或被他方冒用的情况；二是合理的信息共享和披露机制。对于相关的试验报告、软件数据以及其他秘密性信息，在尊重各国技术管制和安全法的基础上，由双方共同商定进行披露和共享；三是便利优惠的技术许可政策。双方共同研发所产生的知识产权可能会因为各国知识产权政策的不同，在是否需要征询对方同意后许可，以及许可后的利益分配问题上有所区别。因此需要结合各方的法律制度，涉及便利和优惠的技术许可政策，减少潜在的技术转移障碍。

第三层是项目层面，科研人员需要和项目之间签订知识产权协议，对可能产生的知识产权的权属、使用和收益以及保密义务进行协商。国际技术转移中心本身可在其范围内制定《科研人员知识产权和技术转移指南》《技术转移合同范本》《技术转移争端解决指南》等软性规范，为国际技术转移的顺利进行提供制度性支撑。当

---

〔44〕 陶蕊、胡维佳：《中美清洁能源联合研究中心评估实践与国际科技合作评估方法》，载《中国科技论坛》2015年第5期。

然，这些规范的起草、协商和制定需要各方的法律界、工业界以及科技主管部门深度参与。有必要建立一项区域性的知识产权管理的沟通对话机制，对各方的职责、权利、义务以及具体的实施细则进行深入探讨。

（三）通过资金支持机制激发市场活力

利用有限的资金通过国际技术转移撬动巨量的科技合作项目投资，是中国始终需要面对的问题。第一个策略是利用中国现已建立的"南南合作基金"，借鉴全球环境基金的经验，通过"增量成本"的方式分担公共产品的成本。"增量"是指高污染高能耗低成本的技术方案所产生的环境效益，与节能高效但高成本的技术方案所产生的环境效益之间的差值。这种差值所产生的费用即为"增量成本"，如太阳能技术比煤炭技术更为环保，并可达到同样的国家发展目标（发电），但是成本更高。相关基金对太阳能技术有一定资金支持，以覆盖两种技术方案之间的差额。这种"增量成本"的模式是契合"南南合作基金"的宗旨的，即汇聚中国和国际资源，推动南南可持续发展。2012年中国承诺捐款600万美元，用于帮助发展中国家提高环保技术能力建设，包括培训技术人员和援助环境设备，并对气候变化脆弱性国家特别安排2亿元人民币的国际合作资助资金。[45] 2015年中国又宣布设立200亿的"南南合作基金"，[46] 在发展中国家开展10个低碳示范区和100个减缓和适应气候变化的合作项目。[47] 这些项目完全可以通过中国业已建立的国际技术转移中心来实施，进行技术需求评估和供需对接。"南南合作基金"可以采取全球环境基金"增量成本"的方法，对相关技术转移项目中额外产生的环境效益提供项目贷款或援助。这种方式有助于中国作为主导大国承担

---

〔45〕《温家宝在联合国可持续发展大会上的演讲》，载 http://www.gov.cn/ldhd/2012-06/21/content_2166455.htm，最后访问日期：2021年12月11日。

〔46〕《气候变化联合声明：中国掏200亿帮世界减排是3年前百倍》，载 http://www.guancha.cn/broken-news/2015_09_27_335744.shtml，最后访问日期：2021年12月23日。

〔47〕《应对气候变化，中国有承诺、中国在行动》，载 https://www.sohu.com/a/437882826_115239，最后访问日期：2022年4月4日。

"增量成本",而区域其他成员获得了负担得起的高能效技术,为有减排压力但资金紧张的发展中国家提供了技术转移的内驱动力。

第二个策略是通过政府的先导资金吸引私人资本投入,可以参考中美清洁能源技术转移合作项目中的政府与社会资本合作(PPP)模式。中美清洁能源技术转移合作项目允许私人参与投资合作项目研发,并可在科研成果商业化之后获得投资回报。例如,建筑节能联盟中的企业——陶氏化学已开发了 23 个新的商用产品、技术和软件工具,新通过了 13 项规范及标准。在这一系列成果的鼓舞下,产业合作伙伴的投入年均增长 40%,并从科技成果转化过程中获得丰厚的回报。[48] 这种模式,由于政府先期投入了大量的研发资金,减少了企业投资的风险。而且企业最能洞察技术的市场前景,在 PPP 模式下企业具有强烈的经济驱动力推动研发技术进行成果转化,将技术从实验室转变为工业化的产品。中国可在提供区域公共产品时设置类似的动力激励机制,吸引私人资本为国际技术研发和转移提供融资,或推动技术成果产业化。

五、结语

"一带一路"国际技术转移法律机制的构建是周边国家深化合作的共同需求。"一带一路"国际合作模式不断推陈出新,无论是新型产能合作、共建产业园区,还是第三方市场合作,都在不同程度上激发了"一带一路"周边国家和地区之间技术转移的活力。而"一带一路"国际技术转移中心的建设与完善,也为构建便利技术要素自由流动、促进科技产业融合的国际技术转移法律机制提供了平台。

但是"一带一路"国际技术转移法律机制面临两方面的问题:一方面,既有国际技术转移规则存在结构性失衡,出现技术财产过度保护主义而先进技术公平获取机制缺位的现象,导致发展中国家处于"低端锁定"困局。另一方面,还面临着集体行动的困境。市

---

〔48〕 沈胡婷等:《中美清洁能源联合研究中心:"最成功的国际合作范例之一"》,载《文明》2016 年第 6 期。

场逻辑和国家立场之间存在潜在冲突，垄断型技术民族主义通过政治权力干预技术生命周期的现象增多。大国责任和供给能力之间的矛盾也需妥善处理。中国作为发展中国家的能力与提供长期高效技术转移类公共产品的责任之间还存在巨大的落差。

"一带一路"国际技术转移法律机制构建，应以减少国际技术转移壁垒，构建高效便捷的技术转移市场为目标。在理念上，推动"技术流动自由"的规则共识形成，在尊重技术财产的前提下促进先进技术的可获得性和可负担性；在机制上，促进"一带一路"国际合作中的技术成果共享，形成政府、技术转移中心和项目"三层结构"的知识产权管理与共享机制。同时，开发"增量成本"的融资机制、撬动私人资本，从而降低发展中国家引进先进技术的成本。

The "Belt and Road" International Legal Mechanism for Technology Transfer: Progress, Dilemma and Response

Peng Yayuan, Ma Zhongfa

Abstract: The "Belt and Road" international technology transfer legal system is shouldering dual tasks: realizing economic sustainability by activating market vitality, and reducing structural inequality of international technology transfer system. The "Belt and Road" new capacity cooperation, joint industrial park, third party market cooperation mode and international technology transfer center all put forward new requirements for free flow of convenience technology elements. At present, there are structural imbalances in the existing international technology transfer rules, conflicts between the market logic and national positions, and gaps between the great power responsibility and limited supply capacity. Therefore, in order to reduce legal barriers, we need to promote the availability and affordability of advanced technology under the premise of respecting technological property. China can promote new concept of "freedom of technology flow" under the "Belt and Road" initiative, facilitate the sharing of technological a-

chievements for the "Belt and Road" international cooperation, and inno-
vate the technology transfer financing mode, so as to promote the fair access
to technology.

Keywords: The "Belt and Road" Initiative; Technology Transfer;
International Cooperation; Intellectual Property Rights

"一带一路"建设下中国与亚洲国家间判决相互承认和执行的互惠合作[*]

王雅菡[**]

摘 要：自"一带一路"倡议提出并实施以来，互惠在我国承认和执行外国法院判决的司法实践中逐渐从过去的消极防御转向积极合作，但司法实践中事实互惠的适用标准尚未发生本质改变。由于国家间不同的利益需求，事实互惠与其他互惠适用机制间易产生互惠合作的困境。在"一带一路"沿线国家中，亚洲国家占据了较大比例，多数国家保留了互惠的要求且存在较大差异。对此，我国应限制事实互惠的适用，并针对沿线国的不同情况适用不同的互惠合作模式，提升互惠适用标准的国际兼容性。

关键词：互惠；外国法院判决；承认和执行；利益博弈

一、问题的提出

根据 2022 年《中华人民共和国民事诉讼法》（以下简称《民事诉讼法》）第 283 条的规定，与我国有共同缔结的国际条约和存在互惠关系是我国法院承认和执行外国法院判决的主要依据。在司法实践中，我国法院对互惠关系的认定主要依据事实互惠，即以外国法院是否先予承认和执行过我国法院判决的客观事实为主要判断依据。

　＊ 基金项目：2021 年国家社会科学基金青年项目"国际投资仲裁涉及中国的裁决执行问题研究"（项目编号：21CFX087）。

　＊＊ 法学博士，河南大学法学院副教授。

在 2013 年"一带一路"倡议提出之前，我国法院多以不存在互惠关系为由拒绝承认和执行外国法院判决，互惠并未发挥积极的合作功能，而是消极防御的理由。特别是在 1994 年"五味晃申请承认、执行外国法院判决案"（以下简称"五味晃案"）〔1〕之后，互惠反而成了日本法院对我国法院判决进行对等限制的借口。在"一带一路"倡议提出之后，我国法院在司法实践中开始出现放宽互惠适用的趋势，目前已有德国、新加坡、美国部分州和韩国法院的判决基于事实互惠在我国得到了承认和执行。由于亚洲各国之间承认和执行外国法院判决的条件差异较大，大部分国家保留了互惠的要求，但未形成区域性的合作机制，因此我国目前所采用的事实互惠并不利于我国与沿线各国之间民商事纠纷的解决和司法协助工作的推进。而充分利用互惠的合作功能可以进一步促进国家间判决的相互承认和执行，并更好地为"一带一路"建设提供法治保障。

二、我国与亚洲国家间判决承认和执行存在的问题

（一）我国与亚洲国家间判决承认和执行的现状

我国自 1994 年至 2022 年 3 月以来，承认和执行的外国法院判决有 19 个，涉及亚洲国家判决 8 个（表 1）；拒绝承认和执行的外国法院判决有 28 个，涉及亚洲国家判决 12 个（表 2）。此外，外国法院承认和执行的我国法院判决有 19 个，其中亚洲国家法院作出的有 4 个（表 3）；拒绝承认和执行的我国法院判决有 6 个，其中亚洲国家法院作出的 2 个（表 4）。在与我国有关的外国法院判决承认和执行领域，涉及亚洲国家法院判决的案例占据了 1/3。因此，进一步推进我国和亚洲国家间判决的相互承认和执行的合作，也能够为我国"一带一路"建设提供有力的司法服务和保障。

---

〔1〕《五味晃申请承认、执行外国法院判决案》，载《中华人民共和国最高人民法院公报》1996 年第 1 期（总第 45 期）。在该案中，申请人五味晃请求我国大连市中级人民法院承认和执行日本法院作出的判决，大连市中级人民法院经审查后，根据我国 1991 年《民事诉讼法》第 268 条的规定，以我国与日本之间既不存在条约关系，也不存在互惠关系为由拒绝承认和执行日本法院的判决。其中对于没有互惠关系的判断在于日本法院此前没有承认和执行过我国法院判决的事实。

表1　我国承认和执行的亚洲国家法院判决

序号和案件名称	时　间	法律基础	所涉国家
1. 济宁市中级人民法院裁定承认与执行土耳其伊斯坦布尔第六商业一审法院生效判决〔2〕	2014 年	《中华人民共和国和土耳其共和国关于民事、商事和刑事司法协助的协定》	土耳其
2. Kolmar Group AG 与江苏省纺织工业（集团）进出口有限公司申请承认和执行外国法院判决、裁定案〔3〕	2016 年	2012 年《民事诉讼法》第 282 条、互惠原则	新加坡
3. 李先明与田飞申请承认和执行外国法院民事判决案〔4〕	2018 年	《中华人民共和国和阿拉伯联合酋长国关于民事和商事司法协助的协定》《民事诉讼法》，以及《最高人民法院关于适用〈中华人民共和国民事诉讼法〉的解释》（以下简称《民诉解释》）	阿拉伯联合酋长国
4. 高兴达诉何建华承认和执行外国法院民事判决案〔5〕	2018 年	《民事诉讼法》《中华人民共和国和阿拉伯联合酋长国关于民事和商事司法协助的协定》	阿拉伯联合酋长国
5. 崔综元申请承认和执行韩国水原地方法院 2017 甲单 15740 号民事判决案〔6〕	2019 年	《民事诉讼法》以及互惠原则	韩　国

〔2〕 赵童：《济宁审结山东首例外国法院申请承认商事判决案》，载 https://www.chinacourt.org/article/detail/2014/02/id/1219259.shtml，最后访问日期：2021 年 12 月 11 日。

〔3〕 Kolmar Group AG 与江苏省纺织工业（集团）进出口有限公司申请承认和执行外国法院判决、裁定案，江苏省南京市中级人民法院（2016）苏 01 协外认 3 号民事裁定书。

〔4〕 李先明与田飞申请承认和执行外国法院民事判决案，宁夏回族自治区银川市中级人民法院（2017）宁 01 协外认 1 号民事裁定书。

〔5〕 申请人高兴达诉被申请人何建华承认和执行外国法院民事判决案，上海市第一中级人民法院（2018）沪 01 协外认 15 号民事裁定书。

〔6〕 崔综元申请承认和执行韩国水原地方法院 2017 甲单 15740 号民事判决案，山东省青岛市中级人民法院（2018）鲁 02 协外认 6 号民事裁定书。

续表

序号和案件名称	时 间	法律基础	所涉国家
6. 海湾发展集团有限公司、陈通考、陈秀丹申请承认与执行外国法院判决、仲裁裁决案〔7〕	2019 年	符合承认和执行外国法院判决的条件〔8〕	新加坡
7. 韩国彼克托美术式有限公司与上海创艺宝贝教育管理咨询有限公司申请承认和执行外国法院民事判决、裁定案〔9〕	2020 年	互惠原则、原判决为生效判决	韩 国
8. 太阳能电力有限公司与尚德电力投资有限公司申请承认和执行外国法院民事判决案〔10〕	2021 年	基于《中华人民共和国最高人民法院和新加坡共和国最高法院关于承认与执行商事案件金钱判决的指导备忘录》（以下简称《中新备忘录》），以及新加坡高等法院承认和执行我国法院的先例，两国存在互惠关系	新加坡

---

〔7〕 海湾发展集团有限公司、陈通考、陈秀丹申请承认与执行外国法院判决、仲裁裁决案，浙江省温州市中级人民法院（2017）浙 03 协外认 7 号民事裁定书。

〔8〕 该案中，法院的具体判断依据为：一是请求承认和执行的民事判决是生效判决；二是该案虽为缺席判决，但被申请人得到了合法传唤，并享有正当程序权利；三是该案不存在违反我国法律的基本原则或者国家主权、安全、社会公共利益的情形。

〔9〕 韩国彼克托美术式有限公司与上海创艺宝贝教育管理咨询有限公司申请承认和执行外国法院民事判决、裁定案，上海市第一中级人民法院（2019）沪 01 协外认 17 号民事裁定书。

〔10〕 太阳能电力有限公司与尚德电力投资有限公司申请承认和执行外国法院民事判决、裁定案，上海市第一中级人民法院（2019）沪 01 协外认 22 号民事裁定书。

表 2　我国法院拒绝承认和执行的外国法院判决

序号和案件名称	时　间	法律依据	所涉国家
1. 五味晃申请承认、执行外国法院判决案〔11〕	1994 年	1991 年《民事诉讼法》、缺乏条约和互惠关系。	日　本
2. 株式会社鲍屋申请承认、执行外国法院判决案〔12〕	2001 年	1991 年《民事诉讼法》、缺乏条约和互惠关系。	日　本
3. 乌兹别克斯坦共和国 Chorvanaslxizmat 有限责任公司申请承认和执行民事判决案〔13〕	2011 年	送达方式不符合《中华人民共和国和乌兹别克斯坦共和国关于民事和刑事司法协助的条约》的规定。	乌兹别克斯坦
4. 申请人株式会社 Spring Comm 诉被申请人朴宗根申请承认外国法院民事判决案〔14〕	2011 年	缺乏条约和互惠关系。	韩　国
5. Uzprommashimpeks 国家股份公司请求承认与执行乌兹别克斯坦共和国塔什干市经济法庭判决案〔15〕	2014 年	送达方式不符合《中华人民共和国和乌兹别克斯坦共和国关于民事和刑事司法协助的条约》的规定。	乌兹别克斯坦
6. 简永明请求承认外国法院民事判决案〔16〕	2015 年	根据《民诉解释》第 544、548 条的规定，首先，申请人无法证明该判决为生效判决；其次，缺乏条约和互惠关系。	马来西亚

〔11〕《五味晃申请承认、执行外国法院判决案》，载《中华人民共和国最高人民法院公报》1996 年第 1 期（总第 45 期）。

〔12〕 株式会社鲍屋申请承认、执行外国法院判决案，上海市第一中级人民法院（2001）沪一中经初字第 267 号民事裁定书。转引自任明艳：《论互惠原则在承认与执行外国法院判决中的适用》，载《公民与法（法学）》2011 年第 1 期。

〔13〕《最高人民法院关于对乌兹别克斯坦共和国 Chorvanaslxizmat 有限责任公司申请承认和执行乌兹别克斯坦共和国费尔干纳州经济法院作出的 No. 15-08-06/9474 号民事判决一案的请示的复函》（〔2011〕民四他字第 18 号）。

〔14〕 申请人株式会社 Spring Comm 诉被申请人朴宗根申请承认外国法院民事判决案，广东省深圳市中级人民法院（2011）深中法民一初字第 45 号。

〔15〕《最高人民法院关于 Uzprommashimpeks 国家股份公司请求承认与执行乌兹别克斯坦共和国塔什干市经济法庭判决一案请示的复函》（〔2014〕民四他字第 9 号）。

〔16〕 简永明请求承认外国法院民事判决案，福建省宁德市中级人民法院（2014）宁民认字第 13 号民事裁定书。

续表

序号和案件名称	时　间	法律依据	所涉国家
7. 张晓曦申请承认外国法院民事判决案〔17〕	2015 年	根据《民诉解释》第544 条，缺乏条约和互惠关系。	韩　国
8. 艾斯艾洛乔纳斯有限公司（S. L. Jonas Ltd.）申请承认以色列国耶路撒冷裁判法院民事判决案〔18〕	2017 年	根据《民诉解释》第544 条，缺乏条约和互惠关系。	以色列
9. 李强申请承认新加坡家事司法法庭判决案〔19〕	2018 年	缺乏相关的国际条约，申请人提交的南京市中级人民法院作出的承认和执行新加坡民事判决的案例仅能证明两国间为了促进"一带一路"沿线国家间实现贸易和投资的便利化，在经济领域存在认可民事判决的互惠先例，但不能证明两国在涉及身份关系的民事判决领域亦存在互惠原则。	新加坡
10. 金知美申请承认和执行大韩民国首尔南部地方法院2013NA7306 号、2013NA7313 号判决案〔20〕	2020 年	判决已超过《民事诉讼法》（2012 年）第 239 条规定的期间，且申请人金知美未提供存在期间中止、中断的相关证据。	韩　国

〔17〕 张晓曦申请承认外国法院民事判决案，辽宁省沈阳市中级人民法院（2015）沈中民四特字第 2 号民事裁定书。

〔18〕 艾斯艾洛乔纳斯有限公司申请承认以色列国耶路撒冷裁判法院民事判决案，福建省福州市中级人民法院（2017）闽 01 协外认 4 号民事裁定书。

〔19〕 李强申请承认新加坡家事司法法庭判决案，山东省德州市中级人民法院（2018）鲁 14 协外认 1 号民事裁定书。

〔20〕 金知美申请承认和执行大韩民国首尔南部地方法院 2013NA7306 号、2013NA7313 号判决案，辽宁省沈阳市中级人民法院（2020）辽 01 协外认 7 号。

续表

序号和案件名称	时　间	法律依据	所涉国家
11. 谭军平、刘旭坤、金志科申请承认和执行缅甸联邦共和国佤邦司法委法院（2017）佤司法民终字第 003 号民事判决案〔21〕	2020 年	申请人未能提供外国法院作出的发生法律效力的判决正本或者经证明无误的副本，不符合《民诉解释》第 543 条的规定。	缅　甸
12. 陈士俊申请承认和执行阿拉伯联合酋长国迪拜法院 2016 年 255 号商事判决案〔22〕	2020 年	申请人未依照法律规定提交身份证明文件并履行公证认证手续，且未提交经确认无误的中文翻译件，不符合《民诉解释》第 523、543 条的规定。	阿拉伯联合酋长国

表 3　亚洲国家法院承认和执行的我国法院判决

序号和案例名称	时　间	法律依据	所涉国家
1. 韩国首尔法院承认山东潍坊市中级人民法院的判决〔23〕	1999 年	根据《韩国民事诉讼法》第 217 条，存在互惠的保证。	韩　国
2. 昆山捷安特案〔24〕	2014 年	根据新加坡普通法规则，中国法院对本案的被告具有国际管辖权，原告的请求满足可执行的金钱判决的要求。	新加坡

---

〔21〕 谭军平、刘旭坤、金志科申请承认和执行缅甸联邦共和国佤邦司法委法院（2017）佤司法民终字第 003 号民事判决案，湖南省郴州市中级人民法院（2020）湘 10 协外认 1 号。

〔22〕 陈士俊申请承认和执行阿拉伯联合酋长国迪拜法院 2016 年 255 号商事判决案，四川省成都市中级人民法院（2018）川 01 协外认 3 号民事裁定书。

〔23〕 Decision of Nov. 5 1999, 99 *Ga Hap* 26523（Seoul District Court）. Cited in Sung Hoon Lee, "Foreign Judgment Recognition and Enforcement System of Korea", *Journal of Korean Law*, Vol. 6, No. 3, 2006, p. 135. 朱伟东：《试论我国承认与执行外国判决的反向互惠制度的构建》，载《河北法学》2017 年第 4 期。

〔24〕 Giant Light Metal Technology（Kunshan）Co. Ltd. v. Aksa Far East Pte Ltd.［2014］SGHC 16.

续表

序号和案例名称	时　间	法律依据	所涉国家
3. Yitzhak Reitman v. Jiangsu Overseas Group Co Ltd〔25〕	2017 年	根据《外国判决强制执行法》第 3、4 条，与中国之间的互惠存在潜在合理的可能性。	以色列
4. Lee Won June v. Park Kyun Geun〔26〕	2019 年	中韩两国之间存在互惠。	韩　国

表 4　亚洲国家法院拒绝承认和执行的我国法院判决

序号和案件名称	时　间	法律依据	外国法院
1. 大阪法院拒绝我国青岛中院的判决〔27〕	2003 年	根据《日本民事诉讼法》第 118 条，以及中国法院 1994 年在五味晃案的判决，与中国之间不存在互惠关系。	日　本
2. 东京高等法院裁定的夏淑琴案〔28〕	2015 年	根据《日本民事诉讼法》第 118 条，以及中国法院 1994 年在五味晃案的判决，与中国之间不存在互惠关系。	日　本

　　综合以上案例分析，首先，互惠仍是条约缺失下判决承认和执行的重要依据。我国法院基于《民事诉讼法》第 283 条的规定，在没有国际条约的情况下，互惠原则是承认和执行外国法院判决的主要依据。而从亚洲法院对我国判决的承认和执行情况来看，在没有

　　〔25〕　Yitzhak Reitman v. Jiangsu Overseas Group Co. Ltd.，, Civil Case 7884/15. 转引自陈亮、姜欣:《承认和执行外国法院判决中互惠原则的现状、影响与改进——从以色列承认和执行南通中院判决案出发》，载《法律适用》2018 年第 5 期。

　　〔26〕　Lee Won June v. Park Kyun Geun，大邱高法 2019 年 7 月 12 日宣告 2018 ᄂ 23101 判决。转引自苏晓凌:《2019 年韩国法院承认中国法院判决的一个案例》，载 https://mp. weixin. qq. com/s/RdtzRpRVPOfl4Q3vDEcazQ，最后访问日期: 2020 年 6 月 12 日。

　　〔27〕　Osaka High Court, Judgment, April 9, 2003; H. J (1841) 111 〔2004〕, 48 *The Japanese Annual International Law* 171 (2005).

　　〔28〕　Tokyo District Court, 20 March 2015, Westlaw Japan (Ref No. 2015WLJPCA03208001).

条约的情况下，是否存在互惠关系同样是一个重要的判断依据。目前本文掌握的亚洲国家法院对我国法院判决的承认和拒绝，除普通法系国家外，均是以互惠作为依据进行考量。

其次，自"一带一路"倡议提出后，我国法院在亚洲国家法院判决的承认和执行领域逐渐呈现出更为积极的态度，特别是在近年来的实践中，互惠不再是承认和执行外国法院判决的唯一要件。我国法院在审判当中开始考量其他承认和执行外国法院判决的条件，例如管辖权、正当程序以及原审判决是否为生效判决等。而在"一带一路"倡议提出之前，在没有条约和互惠的情况下，我国法院往往不再考虑其他要件。

再次，事实互惠的认定标准在我国的司法实践中仍占据主导地位。事实互惠的优点在于认定上的客观性，内国法院可以直观地去判断本国与判决作出国之间是否存在先例这种客观上的事实。[29]特别是在当事人一方能够提供存在先例证明的情况下，通过法院或其他有权机关的审查后，即可确认两国之间的互惠关系。但如果过度强调事实上的互惠，则会造成两国间难以形成互惠关系的僵局。因为两国之间的先例需要有一方率先进行积极的努力，如果总是等待对方作出让步，则永远无法形成互惠关系。

最后，近年来我国法院也开始在司法实践中尝试转变互惠的适用标准，但仍缺乏适当的法律依据。在 2021 年太阳能电力有限公司与尚德电力投资有限公司申请承认和执行外国法院民事判决案（以下简称"太阳能公司案"）中，上海市第一中级人民法院同时采用了法律互惠和事实互惠的标准来认定我国与新加坡之间存在互惠关系。其中，对于法律互惠的认定依据在于我国最高人民法院与新加坡最高法院之间签署的《中新备忘录》，其中载明我国法院可以在互惠基础上承认与执行新加坡法院的判决，新加坡法院可以根据普通法的规定执行中国法院的判决。法院认为，这表明我国与新加坡之间存在法律互惠，在同等情况下我国作出的民商事判决可以得到新

---

〔29〕 王吉文：《外国判决承认与执行的国际合作机制研究》，中国政法大学出版社 2014
年版，第 47 页。

加坡法院的承认和执行。但《中新备忘录》不具有法律拘束力，以此作为两国间存在法律互惠的依据则略显牵强。

根据表4，在我国与亚洲国家间的判决承认和执行中，目前以不存在互惠关系为由拒绝承认和执行我国法院判决的国家仅有日本，而我国与日本之间难以相互承认和执行法院判决的僵局可部分归因于事实互惠的弊端。

（二）中日判决承认和执行中的互惠困境

根据我国和日本民事诉讼法的有关规定，两国国内立法中设置的外国判决承认和执行的条件几乎不存在差异，但我国实践中所采用的事实互惠为日本法院拒绝承认和执行我国法院判决提供了理由。

1. 外国法院判决承认和执行条件上的无差异

首先，根据我国《民事诉讼法》第283条的规定，外国法院判决在我国的承认和执行需要满足以下三个条件：其一，向我国法院申请承认和执行的外国法院判决、裁定必须是已经发生法律效力的；其二，判决作出国与我国之间存在国际条约或者互惠关系；其三，对于外国法院判决、裁定的承认和执行不能违反我国法律规定的基本原则或者国家主权、安全和社会公共利益。

其次，日本在外国判决的承认和执行上依据的是《日本民事诉讼法》第118条的规定。根据该条的规定，外国判决在日本的承认和执行需要同时满足五个条件：一是外国法院的判决必须具有确定性的效力；二是判决作出国法院对原判决的管辖权符合该国的法律或国际条约的规定；三是败诉的被告得到了合法的传唤；四是外国判决的内容和诉讼程序不违反日本的公序良俗；五是存在互惠的保证。[30]通过条件对比来看，中国和日本对外国判决承认和执行的要求相似。

针对日本立法中第一个关于外国法院管辖权判定的条件，我国立法中虽然没有规定，但是在实践中我国法院也是以原判决作出国的内国法，即法院地法，作为外国法院管辖权的判断依据。[31]另外，

---

〔30〕《日本民事诉讼法典》，曹云吉译，厦门大学出版社2017年版，第40页。

〔31〕宋建立：《涉外商事审判：理论与实践》，法律出版社2016年版，第147页。

对于败诉被告的合法传唤也是我国司法实践中承认外国法院判决的条件。在 1994 年五味晃案中，大连市中级人民法院在审查中发现，日本横滨地方法院小田原分院的判决是在被告缺席情况下作出的，并且申请人未能向中国法院提供足以证明受案法院已向被告发过合法传唤的证据。[32]而这也是大连市中级人民法院拒绝承认和执行日本法院判决的理由之一。因此，从两国关于外国判决承认和执行的条件上看，两国法律和司法实践中要求的条件基本上是一致的。有学者也将日本法律规定的前四个条件归为对案件实质内容审查的阶段，而将第五个互惠保证的条件归为对国家主权原则的延伸。[33]在东京高等法院受理的夏淑琴案[34]中，东京高等法院也明确了在案件实质内容审查方面，中国和日本规定的要件上没有重要点上的差异。[35]

2. 互惠认定标准上的差异

虽然从外国判决承认和执行的机制对比上来看两国间并无实质性的差异，但对比中日两国的司法实践，最主要的差异还是两国所采用的互惠认定标准，而这也成为两国间判决未能实现相互承认的主要原因。日本在司法实践中确立的是法律互惠的认定标准。因而，从 2003 年日本大阪法院受理的请求承认青岛中院的案件来看，大阪法院可能认为，中国所采用的事实互惠与日本所采用的法律互惠相比，是一种对互惠关系审查更为严格的标准，从而导致两国间判决承认和执行审查条件上存在重要点上的差异。[36]

特别是在 1983 年日本最高法院对互惠保证的认定进行改革之后，如果外国司法机关在承认日本法院判决时出现以下两种情形，

[32] 最高人民法院中国应用法学研究所编：《人民法院案例选》（1992 年—1996 年合订本），人民法院出版社 1997 年版，第 2171 页。

[33] 冯茜：《日本法院对我国财产关系判决的承认执行问题研究》，载《武大国际法评论》2017 年第 3 期。

[34] Tokyo District Court, 20 Mar. , 2015, Westlaw Japan（Ref No. 2015WLJPCA03208001）.

[35] 冯茜：《日本法院对我国财产关系判决的承认执行问题研究》，载《武大国际法评论》2017 年第 3 期。

[36] 冯茜：《日本法院对我国财产关系判决的承认执行问题研究》，载《武大国际法评论》2017 年第 3 期。

通常无法满足互惠的保证：一是外国司法机关会对日本法院判决的实质性问题进行审查；二是外国司法机关要求互惠关系必须由国际条约或证明协议的形式来进行保证。[37]根据日本所采用的法律互惠标准，在2003年大阪高等法院的判决中，大阪高等法院将中日之间关于判决承认的条件进行了对比，其中还包括中国司法机关对互惠进行否认情形的对比。[38]大阪高等法院一方面对我国1992年《民诉解释》第318条的规定进行了解读，认为我国法院对外国判决的承认和执行是以相关的司法协助条约为前提的，另一方面又依据五味晃案确认中日之间没有条约关系和互惠关系。[39]由于以条约作为互惠关系保证的要求已经构成了日本方面不存在互惠保证的条件，加之中国法院对中日互惠关系的否定，日本法院进而得出结论，认为中国对外国判决的承认和执行条件以及对互惠认定的条件与日本的相关条件存在重要点上的差异。

通过中日之间互惠关系建立的失败可以看出，对于同样在立法中规定了互惠条件的国家之间，如果在实践中采用了不同的互惠认定标准，也是会由于这种认定标准上的冲突和差异，导致国家之间互惠关系难以形成。特别是在采用事实互惠和法律互惠的国家之间，这种对比条件上严格和宽泛的冲突也会影响两国间判决的相互承认和执行。

（三）中韩判决承认和执行的互惠进展

与中日间判决承认和执行的情况相似，中国法院也曾经以不存在互惠关系为由拒绝过韩国法院判决，但该判决并未影响到中韩之

---

〔37〕 Satoshi Watanabe, "A Study of a Series of Cases Caused Non-Recognition of a Judicial Judgment between Japan and Mainland China — A Cross-border Garnishment Order of the Japanese Court Issued to a Chinese Company as a Third-Party Debtor", *Japanese Yearbook of International Law*, Vol. 57, 2014, p. 300.

〔38〕 Satoshi Watanabe, "A Study of a Series of Cases Caused Non-Recognition of a Judicial Judgment between Japan and Mainland China — A Cross-border Garnishment Order of the Japanese Court Issued to a Chinese Company as a Third-Party Debtor", *Japanese Yearbook of International Law*, Vol. 57, 2014, p. 302.

〔39〕 Osaka High Court, Judgment, April 9, 2003; H. J (1841) 111 〔2004〕, *The Japanese Annual International Law*, Vol. 48, 2005, p. 174.

间互惠关系的建立。1999年11月，韩国首尔地区法院基于互惠保证承认了中国山东省潍坊市中级人民法院作出的一项民事判决。[40]在该案中，韩国首尔地区法院基于中韩关于判决承认和执行的相关规定，认为两国间存在互惠保证，但首尔地区法院同时也指出："法院目前认为中国和韩国之间存在互惠保证，所以承认中国法院判决的效力，但如果发生中国法院以不存在互惠关系为由拒绝承认韩国法院判决的情形，这种互惠保证也很难继续维持。"[41]

但我国法院似乎并未注意到1999年韩国法院的这一判决，[42]在2011年，深圳市中级人民法院以双方不存在互惠为由拒绝承认和执行了首尔西部地方法院作出的判决。此外，在2015年4月的"张晓曦案"中，申请人请求执行的是首尔南部地区法院作出的关于当事人之间的利益分配金纠纷的判决，我国法院以中韩之间既不存在条约关系，又不存在互惠关系为由拒绝了韩国法院的判决。直至2019年，山东省青岛市中级人民法院（以下简称"青岛中院"）受理的请求承认和执行韩国法院判决的一项裁定中，基于韩国法院1999年的裁定，认为韩国法院的判决符合我国互惠原则的条件，可以承认和执行，从而为中韩之间互惠关系的进一步建立奠定了基础。

然而我国法院此前的态度似乎并未对韩国法院关于中韩互惠关系的认定产生影响。2019年，韩国大邱高等法院承认了我国北京市朝阳区法院作出的有关委托合同纠纷的判决。在该判决中，大邱高

---

〔40〕 Decision of Nov. 5, 1999, 99 *Ga Hap* 26523 (Seoul District Court). Cited in Sung Hoon Lee, "Foreign Judgment Recognition and Enforcement System of Korea", *Journal of Korean Law*, Vol. 6, No. 3, 2006, p. 135. 朱伟东：《试论我国承认与执行外国判决的反向互惠制度的构建》，载《河北法学》2017年第4期。

〔41〕 朱伟东：《试论我国承认与执行外国判决的反向互惠制度的构建》，载《河北法学》2017年第4期。

〔42〕 对此也有日本学者在其研究中指出，在2011年深圳市中级人民法院（"深圳中院"）受理的当事人请求执行韩国法院判决的案件中，当事人向深圳中院提供了韩国法院在1999年承认中国法院判决的复印件，以此来证明中韩之间存在互惠关系。但是在深圳市中院的裁定中并未提及这一细节，并直接裁定中韩之间既不存在条约关系，也不存在互惠关系，因此不能承认和执行韩国法院的判决。See Béligh Elbalti, "Reciprocity and the Recognition and Enforcement of Foreign Judgments: A Lot of Bark but not Much Bite", *Journal of Private International Law*, Vol. 13, No. 1, 2017, p. 204.

等法院首先将两国的民事诉讼法中有关外国判决承认和执行的规定进行比较，认为在立法规定的重要方面不存在实质性的差别，今后韩国法院的判决在中国也可能会被承认。其次，该法院还指出韩国大法院与中国最高人民法院于 2016 年签订了新的司法交流和合作谅解备忘录，其中包含有两国法院在判决相互承认方面按照各自国家法律相互协力的内容。最后，鉴于 2019 年青岛中院承认了韩国水原地方法院的判决，并综合以上依据，大邱高等法院认定中韩之间存在互惠关系。[43]

由此可见，虽然韩国和日本在对互惠的认定上采用的是相似的标准，但在与我国的实践中却产生了不同的结果。造成这种现象的原因一方面在于不同互惠认定标准所产生的冲突，另一方面则在于国家利益以及政策层面的影响。在 1999 年韩国首尔地区法院的判决中，该法院也指出，如果发生中国法院以和韩国之间不存在互惠为由而拒绝承认和执行韩国法院判决的情形，那么韩国法院也很难维持中韩存在互惠的立场。[44]而 2019 年青岛中院的判决则进一步推动了中韩之间积极互惠关系的建立。

（四）中国与东盟国家间互惠的冲突

"一带一路"倡议所带来的另一项进展是《南宁声明》的达成。《南宁声明》的通过标志着我国法院和东盟国家法院在民商事判决的承认和执行领域就"推定互惠关系"达成了共识。[45]自此，在民商事判决的承认和执行领域，中国和东盟国家之间互惠的基础已经从一种单方意愿发展为一种多边共识，同时也是事实互惠向推定互惠的发展。[46]但是，《南宁声明》不是国际条约，对于我国和东盟国家仅具有参考性价值。综观东盟各国的法律体系，我国的事实互惠标

〔43〕 苏晓凌：《2019 年韩国法院承认中国法院判决的一个案例》，载 https://mp. weixin. qq. com/s/RdtzRpRVPOfl4Q3vDEcazQ，最后访问日期：2020 年 6 月 12 日。

〔44〕 朱伟东：《试论我国承认与执行外国判决的反向互惠制度的构建》，载《河北法学》2017 年第 4 期。

〔45〕 杜涛：《推定互惠关系 促进"一带一路"诉讼纠纷解决》，载《人民法院报》2017 年 6 月 15 日，第 2 版。

〔46〕 肖永平：《促进中国与东盟民商事判决相互承认和执行的新举措》，载《人民法院报》2017 年 6 月 18 日，第 2 版。

准并不利于和东盟国家之间判决的相互承认和执行。

虽然东盟成立的主要目的在于促进本地区的经济增长、社会进步和文化发展，但随着东盟国家之间贸易和商业往来的增长，也会带来相应的法律冲突和纠纷。加之有些国家出于民族保护主义的考量，对本国的相关利益进行过度保护。在这种背景下，从事国际商务的个人或实体面临的难以克服的问题是，一国作出的针对另一国债务人的有效判决可能无法执行。[47]除了民族保护主义的因素之外，由于在历史上受到不同西方国家的殖民统治或占领，东盟十国的法律体系以及在外国判决承认和执行方面对互惠适用的差异也较大。

1. 普通法系下外国判决承认和执行程序的简化

文莱、马来西亚和新加坡由于曾受到英国殖民的影响，其法律体系主要还是英国的普通法体系，既包括制定法，又包括判例法。[48]文莱、马来西亚和新加坡分别通过 1996 年《外国判决互惠执行法》（Reciprocal Enforcement of Foreign Judgments Act）（2000 年修订）、1958 年《判决互惠执行法》（Reciprocal Enforcement of Judgments Act）和 1985 年《英联邦判决承认与执行法》（Reciprocal Enforcement of Commonwealth Judgments Act）确立了与具有互惠关系的国家之间金钱判决的承认和执行，因此，这三个国家之间金钱判决的执行可以采用登记程序，而无需经过普通法程序就可直接得到执行。

缅甸曾经作为英属殖民地，其法律体系也是基于英国的普通法原则和一些由英国引入的立法而建立的。因此，现在缅甸的法律体系也主要继承了普通法体系。[49]缅甸没有缔结任何相关的双边或多边条约，对于外国判决承认和执行的主要立法是 1908 年《缅甸民事诉讼法》。《缅甸民事诉讼法》第 44A 条规定，互惠领域（reciprocating

---

[47] Pearlie M. C. Koh, "Foreign Judgments in ASEAN—A Proposal", *International and Comparative Law Quarterly*, Vol. 45, No. 4, 1996, pp. 855–856.

[48] Pearlie M. C. Koh, "Foreign Judgments in ASEAN—A Proposal", *International and Comparative Law Quarterly*, Vol. 45, No. 4, 1996, p. 849.

[49] Minn Naing Oo, "Country Report: Myanmar", in Adeline Chong eds., *Recognition and Enforcement of Foreign Judgments in Asia*, Singaproe: Asian Business Law Institute, 2017, p. 136.

territory) 内高等法院作出的判决经缅甸地区法院认可后, 其判决就可以在缅甸得到执行。《缅甸民事诉讼法》第 44A 条 "说明 1" 对互惠领域的界定是, 任何缅甸之外的国家通过在官方公报的通知, 缅甸总理可以宣告其为互惠领域。[50]但是截至目前, 还没有任何一个国家被缅甸宣告为互惠领域, 在司法实践中, 也没有外国判决在缅甸申请承认和执行。[51]

2. 混合法系国家间的互惠合作

有的东盟国家法律体系呈现出了不同法系的特点, 以菲律宾为例, 其法律体系混合了世界两大主要法系的特征。由于曾经被西班牙占领, 菲律宾部分继承了罗马法的成文法体系, 后来又被美国占领, 又包含了普通法体系的元素。[52]目前菲律宾是大陆法系国家, 立法具有绝对的拘束力, 但《菲律宾民法典》允许最高法院通过司法裁定的形式对现行的法律进行适用和解释。最高法院作出的司法裁定对所有的法院都具有拘束力, 从而与成文法规具有同等的地位和效力。[53]菲律宾对外国判决的承认和执行主要依据的是 1997 年《法院规则》(Rules of Court) 第 48 章第 39 条的规定, 对于满足该条规定条件的外国判决可能会得到菲律宾法院的承认和执行。[54]但是在菲律宾司法实践中, 建立在互惠基础上的礼让原则是允许承认和执行外国判决的潜在原则之一。[55]在适用礼让原则的过程中也会涉及

---

〔50〕 Min Thein & Kexian Ng, "Myanmar", in Louis Garb & Lew Julian eds. , *Enforcement of Foreign Judgments*, Netherlands: Kluwer Law International BV, 2015, p. 5.

〔51〕 Minn Naing Oo, "Country Report: Myanmar", in Adeline Chong eds. , *Recognition and Enforcement of Foreign Judgments in Asia*, Singapore: Asian Business Law Institute, 2017, p. 137.

〔52〕 Pearlie M. C. Koh, "Foreign Judgments in ASEAN—A Proposal", *International and Comparative Law Quarterly*, Vol. 45, No. 4, 1996, p. 851

〔53〕 Pearlie M. C. Koh, "Foreign Judgments in ASEAN—A Proposal", *International and Comparative Law Quarterly*, Vol. 45, No. 4, 1996, p. 851.

〔54〕 Elizabeth Aguiling-Pangalangan, "Country Report: Republic of the Philippines", in Adeline Chong eds. , *Recognition and Enforcement of Foreign Judgments in Asia*, Singapore: Asian Business Law Institute, 2017, p. 146.

〔55〕 Elizabeth Aguiling-Pangalangan, "Country Report: Republic of the Philippines", in Adeline Chong eds. , *Recognition and Enforcement of Foreign Judgments in Asia*, Singapore: Asian Business Law Institute, 2017, p. 148.

互惠的问题，互惠仍是菲律宾法院执行外国判决必要的前提条件。[56]

越南早期被法国殖民和控制，法国的成文法典对其法律体系产生了一定的影响。随着越南社会主义共和国取代了越南民主共和国，一系列的因素又影响了越南法律体系的发展，越南的本土因素与中国、法国和美国的相关法律因素结合，加之社会主义法律的混合，使越南的法律体系也变得十分复杂。[57]越南此前在外国法院判决的承认和执行方面只能依据相关国际条约的规定，后来在 2004 年起草新《越南民事诉讼法》时加入了互惠原则的规定。[58]

2004 年《越南民事诉讼法》后来又被 2015 年《越南民事诉讼法》所取代，对于外国法院判决承认和执行的规定也主要依据 2015 年《越南民事诉讼法》的规定。[59]根据 2015 年《越南民事诉讼法》第 423 条第（1）款第（b）项的规定，在与越南没有相关国际条约的情况下，外国民商事判决的承认和执行可以依据互惠原则。但是越南对于互惠的适用并不清晰。根据越南 2007 年《司法协助法》，外交部必须与其他相关国家机构进行合作，在与其他国家的司法协助关系中决定是否适用互惠原则。每六个月，外交部都要通知司法部在与其他国家司法协助中的互惠原则适用情况。然而到目前为止，这项工作还未完成。[60]

在越南的司法实践中，自立法中引入互惠规定以来，唯一具有代表性的适用互惠原则的案例是"忠南纺织案"（Choongnam Spinning

---

〔56〕 Llewellyn L. Llanillo & Jerome Joseph B. Arnaldo, "Philippines", in Louis Garb & Lew Julian eds., *Enforcement of Foreign Judgments*, Netherlands: Kluwer Law International BV, 2017, p. 6.

〔57〕 Pearlie M. C. Koh, "Foreign Judgments in ASEAN—A Proposal", *International and Comparative Law Quarterly*, Vol. 45, No. 4, 1996, p. 853.

〔58〕 Ngoc Bich Du, "Cross-Border Recognition and Enforcement of Foreign Judgments in Vietnam", *Journal of Private International Law*, Vol. 4, No. 3, 2008, p. 485.

〔59〕 Ngoc Bich Du, "Country Report: Socialist Republic of Vietnam", in Adeline Chong eds., *Recognition and Enforcement of Foreign Judgments in Asia*, Singapore: Asian Business Law Institute, 2017, p. 211.

〔60〕 Ngoc Bich Du, "Country Report: Socialist Republic of Vietnam", in Adeline Chong eds., *Recognition and Enforcement of Foreign Judgments in Asia*, Singapore: Asian Business Law Institute, 2017, p. 217.

v. E & T Company）[61]。在该案中，尽管越南与韩国之间没有缔结任何关于民商事判决承认和执行的条约，胡志明市一审法院仍承认和执行了韩国大川上诉法院的一项民商事判决，并且该案的裁定也被胡志明市最高法院上诉法院加以确认。在越南学者看来，越南法院是为了承认和执行韩国法院的判决而适用了互惠原则，虽然法院在其裁定中并未说明，但越南法院会以较为宽松的方式适用互惠原则。[62]

3. 立法和条约缺失下判决的无法承认

有些国家虽然在被殖民后逐渐形成了自己的法律制度，但在判决的承认和执行方面采取了较为保守的态度。泰国虽然未受到殖民统治，但通过学习西方经验形成了自己的现代法律体系。通过18世纪后期大规模的改革，泰国作为成文法国家，其法律制度很大程度上借鉴了欧洲和日本的经验。[63]但泰国在外国判决的承认和执行方面缺乏相应的立法，对于希望在泰国法院得到执行的外国法院判决，则必须在泰国法院重新提起诉讼。[64]此外，泰国没有与任何其他国家签订有关民事判决相互承认和执行的条约，也没有加入相关的国际公约。[65]

与泰国相似，印度尼西亚在有关国际私法领域也缺少相应的立法，有关国内民事程序的立法也同样适用于国际案件。并且只有在

〔61〕 Decision No. 2083/2007/QĐST-KDTM（People's Court of Ho Chi Minh City），decision No. 62/2008/QDKDTM-PT（Court of Appeal of the Supreme People's Court in Ho Chi Minh City）. Cited in Ngoc Bich Du, "Country Report: Socialist Republic of Vietnam", in Adeline Chong eds., *Recognition and Enforcement of Foreign Judgments in Asia*, Singapore: Asian Business Law Institute, 2017, p. 217.

〔62〕 Ngoc Bich Du, "Country Report: Socialist Republic of Vietnam", in Adeline Chong eds., *Recognition and Enforcement of Foreign Judgments in Asia*, Singapore: Asian Business Law Institute, 2017, pp. 217-219.

〔63〕 Pearlie M. C. Koh, "Foreign Judgments in ASEAN—A Proposal", *International and Comparative Law Quarterly*, Vol. 45, No. 4, 1996, p. 852.

〔64〕 Poomintr Sooksripaisarnkit, "Country Report: Kingdom of Thailand", in Adeline Chong eds., *Recognition and Enforcement of Foreign Judgments in Asia*, Singapore: Asian Business Law Institute, 2017, p. 210.

〔65〕 Tilleke & Gibbins, "Thailand", in Louis Garb & Lew Julian eds., *Enforcement of Foreign Judgments*, Netherlands: Kluwer Law International BV, 2014, p. 3.

相关的外国国家与印度尼西亚之间存在双边或多边条约的情况下，该外国判决才能得到承认和执行，由于印度尼西亚在外国判决的承认和执行方面不受任何国际条约的约束，所以其法院也没有执行外国判决的义务。[66]

老挝基本上与泰国、印度尼西亚采取了同样的态度，对于外国判决的承认和执行仅能依据两国之间相关的国际条约。

在柬埔寨，2011 年生效的《柬埔寨民事程序法》第 199 条规定了对于终局性的外国判决在柬埔寨具有确定性效力的四个条件，其中第（4）款要求判决作出国与柬埔寨之间存在互惠的保证。[67]但是这一要求在柬埔寨也是最难满足的，因为目前柬埔寨仅与越南签订了民事方面的双边司法协助协定，以此保证两国之间的互惠。如果与柬埔寨之间没有此类司法协助条约作为互惠的保证，柬埔寨法院将不会承认和执行外国法院的判决。[68]

综上，东盟国家之间不仅在法律体系上存在着较大差异，并且多数国家在外国法院判决的承认和执行方面的态度较为保守，有些国家甚至缺少相应的立法和司法实践。即使在文莱、马来西亚、新加坡和缅甸这些采用普通法机制的国家，判决的相互承认和执行也很难实现。比如，文莱在 2000 年修订《外国判决互惠执行法》，到目前为止只有马来西亚和新加坡两个国家在列表中。[69]这就意味着只有这两个国家的金钱判决可以通过登记程序在文莱得到承认和执行，那么对于其他的东盟国家而言，则都需要通过普通法重新审理的程序。在这种情况下，如果想构建相应的条约，也会在条约的起草和谈判中面临着利益协调和妥协的困难。因此，在东盟国家间通过

---

〔66〕 Yu Un Oppusunggu, "Country Report: The Republic of Indonesia", in Adeline Chong eds. , *Recognition and Enforcement of Foreign Judgments in Asia*, Singapore: Asian Business Law Institute, 2017, pp. 92, 99~100.

〔67〕 Youdy Bun, "Country Report: Cambodia", in Adeline Chong eds. , *Recognition and Enforcement of Foreign Judgments in Asia*, Singapore: Asian Business Law Institute, 2017, pp. 37~42.

〔68〕 Youdy Bun, "Country Report: Cambodia", in Adeline Chong eds. , *Recognition and Enforcement of Foreign Judgments in Asia*, Singapore: Asian Business Law Institute, 2017, p. 31.

〔69〕 Colin Y. C. Ong, "Brunei", in Louis Garb & Lew Julian eds. , *Enforcement of Foreign Judgments*, Netherlands: Kluwer Law International BV, 2017, pp. 12~13.

多边条约的形式实现判决的自由流动仍存在较大难度，而我国与东盟国家间判决的承认和执行也要根据不同的情况转变互惠的认定标准。

三、中国与东盟国家间的互惠合作

从目前东盟国家的情况来看，虽然《南宁声明》所达成的推定互惠共识可以视为中国和东盟国家之间司法互信和礼让的一种体现，但是鉴于《南宁声明》的效力问题，其能否在我国和东盟国家间的司法实践中真正发挥作用还属于未知状态，且目前尚未有该方面的实践。在这种情况下，我国也可以针对东盟国家所呈现出的不同情况采用不同的互惠合作策略。

（一）与普通法国家的合作

首先，对于普通法系国家，我国已与新加坡之间有过判决相互承认和执行的先例。在 2014 年的"昆山捷安特案"[70]中，虽然新加坡高等法院最终承认和执行了我国苏州市中级人民法院的判决，但新加坡高等法院是按照新加坡普通法机制下的程序进行的。因此，该案是围绕两个主要问题展开的：一是看中国法院是否对原判决的被告具有国际管辖权；二是看原告的请求是否满足可执行金钱判决的要求。[71]苏州市中级人民法院的判决是在满足了以上两个要求之后，被新加坡高等法院所承认和执行的，互惠并不是新加坡高等法院对我国法院判决的考量因素。在新加坡，对于采取登记制度的国家，才会要求存在实质性的互惠。根据《英联邦判决承认与执行法》第 5 条第 （1） 款和《外国判决互惠执行法》第 3 条第 （1） 款的规定，是否存在实质性的互惠主要由法律部长来判断。[72]

2014 年昆山捷安特案中新加坡高等法院的裁定对于我国也具有

---

〔70〕 Giant Light Metal Technology （Kunshan） Co. Ltd. v. Aksa Far East Pte Ltd. ［2014］ SGHC 16.

〔71〕 Giant Light Metal Technology （Kunshan） Co. Ltd. v. Aksa Far East Pte Ltd. ［2014］ SGHC 16, para. 19.

〔72〕 Section 5 （1） of the Reciprocal Enforcement of Commonwealth Judgments Act （Chapter 264 Revised Edition 1985）. Section 3 （1） of the Reciprocal Enforcement of Foreign Judgments Act （Chapter 265 Revised Edition 2001）.

一定的借鉴意义。因为我国与普通法国家之间几乎没有缔结过双边司法协助条约，我国与新加坡缔结的双边条约中也不包括民商事判决的承认和执行问题。在该案之后，我国南京市中级人民法院在2016年的"高尔集团案"中也进行了回应，基于互惠原则承认和执行了新加坡高等法院的判决。高尔集团案虽是我国法院运用事实互惠的体现，但却进一步推动了我国法院与新加坡法院之间判决相互承认和执行的合作。2018年8月31日，我国最高人民法院院长周强和新加坡最高法院首席大法官梅达顺共同签署了《中新指导备忘录》，进一步明确了两国间判决相互承认和执行的范围和条件。

虽然《中新指导备忘录》不具有法律拘束力，但在该备忘录达成后，在2019年"海湾发展集团案"和2021年"太阳能公司案"中，我国法院两次承认和执行了新加坡法院作出的民事判决，从而进一步巩固了两国间民商事判决相互承认和执行的互惠基础。

我国与文莱、马来西亚、缅甸之间没有缔结相关的条约。因此，在缺乏条约的情况下，如果我国法院的判决希望在东盟采用普通法机制的国家得到承认和执行，一方面要符合普通法上的相关要求和程序上的正当性。对于一些普通法国家，是否给予外国判决效力主要依据的是债务说。[73]所以这些国家在承认和执行中国法院的判决时，主要审查的是中国法院的判决是否符合特定的条件，而不会考虑与中国之间是否存在互惠关系。另一方面，我国也可以借鉴和推广中国与新加坡之间的司法合作模式，与东盟普通法国家通过备忘录的形式来促进互惠关系的建立及判决相互承认和执行的合作。

（二）与有互惠规定国家之间的合作

对于菲律宾和越南这类立法中有互惠要求的成文法国家，一是我国可以通过缔结双边条约的方式来保证民商事判决的相互承认和执行，例如我国和越南缔结的双边民事和刑事司法协助条约。二是我国法院可以基于我国最高人民法院发布的一系列法律文件，放宽互惠的认定标准或采用推定互惠：一方面，可根据我国最高人民法

---

〔73〕 Adrian Briggs, "Recognition of Foreign Judgments: A Matter of Obligation", *Law Quarterly Review*, Vol. 129, 2013, p. 87.

院 2015 年发布的《关于人民法院为"一带一路"建设提供司法服务和保障的若干意见》中"合作交流意向"[74]，秉承该意见中对于互惠的开放态度，从未来商业往来便利以及稳定性的角度出发，先给予互惠。另一方面，在今后与菲律宾之间判决的承认和执行问题上，我国可以基于《南宁声明》采用推定互惠的认定标准，如果菲律宾没有以不存在互惠为由拒绝过我国法院的判决，就推定我国和菲律宾之间存在互惠关系。在这一基础上，菲律宾法院或许也会同样基于《南宁声明》及其所遵循的礼让原则承认和执行我国法院的判决。

而《南宁声明》中所达成的推定互惠共识，在我国最高人民法院 2019 年发布的《关于人民法院进一步为"一带一路"建设提供司法服务和保障的意见》（以下简称《2019 年"一带一路"建设意见》）中有所体现，该意见第 24 条提出："采取推定互惠的司法态度，以点带面不断推动国际商事法庭判决的相互承认与执行。"由此也可以看出，在"一带一路"政策的指导下，我国最高人民法院倾向于在司法实践中采用更为宽松的互惠认定标准。

（三）与缺乏立法和条约规定国家之间的合作

对于泰国、印度尼西亚、老挝和柬埔寨这种在对待外国判决态度上较为保守的国家而言，如果有双边条约则可以依据条约的规定，比如我国和泰国、老挝之间。但是我国与泰国之间的司法协助条约不涉及民商事判决的承认和执行。并且，这些国家都是严格以国际条约作为承认和执行外国法院判决的依据，在没有条约的情况下可能会导致我国法院判决无法得到承认和执行。对此，我国可以主动依据《南宁声明》中的推定互惠，在没有条约的情况下，根据推定互惠承认和执行对方国家的判决，或者通过外交途径了解该国的互惠意向，从而建立起积极的互惠关系，或者也可以建议当事人采用

---

[74] 最高人民法院《关于人民法院为"一带一路"建设提供司法服务和保障的若干意见》（法发〔2015〕9 号）第 6 条：要在沿线一些国家尚未与我国缔结司法协助协定的情况下，根据国际司法合作交流意向、对方国家承诺将给予我国司法互惠等情况，可以考虑由我国法院先行给予对方国家当事人司法协助，积极促成形成互惠关系，积极倡导并逐步扩大国际司法协助范围。

替代性纠纷解决机制，或者直接到相关的国家进行诉讼，从而避免在跨国诉讼上浪费时间和金钱。

四、亚洲区域间判决承认和执行合作中互惠功能的转变

东盟国家所存在的问题只是亚洲国家的一个缩影。而亚洲国家的范围更为广泛，国家间的差异性也更大。目前只有西亚的阿拉伯国家之间，基于文化上的相似性和区域经济合作的必要性，出于共同的利益追求形成了区域性的多边公约。[75]在亚洲国家之间缺乏多边条约的情况下，不同的互惠认定标准也会成为国家之间判决相互承认和执行的障碍。对此，在我国与亚洲国家的合作中，最主要的问题在于多边条约的缺乏和双边条约的有限。在这种情况下，更应发挥互惠的积极功能，以互惠作为合作的依据。

（一）多边条约缺失下互惠合作的必要性

根据本文所搜集的 33 个亚洲国家和地区的情况，其中 20 个国家和地区在外国法院判决承认和执行方面有互惠的要求。[76]此外，还有 8 个国家和地区属于普通法系。新加坡、文莱、马来西亚和我国香港特别行政区采用的是成文法的登记程序和普通法程序，印度、巴基斯坦和孟加拉国则是类似于缅甸的普通法机制。乌兹别克斯坦仅依据相关的国际条约承认和执行外国判决。尼泊尔则缺乏相关的立法。

在这一背景下，各国之间往往是通过缔结双边条约来促进彼此判决的承认和执行。目前在亚洲地区，我国已与 9 个国家缔结了民商事领域的司法协助条约，其中与 6 个国家缔结的双边条约涉及判决的承认和执行问题。[77]而在"一带一路"沿线国家中，亚洲国家

---

〔75〕 在西亚阿拉伯国家，判决的承认和执行主要依据的是 1983 年 4 月 6 日缔结的《利雅得阿拉伯司法合作协定》和 1996 年签订的《海湾阿拉伯国家合作委员会公约》。这两个公约都对成员国法院之间判决的承认和执行问题作出了规定。

〔76〕 20 个国家和地区分别是：阿塞拜疆、以色列、日本、韩国、约旦、黎巴嫩、巴勒斯坦权力机构、中国、中国台湾地区、菲律宾、阿拉伯联合酋长国、越南、柬埔寨、哈萨克斯坦、格鲁吉亚、巴林、科威特、阿曼、卡塔尔和沙特阿拉伯。

〔77〕 在亚洲地区，我国与蒙古、泰国、吉尔吉斯斯坦、乌兹别克斯坦、新加坡、越南、老挝、朝鲜、韩国签订了双边司法协助条约，但是与泰国、新加坡和韩国的条约中不包括判决的承认和执行问题。

占据了很大的比例，因此，我国所缔结的双边条约尚有不足。

在缺乏条约的情况下，各国互惠适用上的差异也会进一步导致国家间民商事判决承认和执行的困境。比如一些阿拉伯国家，虽然采用的是法律互惠的适用机制，但在条件的对比上采用严格对等的标准。[78] 在这种情况下，我国司法实践中所采用的事实互惠可能会由于认定标准比一些国家严格，从而导致该国与我国之间无法形成互惠关系。此外，对于同样要求事实互惠的国家，如果双方把互惠的适用推至极端，也会造成利益博弈下判决承认和执行的"囚徒困境"。[79] 我国和日本之间就陷入了这种相互背弃的囚徒困境，而最终利益受损的都是本国的当事人。虽然在有些案件中，我国以不存在互惠拒绝别国法院的判决后并未遭到该国以互惠实施的对等报复，但从国家间的利益博弈和未来发展来看，促进国家间判决承认和执行合作，强化国家间的互惠关系才更有可能实现双赢。[80]

对此，我国可以考虑在今后的司法实践中采用推定互惠，即如果判决作出国没有拒绝过我国法院判决的先例，则推定为存在互惠关系，而《2019 年"一带一路"建设意见》也在一定程度上提供了基础。在《南宁声明》的基础上，《2019 年"一带一路"建设意见》不再将采用推定互惠的范围限于中国和东盟国家之间，而是扩大了适用国家的范围。因此，在我国和亚洲国家的判决承认和执行中，我国也可以参考更为开放的推定互惠标准。

（二）区域性规则制定中互惠的国际兼容性

在缺乏区域性多边条约和双边条约有限的情况下，我国应当积极参与区域性规则的制定。1997 年，日本国际私法学者提议制定"亚洲国际私法原则"（the Asian Principles of Private International Law,

---

[78] Nicolas Bremer, "Seeking Recognition and Enforcement of Foreign Court Judgments and Arbitral Awards in the GCC Countries", *McGill Journal of Dispute Resolution*, Vol. 3, 2016-2017, pp. 40-50.

[79] 杜涛：《走出囚徒困境：中日韩民事判决相互承认制度的建构——以构建东亚共同体为背景的考察》，载《太平洋学报》2011 年第 6 期。

[80] 何其生、张霞光：《承认与执行外国法院判决的博弈分析》，载《武大国际法评论》2017 年第 1 期。

APPIL），其目的在于协调区域性国际私法的规则或原则。[81] 这一提议随后得到了日本和韩国学者的支持，截至 2012 年，来自日本、韩国、中国内地（大陆）、中国香港特别行政区、中国台湾地区、越南、印度尼西亚、菲律宾、泰国和新加坡这十个东亚和东南亚国家和地区的国际私法学者，共同成立了多边的研究项目，并于 2015 年成立亚洲国际私法原则委员会。该委员会在 2017 年第三次会议上，基本完成了亚洲国际私法原则的起草工作，其主要内容包括法律选择、国际管辖权、民商事判决的承认和执行以及国际商事仲裁的司法协助四个方面的相关规则。在这十个东亚和东南亚国家和地区之间，由于缺乏民商事判决承认和执行的统一法律基础和有效的多边合作机制，为亚洲区域内具有既判力的民商事诉讼文书的自由流动带来不便。[82] 因此，在亚洲区域内制定统一的国际私法规则具有必要性和现实意义。

亚洲国际私法原则制定的目的是协调（harmonize）区域性的国际私法规则，而不是像区域性国际条约那样统一（unify）区域性的国际私法规则。我国学者也积极地加入了这一区域性规则的制定，从而更有利于加强我国和其他亚洲国家之间的合作与交流，并对我国的利益进行表达。亚洲国际私法原则被视为世界国际私法中的第一个"亚洲声音"，并且这一协调性的区域规则也在更为广泛的范围内，向统一性区域规则的形成迈出的重要一步。[83]

此外，2016 年在新加坡设立的亚洲商法学会（Asian Business Law Institute）也启动了在亚洲国家间构建判决承认和执行规则的项目。该项目于 2017 年完成第一阶段的任务，发布了由亚太地区 15

〔81〕 Weizuo Chen & Gerald Goldstein, "The Asian Principles of Private International Law: Objectives, Contents, Structure and Selected Topics on Choice of Law", *Journal of Private International Law*, Vol. 13, No. 2, 2017, pp. 411-412, 416.

〔82〕 Weizuo Chen & Gerald Goldstein, "The Asian Principles of Private International Law: Objectives, Contents, Structure and Selected Topics on Choice of Law", *Journal of Private International Law*, Vol. 13, No. 2, 2017, pp. 415-417.

〔83〕 Weizuo Chen & Gerald Goldstein, "The Asian Principles of Private International Law: Objectives, Contents, Structure and Selected Topics on Choice of Law", *Journal of Private International Law*, Vol. 13, No. 2, 2017, p. 434.

个国家学者和法律实务人员编写的《外国判决在亚洲的承认和执行》（Recognition and Enforcement of Foreign Judgments in Asia）国别报告；并于 2020 年完成第二阶段的任务，发布了《外国判决在亚洲的承认和执行规则》（Asian Principles for the Recognition and Enforcement of Foreign Judgments），该规则基于 2017 年的国别报告，更为系统地对 15 个亚洲国家承认和执行外国法院判决的法律规则进行了分类阐述。[84] 在这种情况下，我国也应该在区域性规则的制定中发挥更为重要的作用，特别是在日本、韩国等采用法律互惠的情况下，我国也应考虑到互惠原则的国际兼容性，从而推动区域性民商事判决承认和执行规则的协调和统一。

五、结语

在亚洲地区，由于各国差异较大且缺乏民商事判决承认和执行的多边条约，因此充分发挥互惠的积极功能对于我国和亚洲国家间的司法合作具有必要性和现实意义。在"一带一路"建设的逐步推进下，我国法院也开始注重互惠功能的转变，在事实互惠基础上对外国法院判决的承认和执行呈现出逐渐增长的趋势。但事实互惠的认定标准并不利于推进我国和"一带一路"沿线亚洲国家之间的判决承认和执行合作。因此，从未来国家间的经贸往来和商业稳定性发展的角度考虑，我国有必要在坚持事实互惠的同时，兼采推定互惠，一方面既可提升我国互惠认定标准的国际兼容性；另一方面也能够发挥互惠的合作功能，促进我国与亚洲国家间民商事纠纷的解决，为"一带一路"建设提供法治保障。

---

〔84〕 Asian Business Law Institute, "Asian Principles for the Recognition and Enforcement of Foreign Judgments", https://www. abli. asia/PROJECTS/Foreign - Judgments - Project, last visited on Sept. 3, 2021.

The Reciprocal Cooperation on Mutual Recognition and Enforcement of Foreign Judgments between China and Asian Countries under the "Belt and Road" Initiative

Wang Yahan

Abstract: Since the "Belt and Road" initiative was put forward and implemented, the function of reciprocity has gradually shifted from passive defense to active cooperation in China's judicial practice on recognition and enforcement of foreign judgments. However, the application of *de facto* reciprocity in judicial practice has not been changed substantially. Due to the different needs of interests between countries, the *de facto* reciprocity may hinder reciprocal cooperation with other countries that adopting different mechanism of reciprocity. Among the countries along the "Belt and Road", Asian countries account for a large proportion, and most countries retain the requirement of reciprocity and there are large differences. In this regard, China should limit the application of *de facto* reciprocity, and apply different standards of reciprocity with different targeting countries, so as to improve the international compatibility of the standards to determine reciprocity.

Keywords: Reciprocity; Foreign Judgments; Recognition and Enforcement; Benefit Game

中国企业海外投资知识产权法律实施风险及其治理研究

——以吉尔吉斯斯坦知识产权法律为中心*

邵　辉**

摘　要：知识产权的风险控制与法律保护是"一带一路"制度建设的重要组成部分，也是中国企业海外投资必须面对的法律挑战。中国企业海外投资产生的知识产权法律实施风险主要包括被东道国企业模仿风险、被第三国企业起诉风险以及被母国企业反向破解风险等类型。以中亚国家吉尔吉斯斯坦的知识产权法律环境为实践样本，从动态与静态两个视角分析发现，吉尔吉斯斯坦知识产权法律制度环境和法律运行环境差异较大，中国企业需要理性对待其知识产权法律规范权利保护与知识产权法律实施之间的现实差距，客观评估海外投资实践中可能遭遇的知识产权摩擦风险，主动探索知识产权法律实施风险治理的综合路径，积极进行事前布局、事中管控和事后救济，强化事前预防和事中管控，构建一体化的知识产权法律实施争端治理体系。

关键词："一带一路"；吉尔吉斯斯坦；知识产权；法律环境；风险与对策

引　言

知识产权保护和风险防控是"一带一路"建设的重要组成部分，也是中国企业走出去必须面对的法律挑战。当前，在世界经济暗流

---

　*　基金项目：2020年国家社科基金重点项目"资本市场对外开放的外源性风险及其法律对策研究"（项目编号：20AFX021）。

　**　上海交通大学凯原法学院2019级国际法专业博士研究生。

涌动、贸易保护主义和逆全球化浪潮抬头的形势下，知识产权国际保护机制发生了"由强变弱"的碎片化转向，知识产权风险防控面临的不确定性和不稳定性突出，加剧了"一带一路"知识产权生态中的国别政策法律风险、地方制度差异矛盾和区域性知识产权话语权欠缺等问题。[1] 围绕这些问题，涌现出一系列研究"一带一路"背景下中国企业对外投资知识产权宏观保护和法律风险防范的论著，为中国企业进行知识产权布局提供了前瞻性指导。

但是，随着"一带一路"实践的稳步推进和国际知识产权争端解决机制的兴起，至今既鲜有从法律实施视角出发，专注于"一带一路"沿线具体国家知识产权法律制度环境和运行环境现实比较的国别研究，也尚未开始深入研究国际知识产权争端解决机制构建问题，难以为"一带一路"海外投资的中国企业及时供给有针对性和可操作性的知识产权法律风险防范建议。基于此，本文尝试以中亚地区吉尔吉斯斯坦现行知识产权法律制度为视角，通过对其知识产权法律制度环境和运行环境的比较分析揭示出潜在的法律风险，并结合中国对吉尔吉斯斯坦投资企业的知识产权保护现状，从事前预防、事中管控和事后救济三大知识产权法律风险治理的不同阶段入手，构建中国企业海外投资立体化的知识产权法律实施风险治理体系，以期为在吉尔吉斯斯坦投资的中国企业提供切实有效的知识产权法律风险应对方案。

一、吉尔吉斯斯坦知识产权法律制度环境及保护现状

（一）吉尔吉斯斯坦知识产权法律制度环境

《吉尔吉斯共和国宪法》是该国的最高法律，宪法中明确规定了包括公民的财产权利在内的一系列基本权利，也包含了一些与知识产权相关的条款。根据这些条款，吉尔吉斯斯坦立法机关和行政机关制定了一系列知识产权及其相关领域的法律，主要有《吉尔吉斯共和国民法典》、《吉尔吉斯共和国著作权及邻接权法》（以下简称《吉尔吉

---

〔1〕 刘颖：《后 TRIPs 时代国际知识产权法律制度的"碎片化"》，载《学术研究》2019 年第 7 期。

斯著作权法》）以及《吉尔吉斯共和国商标、服务标识及商品原产地标志法》《吉尔吉斯共和国专利法》《吉尔吉斯共和国计算机程序及数据库保护法》，等等。吉尔吉斯斯坦还批准加入了一系列知识产权国际条约，成为许多知识产权国际条约的成员国，例如，1994 年加入世界知识产权组织（WIPO），同时也加入了 WIPO 管理的多个条约，主要有《保护工业产权巴黎公约》（Paris Convention for the Protection of Industrial Property，1994）；《商标国际注册马德里协定》（Madrid Agreement Concerning the International Registration Marks，1994）；《专利合作条约》（Patent Cooperation Treaty，1994）；《保护文学和艺术作品伯尔尼公约》（Berne Convention，1999）；《保护植物新品种国际公约》（The Protection of New Varieties of Plants，2000）；等等。

吉尔吉斯斯坦在 1998 年 12 月 20 日加入世界贸易组织（WTO），根据 WTO 在知识产权方面的要求，吉尔吉斯斯坦进行了大量的知识产权领域法律法规的修订修改工作，使知识产权保护和实施的法律条款形式上符合了 TRIPs 的要求。从制度层面来看，作为最早加入 WTO 的中亚国家，吉尔吉斯斯坦适应西方发达国家要求的知识产权保护体系在 2000 年左右已基本建立，其知识产权制度发展水平与我国相当；另外，吉尔吉斯斯坦还是《欧亚专利公约》（EAPC）的成员国，并于 2015 年 5 月加入了欧亚经济联盟，因此其知识产权制度作为经济和法律制度的一部分，在一定程度上还受到地区经济组织知识产权法律的影响。

1. 吉尔吉斯斯坦立法机关颁布的知识产权法律制度

吉尔吉斯斯坦主要的知识产权法律制度基本上由立法机关颁布，内容涵盖传统知识保护、秘密发明、发明、实用新型和工业品外观设计专利、商业名称、植物新品种保护、集成电路布图设计保护、软件和数据库法律保护、专利代理人以及著作权和邻接权等，如《吉尔吉斯共和国传统知识保护法》《吉尔吉斯共和国秘密发明法》《吉尔吉斯共和国商业名称法》《吉尔吉斯共和国植物新品种保护法》《吉尔吉斯共和国集成电路布图设计保护法》《吉尔吉斯共和国软件和数据库法律保护法》《吉尔吉斯共和国专利代理人法》《吉尔吉斯著作权法》以及《吉尔吉斯共和国发明、实用新型和工业品外观设计专利法》（以下简称《吉尔吉斯专利法》）。[2]除了上述由立法机关颁布的主要知识产权法律制度以外，吉尔吉斯斯坦立法机关颁布的一些民事法律制度也与知识产权法律制度存在紧密联系，主要包括《吉尔吉斯共和国民法典》（第二部分第五节，最新由 2013年 2 月 25 日第 32 号法修改）以及《吉尔吉斯共和国荣誉称号和证书法》《吉尔吉斯共和国仲裁程序法》等。

2. 吉尔吉斯斯坦行政机关颁布的知识产权行政法规

吉尔吉斯斯坦作为典型的中亚国家，由行政机关颁布的行政法规也是知识产权法律制度的重要渊源，不过其适用范围和覆盖面没有实施细则和实施条例广泛。总体来看，吉尔吉斯斯坦由行政机关颁布的知识产权行政法规主要有吉尔吉斯斯坦政府决议《关于批准吉尔吉斯共和国国防专利申请、审查和分类规则》以及《吉尔吉斯共和国国防专利注册的管理规则》，吉尔吉斯斯坦共和国政府法令《关于批准延长药品发明专利保护期和延长实用新型保护期的规定》，吉尔吉斯斯坦临时政府法令《关于批准吉尔吉斯共和国专利服务局上诉委员会申请异议、声明和审查规则》，吉尔吉斯斯坦关于知识产权的总统法令《吉尔吉斯共和国第 483 号决议关于实施 2009 年 4 月 7 日国家域名组织运行体系的总统法令》以及《国家域名组织运行体系的总统法令》等。

除了上述法律制度和行政法规之外，吉尔吉斯斯坦还存在大量的由行政机关和国家元首颁布的实施细则、实施规则等，这些法律渊源为数众多，对知识产权法律法规的具体运行产生较大影响，需特别注意。例如，主要适用于专利（发明）、工业品外观设计、知识产权监管机构的《工业品外观设计专利的完成、提交和审查规则》；主要适用于版权与相关权利（邻接权）、知识产权及相关法律的执行的《版权、邻接权以及版权协议注册费用实施细则》；主要适用于专利（发明）、商标、地理标志、实用新型和工业品外观设计的《关

---

〔2〕 本文所有关于吉尔吉斯斯坦知识产权领域具体法律制度以及相关数据均来自世界知识产权组织（WIPO）官网，载 http://www.wipo.int/wipolex/zh/profile.jsp? code = KG，最后访问日期：2021 年 3 月 31 日。

于发明专利、实用新型、工业品外观设计、注册商标、服务标记、原产地标记使用权的实施细则》等诸多规范性文件。

3. 吉尔吉斯斯坦参加的知识产权国际条约

吉尔吉斯斯坦是知识产权领域近七十个公约的成员国，例如《保护工业产权巴黎公约》、《保护文学和艺术作品伯尔尼公约》、《商标国际注册马德里协定》、《专利合作条约》、TRIPs 以及《新加坡商标法条约》（Singapore Treaty on the Law of Trademarks）等。吉尔吉斯斯坦积极参与知识产权领域的公约，始终保持与国际知识产权最新标准相一致，使其成为中亚地区知识产权保护法律制度最为完善的国家。

吉尔吉斯斯坦参加的知识产权国际条约基本分为两类：一类是经吉尔吉斯斯坦国内法批准加入的六部知识产权国际公约〔3〕，另一类是未经吉尔吉斯斯坦国内法批准加入的知识产权国际公约，例如由 WIPO 管理的公约〔4〕、知识产权相关多边条约、知识产权区域性条约〔5〕、区域经济一体化条约、知识产权相关双边条约等。在保护

---

〔3〕 在吉尔吉斯斯坦参加的诸多国际知识产权公约中，经国内法律批准加入的公约主要有六部，即《吉尔吉斯共和国关于加入 1981 年 9 月 26 日于内罗毕签订的保护奥林匹克会徽公约》、吉尔吉斯斯坦 2003 年 1 月 15 日第 10 号法《关于吉尔吉斯共和国加入 1977 年 4 月 28 日国际承认用于专利程序的微生物保存布达佩斯条约》、2003 年 1 月 15 日第 11 号法《关于吉尔吉斯共和国加入 1961 年 10 月 26 日保护表演者、录音制品制作者和广播组织者国际公约》、2003 年 1 月 15 日第 13 号法《吉尔吉斯共和国关于加入 1960 年 11 月 28 日海牙公约，以及 1999 年 7 月 2 日工业品外观设计海牙协定日内瓦文本》、《关于批准专利法公约》、《吉尔吉斯共和国关于适用建立世界知识产权组织公约第 9（3）条的修正案》等。

〔4〕 吉尔吉斯斯坦加入的由 WIPO 管理的公约，包括著作权、商标权及专利权三类公约。其中，著作权类公约有《世界知识产权组织表演和录音制品条约》《保护表演者、音像制品制作者和广播组织罗马公约》《保护录音制品制作者防止未经许可复制其录音制品公约》《世界知识产权组织版权条约》《伯尔尼保护文学和艺术作品公约》；商标类公约有《商标法新加坡条约》《保护奥林匹克会徽内罗毕条约》《商标国际注册马德里协定有关议定书》《商标法条约》《商标注册用商品和服务国际分类尼斯协定》；专利类公约有《专利法条约》《国际承认用于专利程序的微生物保存布达佩斯条约》《工业品外观设计国际注册海牙协定》《专利合作条约》《国际专利分类斯特拉斯堡协定》。

〔5〕 吉尔吉斯斯坦加入的知识产权区域性条约（适用于独立国家联合体 CIS）主要包括《开展知识产权法律保护领域合作及建立知识产权法律保护国家间委员会协定》《关于组织国家间信息交流和建立国家版权及相关权数据库的合作协定》《打击知识产权领域犯罪的合作协定》《关于对发明提供法律保护的地区共同保护国家间秘密的协定》《关于使用虚假商标和地理标志的预防性和限制性措施协定》《欧亚专利公约》《版权及相关权保护合作协定》《关于工业产权保护措施和建立工业产权国家间委员会的协定》等。

知识产权的政府间双边条约中，吉尔吉斯斯坦主要和以下国家存在双边条约关系，如俄罗斯、乌兹别克斯坦、阿塞拜疆、亚美尼亚。[6] 吉尔吉斯斯坦还和土耳其、中国签署了保护知识产权的相关协议。

（二）吉尔吉斯斯坦著作权和邻接权法律保护现状

《吉尔吉斯著作权法》制定于 1998 年 1 月 14 日，于 1998 年 1 月 23 日生效，最新版本由 2008 年 8 月 5 日第 197 号法修改，主要适用于著作权与相关权利（邻接权）、知识产权及相关法律的执行、知识产权监管机构的运作。《吉尔吉斯著作权法》的颁布是为了规范和创作有关的行为，受著作权法保护的对象包括科学文学作品、美术作品、视听作品、表演、广播等。其中，作品必须以口头演说或现场表演（可被第三人感知接受的表达）、书面或其他任何方式（比如图书、手稿、印刷物、乐谱、音像录制品、图片、三维图形等）表达出来以被理解。另外，计算机程序的源代码和目标代码也作为文字作品受《吉尔吉斯著作权法》的保护。

对作品而言，作品不论出版或公开与否均受《吉尔吉斯著作权法》的保护，但保护不及于思想、程序、方法、概念、原则、框架、决定以及对客观存在现象的发现本身。《吉尔吉斯著作权法》保护的对象也不是承载作品的物质载体，其有形载体的所有权转移不必然导致著作权的转移。著作权保护期是作者有生之年及死后 50 年。作品的相关权保护对象还包括表演、影视和广播节目、有线电视等。

在吉尔吉斯斯坦，作品的作者享有精神权利、享有他人对其作品的尊重，具体包括：署名权，即在作品上使用自己的名字，不论是真名或者笔名，或者匿名的方式；发表权，即以任何形式将作品出版或公开发布的权利；作品不受歪曲权，包括不使作品名称失真、不受其他能伤害侮辱作者声誉的侵害。作品的作者除了精神权利之外，还享有财产权利，即以任何形式和方法使用作品的权利，包括复制权、发行权（包括影视、计算机程序、数据库等作品的出租）、进口权、无线广播权、翻译权以及改编等演绎权。

---

〔6〕 吉尔吉斯斯坦国家知识产权局官网，载 http://www.patent.kg/index.php/en/about-us/history.html，最后访问日期：2021 年 3 月 31 日。

另外，《吉尔吉斯著作权法》也规定了对著作权的限制，但是这些限制都不会阻碍作品的正常使用和传播，也不会损害作者的正当权益，例如私人复制（对作品的作者名字必须正确使用，并指明出自何处）。对侵犯著作权及相关权且违反了《吉尔吉斯共和国民法典》和《吉尔吉斯共和国刑法典》的行为，权利人可以依法请求救济。救济措施包括确认侵权并恢复到侵权行为之前的原始状态、停止侵权行为、赔偿损失。权利人有足够证据表明侵权行为存在的，可以请求法庭颁发诉前禁令，进行财产保全、证据保全或行为保全。需要注意的是，对于作品侵权，吉尔吉斯斯坦法院不仅可以作出判决强制没收、销毁，而且还可以没收与侵权行为相关的设备、材料。

（三）吉尔吉斯斯坦商标权和商业名称权法律保护现状

《吉尔吉斯共和国商业名称法》和《吉尔吉斯共和国商标、服务商标、原产地标志法》，主要适用于厂商名称、商标及知识产权监管机构对相关知识产权法律的执行，这两部法律的主要内容旨在规范吉尔吉斯斯坦国内在商标、服务商标和原产地标志的注册、使用和保护过程中产生的法律、经济和组织关系，目的是创造一个良好的制度环境以保护商标权人的利益。目前，商标注册及其管理事务主要由吉尔吉斯斯坦国家知识产权局（Kyrgyzpatent）负责处理。

《吉尔吉斯共和国商业名称法》和《吉尔吉斯共和国商标、服务商标、原产地标志法》两部法律明确规定，文字、图形、色彩等及其组合可以申请注册为商标；核准后签发商标注册证书，该证书可以证明商标的优先使用权，权利人享有在证书中指定的商品上使用该商标的专有权并禁止他人未经许可使用。商标权依据《吉尔吉斯共和国商标、服务商标、原产地标志法》取得，也可依据吉尔吉斯斯坦已经签署加入的国际公约取得。商标权的保护期为 10 年，期满可以申请续展另一个保护期；在商标权的流转价值上，该法规定商标权可以质押。

《吉尔吉斯共和国商标、服务商标、原产地标志法》所说的原产地标志即地理标志，指的是生产产品的国家、人民、地区或地理名称。地理标志用于区分产品来源，其所适用的产品的特性主要与该区域的自然地理条件、人文因素相关。地理标志可以是产品的历史性称谓，可以注册登记取得证书，证书每十年延长一次。根据互惠原则，国外的法人和个人可以适用《吉尔吉斯共和国商标、服务商标、原产地标志法》及相关国际公约的规定。由吉尔吉斯斯坦国家知识产权局依据《吉尔吉斯共和国商标、服务商标、原产地标志法》的规定和加入的国际条约对商标、地理标志的注册申请进行审查，对核准予以注册登记的商标、地理标志颁发注册证书。

在吉尔吉斯斯坦，商标和服务商标指凡是可以用来区别相似的商品或者服务来源的文字、视觉符号、三维图形和其他描述性元素及其组合。其中，文字包括单字、词汇，视觉符号包括图形和符号、字母、数字及其组合，三维图形是立体形状，这些均可注册为商标。商标也可以以任何颜色或多种颜色组合申请注册。根据《吉尔吉斯共和国商标、服务商标、原产地标志法》第 2 条的规定，全息标志（除非可以清晰观察得到）、声音和嗅觉等非视觉感知的元素不可作为商标申请注册。当然，商标申请注册不得与他人的在先相同申请和在先权利相冲突。

商标权人对其商标享有专有使用权，可禁止他人未经许可的使用，并可将商标权质押。商标权的保护期为申请日起 10 年，期满可以无限制地申请续展另一个 10 年保护期。未经商标权人允许，任何人不得使用其商标。非法将他人商标或原产地标志用于相同或近似物品上，违反吉尔吉斯斯坦民法、行政法或者刑法的，应当承担相应的责任。《吉尔吉斯共和国商标、服务商标、原产地标志法》第 41 条还规定了非法使用注册商标或原产地标志的相关责任，比如商标权人一旦发现存在侵权行为，即可请求法院命令侵权人停止侵权行为并赔偿自己的损失；还可以请求公开法院判决，恢复受损的商誉；移除或销毁商品或其包装上非法使用的、易导致混淆误认的商标标识；销毁非法使用商标的货物等。

（四）吉尔吉斯斯坦专利权法律保护现状

吉尔吉斯斯坦对以工业产权为主的专利权保护力度很大，制定了较多专利权相关法律和实施细则以及总统法令，其中起主要作用的是《吉尔吉斯专利法》和《吉尔吉斯共和国专利代理人法》，该两部法律分别从实体和程序上对专利权人提供了充分的救济和保护。《吉尔吉斯专利法》制定于 1999 年 6 月 16 日，于 1999 年 8 月 13 日生效，最新版本由 2006 年 8 月 7 日第 152 号法修改，主要适用于专利（发明）、实用新型、工业产权、工业品外观设计、未披露的信息（商业秘密）、版权与相关权利（邻接权）以及知识产权及相关法律的执行等。《吉尔吉斯共和国专利代理人法》制定于 2001 年 1 月 22 日，于 2001 年 2 月 28 日生效，最新版本由 2005 年 3 月 31 日第 58 号法修改，主要适用于专利（发明）、工业产权、知识产权及相关法律的执行、知识产权监管机构运作等。

《吉尔吉斯专利法》的保护对象包括发明、实用新型和外观设计。依据《吉尔吉斯专利法》的规定，发明专利的保护期是 20 年，自申请日起算；如果是药品专利，专利权人可以请求延长（不超过 5 年）在吉尔吉斯斯坦的保护期。实用新型专利保护期为自申请日起 5 年，可以应权利人的请求延长不超过 3 年。外观设计专利保护期为自申请日起 10 年，应权利人请求可以延长不超过 5 年。吉尔吉斯斯坦的专利权人享有专利权所保护的技术方案在产业上的专有实施权，可禁止他人未经许可实施和使用专利（法律规定不侵权的情形除外）。根据《吉尔吉斯专利法》的相关规定，以创造性劳动完成发明的自然人是发明人，如果有多个自然人参与发明创造，则所有人均可被认为是发明人。至于共同发明人的权利使用规则，则由他们之间相互协商确定。在发明创造中未作出创造性贡献的个人，以及对发明人仅给予技术、组织或物质性帮助，或仅对权利的注册及其实施有帮助的人不认为是发明人。

根据《吉尔吉斯专利法》第四章第 11 条的规定，专利权人有权独占实施专利、禁止任何他人使用其发明创造，法律规定不构成专利侵权的情形除外。如果专利权归属多人，则对发明创造的使用规则由他们之间的合同决定；没有合同的，每个专利权人都可根据自己的意愿使用，但未经其他专利权人同意无权向他人提供独占许可或转让专利权。如果专利权人之间无法就专利的独占许可或专利权转让达成协议，关于该发明创造的权利分割则由法院解决。从吉尔吉斯斯坦的知识产权制度中，可以明显看出其同国际规则相一致的地方。例如，关于专利强制许可的内容，《吉尔吉斯专利法》规定，如果专利权人自授权之日起 3 年内未使用或未充分实施专利权，导致相应的商品或服务在市场上得不到充分供应，则任何有意愿并准备实施专利发明创造的人，在遭到专利权人拒绝与其签订以可接受的商业条件为基础的许可合同，且专利权人自己没有实施专利，则该人有权向法院起诉专利权人，请求授予使用专利发明创造的强制许可。该规定与 TRIPs 第 31 条以及我国《专利法》第六章第 48 条十分接近。

二、吉尔吉斯斯坦知识产权法律运行环境

（一）吉尔吉斯斯坦知识产权行政执法环境

目前，吉尔吉斯斯坦主要由吉尔吉斯斯坦知识产权和创新国家服务中心，即吉尔吉斯斯坦国家知识产权局作为知识产权领域的行政主管机关。吉尔吉斯斯坦国家知识产权局的前身为 1993 年成立的吉尔吉斯斯坦专利局，该专利局开启了吉尔吉斯斯坦知识产权保护的历史，尽管当时其仅作为吉尔吉斯斯坦科学和新科技委员会的一部分。不久，吉尔吉斯斯坦专利局改革为吉尔吉斯斯坦科学和教育部的第一知识产权局。近年来为了进一步强化知识产权保护体系，在吉尔吉斯斯坦设立一个既能管辖专利问题也能负责知识产权领域其他问题的独立机构的呼声愈发强烈。鉴于此，吉尔吉斯斯坦于1996 年在国家专利局的基础上成立了吉尔吉斯斯坦国家知识产权局，也就是现在的吉尔吉斯斯坦知识产权和创新服务中心，作为知识产权领域的主要行政机关，在知识产权保护和创新领域开始逐步实施统一的政策。该部门获得独立的政府机构地位后，逐步确认知识产权在国家发展规划中的重要性。自此，吉尔吉斯斯坦开始在工业产权保护、版权保护、邻接权保护、育种者保护和集成电路拓扑保护方面执行统一的国家政策。目前，吉尔吉斯斯坦国家知识产权局包括以下知识产权管理部门：国家知识产权局专家中心、作者经济权

利和合法拥有者集体管理中心、研究和培训中心、知识产权基金会、创新技术中心及专利技术图书馆等。

吉尔吉斯斯坦国家知识产权局主要负责对知识产权领域所有事项提供法律保护，与其他部门共同合作推动国家创新机制发展；负责知识产权管理工作，依法对发明创造申请进行审查、登记注册、颁发专利证书、正式发布专利信息等，并按照吉尔吉斯斯坦政府批准的有关条例行使其他职能，如完善知识产权保护和相关程序的立法（执法由其他有执法职能的法律实施机构，如海关、法院等执行）。同时，还负责商标、地理标志等商业标识和集成电路布图设计等其他工业产权的申请注册，以及对著作权及相关权有关事项的管理和对知识产权中介从业者的监督管理工作。吉尔吉斯斯坦国家知识产权局作为一个独立的政府机构，其成立显示了知识产权在吉尔吉斯斯坦整个国家发展中的重要性和战略地位。从其成立之日起，吉尔吉斯斯坦知识产权局在所有知识产权事务中行使国家统一组织的权力，并且在工业产权保护、著作权和相关权利保护、育种成果保护以及集成电路布图设计芯片保护等领域内实施统一的国家政策。

为了提高法律保护的效力，1998 年知识产权保护上诉委员会作为吉尔吉斯斯坦专利局的一个分支部门成立。上诉委员会是处理知识产权争议的专门机构，其主要作用是对吉尔吉斯斯坦专利局作出的决定进行复审，处理存在问题的知识产权保护文书和对知识产权注册、登记的争议，准备和提高吉尔吉斯斯坦专利权保护的相关提案。吉尔吉斯斯坦知识产权上诉委员会主要负责复审工业产权客体和育种成果申请的争议；组织著作权和相关权的登记；对存在问题的保护文书相关争议进行处理；负责著名商标和服务标志的认证（和颁布的国家标准要一致）；等等。上诉委员会复审一般要花 2~6 个月的时间，只有在至少三名诉讼委员会成员到场时才能展开，为防止上诉委员会的偏颇，还将律师委员会的代表等新的专家引入到复审会议中，避免其成员都是吉尔吉斯斯坦专利局的职员。

此外，吉尔吉斯斯坦知识产权局还成立了不同类型的专利服务机构，如吉尔吉斯斯坦科技信息库，该库含有与专利相关的信息；

在吉尔吉斯斯坦专利制度发展早期即已成立的专利律师管理部（任何通过测试并根据 2001 年《专利律师法》在吉尔吉斯斯坦专利局注册的专利律师协会的个体都可以成为专利律师）；由吉尔吉斯斯坦政府出资建立的国家专利基金会等。另外还有专家中心（工业产权学科专家）、经济权利所有者权利集中中心（专利人权利中心）、调查和培训中心（专家培训和继续教育中心）、知识产权基金中心（用于提高创作和知识产权作品的使用）、Tabylga 创新性技术中心（支持创新和作品展示）、专利科技部（信息支持）等。需要注意的是，吉尔吉斯斯坦知识产权局也是一个普通的纳税机构，它同样需要上缴所有的法定税款，不过其中心接待处有特别的账号，不方便之处是不能开设国外货币账号以处理来自国外的合法机构和个人的外国货币。

为了发展吉尔吉斯斯坦国家知识产权体系，吉尔吉斯斯坦在 2000 年通过了第 721 号政府法令即 "2000—2010 发展知识产权体系的 'Intellekt' 国家项目"，该项目框架包含了发展科教文艺和知识产权创新协作的一揽子项目。紧接着，在 2011 年 9 月 23 日又通过了 "国家知识产权和创新发展战略 2012—2016"，该战略致力于将吉尔吉斯斯坦的知识产权和创新活动提升到一个新水平，强调要为创新活动的开展和知识产权的运用提供有利条件，提高普通公众知识产权意识，完善知识产权保护机制。可见，吉尔吉斯斯坦的知识产权战略力图通过加强知识产权行政执法保护，建立基于知识应用的经济体系，并积极鼓励创新投入，以促进创新成果产业化。

（二）吉尔吉斯斯坦知识产权法院司法环境

吉尔吉斯斯坦最高法院是民事、刑事、经济、行政等各类争议的最高审判机构，依法对各法院进行监督，提审有新证据的案件，并依当事人申诉对各地方法院的案件进行再审。此外，最高法院还负责相关调研、制定审判规程和解释、进行司法统计等除了宪法法庭专门管辖内容的其他相关事项。[7] 吉尔吉斯斯坦宪法法庭主要管

---

〔7〕 管育鹰主编：《"一带一路"沿线国家知识产权法律制度研究：中亚·中东欧·中东篇》，法律出版社 2017 年版，第 17 页。

辖法律法规合宪性审查、国际条约在吉尔吉斯斯坦的效力、宪法修订等事项。吉尔吉斯斯坦地方法院系统分为两级：一是各城镇的初级法院，二是各地区、比什凯克市的上诉法院和吉尔吉斯斯坦军事法院。

一般而言，在吉尔吉斯斯坦，所有关于工业产权的争议包括四类，分别是授权争议、许可合同争议、侵权争议和无效争议。其中，第一类授权争议主要是申请人与吉尔吉斯斯坦知识产权局因是否可以授权、发明人身份、申请文件问题等驳回申请的争议，也包括第三人提出的异议，这些争议首先由吉尔吉斯斯坦知识产权局的上诉委员会复审，不服复审决定的可上诉到经济法庭；第二类许可合同争议包括强制许可的颁发、违反许可合同使用知识产权产品、先用权争议、发明创造人的报酬奖励等，这类争议无需吉尔吉斯斯坦知识产权局上诉委员会复审可由法院直接受理；第三类侵权争议最为复杂，尤其是侵权和损害赔偿额的判定，这类案件的审理同时以《吉尔吉斯共和国民法典》、知识产权单行法（如《吉尔吉斯专利法》）、《吉尔吉斯共和国刑法典》为依据；第四类无效争议，即知识产权撤销或无效的案件，其不同于授权案件之处在于具有利害关系的第三人参与。

吉尔吉斯斯坦立法对知识产权人提供了民事诉讼和行政诉讼两种侵权救济方式，知识产权人可以根据侵权行为的不同性质选择合适的救济方式。知识产权的救济还包括紧急情况下制止侵权和震慑即发侵权的措施，即临时禁令。所有的法律程序救济均应当给予各方当事人权利的平衡，法院应依经过听审证实的事实和法律作出裁决。各方当事人都有机会请求对法院作出的裁决进行再审，即对一审法院判决进行上诉以及对终审判决请求有审判监督职能的部门重新审查。

（三）吉尔吉斯斯坦知识产权海关执法环境

《吉尔吉斯共和国海关法》第28~31条为著作权及相关权、商标权与地理标志提供边境措施保护，包括请求海关推迟放行货物、请求扣押或其他类似保障措施、通知进口人或申请人、进口人或货主提交保证金的期间、权利人检查进口货物数量等相关信息的权利、收缴或销毁侵权假冒货物等。为此，知识产权人或其代理人应当申请在海关的知识产权保护系统登记备案，一次交费（每项知识产权注册费为29美元）获得可达两年的边境保护，期满可续期（每项知识产权续期费为9美元）。权利人应当提交与知识产权相关的证明文件，并承诺一旦在海关扣押涉嫌侵权的货物的一定期间内，没有提供书面证据证明自己已向法院起诉的将向海关作出补偿，以及一旦法院判决被扣押的货物不是侵权物品的，将赔偿报关人（进口人）的损失。海关备案有效期为2年，权利人可申请续展直至知识产权期满失效。

在海关执法过程中，当海关清关时发现带知识产权人IP标识的涉嫌侵权货物，将会扣留在临时仓库，暂缓放行上限为10天（期满还可以续展另一个扣押期），并在48小时内通知权利人和报关人；如果权利人接到通知后出具同意书，可不予扣押货物。权利人须在接到通知后10天内向海关提交启动诉讼程序的书面文件证明，否则货物将返还给报关人。海关可要求权利人在货物扣押后的3天内向海关缴纳足够的押金，作为今后被告可能被法院认定为非侵权行为而遭受损失的担保。

三、吉尔吉斯斯坦知识产权法律的制度风险与运行风险

吉尔吉斯斯坦位于中亚东北部，地处欧亚大陆腹地，是连接欧亚大陆和中东的要冲，也是中国的重要邻国和"一带一路"沿线重点国家，其国内经济基础薄弱，社会矛盾突出，外部势力环伺，政党格局碎片化，政治格局走向具有不确定性，[8]可能会激化吉尔吉斯斯坦国内知识产权法律制度环境和运行环境所潜在的风险，对知识产权保护依赖度较高的中国在吉投资企业的权益将受到显著影响。另外，受全球经济低迷和俄罗斯与西方国家相互制裁的影响，吉尔吉斯斯坦可能会陷入经济增长的困境。同时知识产权市场化程度较高、政府控制能力孱弱的现状，使得吉尔吉斯斯坦成为中亚地区经

---

〔8〕 杨莉：《吉尔吉斯斯坦：实行议会制后的政局走向》，载《当代世界》2018年第8期。

济风险和知识产权风险最高的国家。[9]

（一）吉尔吉斯斯坦知识产权法律制度风险

如前所述，吉尔吉斯斯坦在中亚国家中较早地建立起与国际接轨的知识产权制度，知识产权法律制度体系相当健全，制度水平较为先进和超前，其专利、商标、版权及计算机软件著作权、植物新品种、地理标志等方面的法律制度与美国、中国等知识产权大国的制度有许多共同之处。同时，吉尔吉斯斯坦还是《欧亚专利公约》的缔约国，适用欧亚专利局的单一专利系统，即专利申请人可直接使用俄文向位于莫斯科的欧亚专利局提交申请，同时指定进入吉尔吉斯斯坦，当该申请获得授权后，权利人只要向吉尔吉斯斯坦专利局缴纳年费，该专利权就在吉尔吉斯斯坦维持有效，无需另行向吉尔吉斯斯坦专利局提交申请。

在吉尔吉斯斯坦法律制度框架下，根据《吉尔吉斯共和国宪法》和相关法律的规定，立法机关和行政机关都可以颁布法律法规，共同构成吉尔吉斯斯坦的基本立法主体。除此之外，还存在大量的由国家元首颁布的实施细则、实施规则以及总统法令，这些法律渊源为数众多，且反映不同势力派别之间的利益角逐，都能对知识产权法律制度的具体运行起到深刻的影响作用。例如，《吉尔吉斯共和国刑法典》第150条规定，侵犯著作权的案件属于自诉案件，这种定性无疑使著作权人陷入不利困境，同时该规定明显与国际保护版权的法律规定相违背。

具体而言，吉尔吉斯斯坦属于中亚地区法治权威性较高的国家，却也是中亚地区唯一一个发生过三次政权更迭的国家，由于政局长期动荡不稳，政府政策不时干预的随意性大，当出现知识产权纠纷案件时，吉尔吉斯斯坦的总统法令和内阁规定可能要超过制定法的效力。因此，当行政命令位于法律之上时，上述完整的知识产权法律体系的稳定效力会受到明显抑制，很难继续靠既有法律体系去维护投资者的合法权益。另外，吉尔吉斯斯坦作为一个发展中国家，

---

[9] 丁超：《吉尔吉斯斯坦经济风险及未来政策走向探析》，载《俄罗斯学刊》2018年第3期。

其知识产权法律保护标准从制度上已经达到了发达国家的要求。此时，即使不存在行政命令的强力干涉，从经济效益分析，全面执行显著高于本国知识产权水平的知识产权保护标准，不仅会产生远高于收益的经济成本，还会在一定程度上约束本国幼稚产业的进一步发展，有悖于吉尔吉斯斯坦希望保持较低的知识产权保护水平和促进本国民族产业发展的宗旨，可能在执行过程中遭遇较大的阻力。

（二）吉尔吉斯斯坦知识产权法律运行环境风险

1. 知识产权法律执行环境风险

在吉尔吉斯斯坦，政府以损害本国利益或维护本国公共利益为名干涉个案或不履行投资合同的情况时有发生，知识产权法律渊源的多元化决定了执法主体的多样化，导致知识产权保护部门林立，执法环境混乱且透明度较低，盗版产品和仿冒产品已经占到了市场的较大份额，这些现状对吉尔吉斯斯坦的国家形象和经济发展产生极大负面影响。[10]另外，吉尔吉斯斯坦超前的知识产权制度立法和滞后的知识产权执法实践已形成鲜明对比，作为法律实施最为关键的环节，吉尔吉斯斯坦知识产权执法部门和执法人员并没有给投资者带来安全感和信任感。相反，吉尔吉斯斯坦国家清廉指数排名多年来始终靠后，反映出吉尔吉斯斯坦较为严峻的行政执法透明度和滥用行政执法权力等问题，吉尔吉斯斯坦知识产权执法部门的严重腐败现象，也削弱了中国投资者对吉尔吉斯斯坦投资的信心。这种局面最近正在不断得到改善，即随着吉尔吉斯斯坦国家知识产权局的成立，该机构作为知识产权领域的主要行政机关，既能处理专利问题也能负责知识产权领域的其他问题，在知识产权保护和创新领域内逐步实施统一政策方面发挥了重要作用。但事实上，吉尔吉斯斯坦国家知识产权局成立至今也未达到设立时的理想目标，吉尔吉斯斯坦知识产权执法环境依然伴随着政局更迭而扑朔迷离。

2. 知识产权法律适用环境风险

吉尔吉斯斯坦最高法院是民事、刑事、经济、行政等各类争议

---

〔10〕 赵丽莉：《中国企业面向中亚国家贸易的知识产权保护困境与对策分析》，载《科技管理研究》2016 年第 24 期。

的最高审判机构，地方法院由各城镇的初级法院和各地区、比什凯克市的上诉法院和吉尔吉斯斯坦军事法院组成。外国投资者因知识产权纠纷案件诉至当地法院时，由于吉尔吉斯斯坦地方司法仲裁体系运行不公，外商常常面临败诉的风险，极大地影响了知识产权市场的公平竞争秩序，增加了外国投资企业的跨国营销成本。[11]另外，吉尔吉斯斯坦的官方语言为俄语和吉尔吉斯语，法律文本多以俄文呈现，知识产权司法部门在进行案件裁判时基本以本国语言和俄语为主，这给中方投资人带来了语言沟通和信息交流上的不便，这种不便导致中国企业一般不愿意将知识产权纠纷提交诉讼或仲裁。退一步讲，即使中方当事人选择依《吉尔吉斯共和国民事诉讼法》在当地寻求司法救济，吉尔吉斯斯坦能否作出公平公正的裁判，能否选择适用有利于保护投资者的国际知识产权条约，以及当事人获得胜诉判决之后能否顺利得到法院的承认与执行以及及时获得侵权方的赔偿，都在中方当事人的投资成本考虑范围之内。

3. 被第三国起诉的知识产权法律风险

从实践效果来看，中亚国家之间知识产权法律制度顶层设计尚不完善，多是各自国家为了及时实现与国际条约相一致而迅速修改国内立法，而未将知识产权制度创新建设纳入双边或多边谈判的具体操作当中，创造力激励机制和风险管控机制等都有待进一步细化和完善。[12]此外，吉尔吉斯斯坦涉及经济活动的法律法规近年来修订频繁，政策的连续性和稳定性较差，这也无形中加大了中资企业在吉尔吉斯斯坦投资的风险系数。

一般而言，中国企业投资"一带一路"沿线国家，在布局知识产权保护策略时，首要考虑的是当地是否有稳定的法律环境，因为知识产权的培育和收益往往在一个政局稳定、司法公正且商品化程度高的社会才较易实施。但是，在吉尔吉斯斯坦投资的中国企业由于受到知识产权国际化管理经验不足、知识产权整体竞争力不够、

---

〔11〕 苏祖梅：《中国企业在中亚五国经营环境的比较研究》，载《国际观察》2013年第2期。

〔12〕 吐火加：《论中亚国家的知识产权法律保护》，载《湖南社会科学》2016年第1期。

全球大范围内抗风险能力弱、知识产权创新能力不高等因素的制约，实践中还没有实现与吉尔吉斯斯坦国家知识产权保护部门的深度合作，未能有效建立体系化的知识产权风险治理方案，只能制定一些碎片化的海外知识产权防范措施。例如，在吉尔吉斯斯坦专利权扩张中选择"滴水模式"、利用知识产权内部化策略规避专利知识外溢风险、合理运用商标和知名品牌策略、组成企业海外知识产权战略联盟等。但这些措施尚不足以系统应对中资企业在吉尔吉斯斯坦知识产权法律环境中面临的国际风险、国家风险和行业风险。

四、中国企业在吉尔吉斯斯坦投资知识产权法律风险的应对策略

（一）事前布局

东道国知识产权法律保护往往与本国的市场经济条件和国家法治运行状况紧密相关。吉尔吉斯斯坦知识产权领域的法律风险主要由执法环境不适当行为、司法环境不透明等原因引起，但实践中解决这些问题却耗时耗力，其结果也往往具有不确定性和不可预见性。[13]因此，中国企业需要结合自身的投资贸易类别，提前规划知识产权布局，努力做到知识产权先行布局，尤其是提前进行商标注册、专利申请。在进行知识产权保护布局时，中资企业需综合考量，充分发挥国家、企业和社会知识产权保护的合力，将企业知识产权保护方案主动纳入国家知识产权战略规划之中。[14]

中国企业在向吉尔吉斯斯坦进行投资出口生产时，首先必然面临被吉尔吉斯斯坦本国相关产业模仿、假冒、抄袭等问题，且中国投资者投入的资本和技术越优、转移的生产环节越多、技术复杂度越高，因被模仿、假冒、抄袭等不法行为遭受的损失就越大。因此，建议中国企业在进行投资宏观布局时，为了将风险从源头上控制在

---

〔13〕《一带一路沿线国家法律风险防范指引》系列丛书编委会编：《一带一路沿线国家法律风险防范指引（俄罗斯卷）》，经济科学出版社2016年版，第28页。

〔14〕唐新华、邱房贵：《"一带一路"背景下海外投资的知识产权保护战略思考——以中国企业投资东盟为例》，载《改革与战略》2016年第12期。

可承受的范围之内，可先将部分资本和技术以及简单的生产环节转移至吉尔吉斯斯坦，在降低生产成本的同时减少产品被模仿的风险，[15]之后，随着吉尔吉斯斯坦知识产权保护水平的进一步提高，再考虑将更多的复杂生产环节和更优质的资本投入进吉尔吉斯斯坦以获取更大的利润。

其次，中国企业对吉尔吉斯斯坦进行投资出口生产时，需要更加重视并利用全球化的知识产权国际保护制度，运用吉尔吉斯斯坦参加的诸多知识产权国际公约所形成的国家责任，保护自己的合法权益，必要时可以将知识产权纠纷提交至国际投资争端解决中心（ICSID）或中国国际经济贸易仲裁委员会（CIETAC）进行国际投资仲裁，通过中立的国际机构维护自己在东道国的合法财产权益。

最后，中国企业对吉尔吉斯斯坦投资前进行知识产权布局时，尽早建立自己的知识产权保护预案，谨慎考量吉尔吉斯斯坦所潜伏的各类不确定知识产权风险，既要把握其一般性，更要着重掌握其特殊性，在此基础上较为综合地布局吉尔吉斯斯坦知识产权风险综合防控与治理体系，尽快制定与吉尔吉斯斯坦知识产权法律制度、执法环境、司法运行相适应的本地化经营的知识产权保护战略。[16]

（二）事中管控

中国企业在吉尔吉斯斯坦进行投资出口生产，既可能遭遇当地企业侵犯知识产权，也不可避免地会触及美国等发达国家企业在吉尔吉斯斯坦的既有知识产权利益。此时，就需要中国企业根据事前布局时制订的知识产权风险防控方案及时采取有效措施，将侵权造成的企业损失控制在最小的范围之内。中国企业在吉尔吉斯斯坦投资的不同阶段发生的不同知识产权纠纷，对于部分超出事前布局范围之外的知识产权摩擦，需要中国企业从内部管理活动和经营业务活

---

〔15〕 杨珍增：《知识产权保护与跨国公司全球生产网络布局——基于垂直专业化比率的研究》，载《世界经济文汇》2016 年第 5 期。

〔16〕 郭建宏：《中国的对外直接投资风险及对策建议》，载《国际商务研究》2017 年第1 期。

动两个层次进行风险管控。[17]

只有在知识产权风险发生时有效地保护企业合法权益，才能保持中资企业在吉尔吉斯斯坦市场的核心竞争力，避免重蹈因知识产权纠纷凋落中亚甚至无奈退出中亚市场的覆辙。在此意义上讲，知识产权风险发生时快速有效的管控手段是保证投资者立于东道国市场不败之地的不二法门。对此情况，中资企业应注意三点：其一，事中管控风险要与事前知识产权布局紧密结合，在不违背吉尔吉斯斯坦当地法律和文化的前提下，将具体的风险管控措施融入企业的地方化经营管理之中；其二，事中管控知识产权法律风险的应急预案应尽量做到合法化、规范化、系统化，以备下次风险发生时有先例可循；其三，事中管控知识产权法律风险措施要根据当地的法律、政策、总统法令的动态变化及时进行检查、分析和改进，以确保知识产权风险事中管控的适宜性、充分性和有效性。

（三）事后救济

中国与中亚国家间未签署区域性多边投资协定，双边投资协定即为调整双方投资关系的主要法律基础。[18]吉尔吉斯斯坦对知识产权侵权纠纷提供了当地行政救济和司法救济两种救济途径。对于在吉尔吉斯斯坦投资的中国企业而言，对那些情况相对简单、易于判断的知识产权侵权案件，可以选择适用效率更高的行政救济；对那些情况复杂、难于判断的知识产权侵权案件，可尽量考虑适用较为公正的司法救济。[19]通常情况下，中国企业在吉尔吉斯斯坦遭遇知识产权侵权后，基本上都会提出停止侵害、赔偿损失两种诉求。从上述吉尔吉斯斯坦国家知识产权局的职能也可以看出，吉尔吉斯斯坦国家知识产权局有权责令侵权人停止侵权，但不能作出具体赔偿数额决定，而吉尔吉斯斯坦地方法院则可以通过裁判实现中国企业

---

〔17〕 唐恒、刘佳、朱宇：《基于标准化管理的企业知识产权风险控制管理模式研究》，载《中国安全科学学报》2007年第9期。

〔18〕 王林彬、李超光：《双边投资条约视阈下中国与中亚投资法律机制之完善》，载《新疆大学学报（哲学·人文社会科学版）》2019年第4期。

〔19〕 刘峰：《我国知识产权侵权救济"双轨制"的正当性——一种经济分析法学的诠释》，载《知识产权》2008年第2期。

的诉求。因此，在全球知识产权保护水平不断上升的长期趋势并未改变的前提下，[20]选择司法救济似乎是最为有效和直接的途径。

面对吉尔吉斯斯坦知识产权法律环境蕴含的风险，中国在国家层面试图通过积极构建"一带一路"知识产权多边合作机制，以加强与吉尔吉斯斯坦的知识产权战略协同、法律协调、政策对接。然而，中国企业作为外国当事人在吉尔吉斯斯坦当地提起诉讼，或者在中国法院提起诉讼，即使获得胜诉判决，是否能够得到吉尔吉斯斯坦地方法院的承认与执行仍是一个悬而未决的难题。鉴于上述吉尔吉斯斯坦执法环境和司法运行的风险所在，在发生知识产权法律风险进行事后救济时，除了考虑吉尔吉斯斯坦提供的行政救济和司法救济之外，还可以考虑非诉讼纠纷解决方式。例如，利用世界知识产权组织（WIPO）提供的知识产权调解与仲裁中心，以 WIPO 成员国身份对吉尔吉斯斯坦提起调解或仲裁请求。当吉尔吉斯斯坦基于维护国家形象、承担国家责任的考量时，不仅可以使在吉尔吉斯斯坦境内发生的投资者知识产权纠纷解决变得相对简便，而且通过 WIPO 知识产权调解和仲裁中心纠纷解决机制，当事人可充分发挥意思自治，并获得一份中立、终局、可执行的裁决，为进行事后救济提供一条便利之路。

此外，中资企业在寻求事后救济时，还可以向母国求助，母国可以运用知识产权保护价值观外交、东道国知识产权保护履约信息共享机制以及东道国在知识产权国际组织中的声誉和信用，促使东道国积极自觉履行知识产权国际保护的条约义务，同时运用投资者母国软硬实力等各方面的优势，积极参与制定和完善知识产权保护所依据的国际性或区域性规则，提升知识产权保护的国际话语权。[21]

结　语

投资东道国的制度和市场充满挑战和风险，也充满希望和机遇。

〔20〕　詹映：《国际贸易体制区域化背景下知识产权国际立法新动向》，载《国际经贸探索》2016 年第 4 期。

〔21〕　李国学：《不完全契约、国家权力与对外直接投资保护》，载《世界经济与政治》2018 年第 7 期。

投资者既不能因为东道国法律复杂而固步自封放弃走出去开辟新市场的梦想，也不能因为走出去充满太多不确定性而违背资本逐利的天性退回到自我封闭的孤岛。以"一带一路"建设为契机，中国企业走出去对外投资建设，需要在风险评估和实证调研的基础上探索应对东道国知识产权法律实施风险的路径与方案，积极进行事前布局、事中管控和事后救济。就吉尔吉斯斯坦知识产权法律环境而言，知识产权的制度法治化并不能掩饰执法环境和司法运行中的潜在风险，中国企业在吉尔吉斯斯坦投资生产很可能遭遇被东道国模仿、被他国起诉、被母国反向破解等侵犯知识产权的法律问题。因此，对知识产权保护依赖和需求较高的中国企业，事前布局时应基于充分的研判、分析，制定与东道国知识产权法律实际实施相适应的本地化经营知识产权保护战略，并主动纳入母国知识产权战略规划之中，可考虑先投入部分资本、简化生产环节，以降低生产成本、减少产品被模仿的风险；事中管控时应根据吉尔吉斯斯坦知识产权保护的实际状况，与当地的行政、司法、海关主管部门以及律师团队积极沟通协调，及时控制风险以防蔓延，防止摩擦扩大化；事后救济时应充分利用东道国国际国内保护义务和母国保护投资者的条约网络，充分、及时、有效地维护中国投资者在东道国的合法权益。

Research on Risk Governance of Intellectual Property of Law Enforcement Risks for Chinese Enterprises Overseas Investment
—Focusing the Intellectual Property Legal Environment of Kyrgyzstan

Shao Hui

Abstract：Intellectual property protection and risk governance are important parts of the "Belt and Road" system construction, and the Chinese enterprises which preparing to explore new markets also need to face this important challenge. It must be based themselves on the stable legal system and the operating environments in Kyrgyzstan intellectual property, objectively assess the intellectual property risks that may be encountered, such as be copied by the host, be sued by the third party, be reversed engineering by the home country other company. If we taking the intellectual property of Kyrgyzstan which is a typical Central Asian country as practical sample and using the double analytical views from the dynamic and static perspectives, we can find that the legal system in paper and the legal operating environment in practice are quite different. Therefore, the Chinese enterprises should treat the reality gap between the paper legalization and the practical risk rationally. The right way is to find the comprehensive path in Kyrgyzstan intellectual property risk governance, including the overall arrangement beforehand, control in the process, relief after the event, finally, build one three-dimensional intellectual property legal risk governance system.

Keywords: The "Belt and Road"; Kyrgyzstan; Intellectual Property; Legal Environment; Risk and Countermeasures

实践探索

国际法律人才培养现状及发展模式探析[*]

张丽英[**]　　肖怡婕[***]

摘　要：推动涉外法治和"一带一路"建设，离不开国际法律服务人才的培养。但目前，我国国际法律人才无论在律师行业、国际组织，还是国际司法等领域，均存在较大缺口。而培养模式设置不合理、跨学科培养不足、多语言法律教学困难、实践教学缺乏体系、西部地区国际法学教育相对落后等，均是我国现阶段国际法律人才培养过程中面临的问题。高校的法学教育在人才培养中起基础性先导作用，国际法律人才培养的现实情况也给法学高校提出更高的培养要求。为了稳步实现国际法律人才培养目标，更好地服务于我国高水平对外开放格局，法学高校需要在培养方案、语言教学、招生模式、法律实践、协同培养等方面作进一步的完善。

关键词：国际法律人才；培养模式；涉外法治

一、加快国际法律人才培养是加强涉外法治的当务之急

世界百年未有之大变局加速了全球治理和国际秩序的变革，若想在动荡复杂的国际局势中站稳脚跟、维护我国重大利益，统筹协调国内法治和涉外法治是必不可少的。[1]而要贯彻落实涉外法治理念、有效参与国际社会的规则构建，离不开优质国际法律服务人才

---

　*　基金项目：国家社科基金项目"'一带一路'国际合作机制框架设计"（项目批准号：18VSJ050）。

　**　中国政法大学国际法学院教授，博士生导师。

***　中国政法大学国际法学院 2020 级硕士研究生。

　〔1〕　冯玉军、宋晓艳：《大力培养涉外法治人才》，载 https：//theory.gmw.cn/2021-02/25/content_34641215.htm，最后访问日期：2021 年 11 月 5 日。

队伍的培养。尤其"一带一路"倡议逐步深入实施后，其对国际法律人才的需求就显得愈加急迫。[2]众所周知，"一带一路"建设是我国与沿线国家构建政治、经济、文化命运共同体的重要方式，包括贸易投资、知识产权、卫生检疫等多领域合作。[3]通晓国际规则的法律服务人才无疑成为"一带一路"建设的重要后备支撑。[4]

然而，就当前现状而言，中国籍国际法律人才无论是在律师行业、国际组织，还是国际司法等领域，均存在较大缺口，较难满足我国涉外法治及"一带一路"建设的目标需求。

（一）中国籍国际律师执业情况有待提高

1. 涉外业务的中国籍国际律师从业人数较少

"一带一路"倡议实施以前，我国主要表现为内向型涉外法律服务需求，即涉外法律服务的对象主要是有意进入中国市场的外资。[5]但是，随着我国对外开放水平不断提高，国内企业加快"走出去"步伐，涉外法律服务需求从"内向型"向"内向型与外向型兼具"转化，服务主体也逐渐从企业拓展到自然人、中国政府。[6]但以我国目前的律师执业和发展现状来看，中国籍国际律师并不能满足我国高水平开放下的涉外法律服务需求。[7]

根据2019年司法部公布的《全国千名涉外律师人才名单》（以下简称"千人名单"）[8]，中国涉外律师所涉的主要业务领域为跨境投资和民商事诉讼与仲裁，分别占到所有涉外业务的29%和22%；其次是国际贸易和金融资本市场，分别占到所有涉外业务的15%和

---

〔2〕 聂帅钧：《"一带一路"倡议与我国涉外法律人才培养新使命》，载《重庆高教研究》2019年第2期。

〔3〕 胡晓霞：《"一带一路"建设中争端解决机制研究——兼及涉外法律人才的培养》，载《法学论坛》2018年第4期。

〔4〕 聂帅钧：《"一带一路"倡议与我国涉外法律人才培养新使命》，载《重庆高教研究》2019年第2期。

〔5〕 冷帅等：《中国涉外法律服务业探析》（上），载《中国律师》2017年第5期。

〔6〕 冷帅等：《中国涉外法律服务业探析》（上），载《中国律师》2017年第5期。

〔7〕 "2020 Report on the State of the Legal Market", https://legalprof. thomsonreuters.com/ LEI_2020_State_of_Legal_Market_LP_010620, last visited on Nov. 18, 2021.

〔8〕 《全国千名涉外律师人才名单》，载 http://www. moj. gov. cn/pub/sfbgw/fzgz/fzgzgg-flfwx/fzgzlsgz/201808/t20180831_161611. html，最后访问日期：2021年11月8日。

13%。(见图 1)

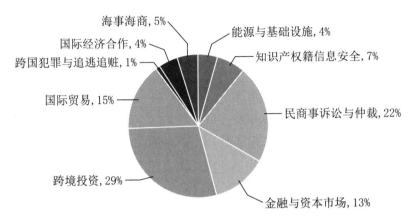

图 1 全国千名涉外律师人才所涉业务领域[9]

以上业务,中国籍国际律师多为企业服务,实际作为代理人代表政府或国家出庭的案件数量并不多。以中国国际律师参与最多的 WTO 争端解决机制而言,涉及中国当事人的案件总数有 245 个,但真正有中国律师出庭的案件不足 66 个。[10]除 WTO 争端解决机制以外,中国籍国际律师代表中国政府在国际法院或国际仲裁庭出庭的经历更是屈指可数。以投资争端解决为例,在 ICSID[11]目前涉及中国作为当事方的 13 例案件中,作为被申请方的情形下,仅有 2 例完全以我国本土人才作为代理人,作为申请方的情形下,则只有 1 例以我国本土人才为代理人。[12]而在国际仲裁领域,在 PCA[13]目前

〔9〕《全国千名涉外律师人才名单》,载 http://www.moj.gov.cn/pub/sfbgw/fzgz/fzgzgg-flfwx/fzgzlsgz/201808/t20180831_161611.html,最后访问日期:2021 年 11 月 8 日。

〔10〕廖诗评:《中国国际法律师:是啥?能干啥?为了啥?》,载 https://mp.weixin.qq.com/s/ruopS2Xjk4iCz7t47kUQhQ,最后访问日期:2020 年 6 月 26 日。

〔11〕国际投资争端解决中心(The International Center for Settlement of Investment),是依据《解决国家与他国国民间投资争端公约》而建立的世界上第一个专门解决国际投资争议的仲裁机构。

〔12〕ICSID 官方网站,载 https://icsid.worldbank.org/cases/concluded,最后访问日期:2021 年 11 月 2 日。

〔13〕海牙常设仲裁法院(Permanent Court of Justice),是依据 1900 年第二届海牙和平会议的建议于 1910 年条约生效时建立的国际争端仲裁机构。

涉及中国作为当事方的 6 例案件中，仅 2 例有中国律师出庭进行代理；其余 1 例中国政府并未指定代理人，仅以普通照会重申不接受仲裁的立场；另 3 例则是由英国、法国、美国、奥地利律师担任中方代理人。[14]

2. 中国籍国际律师的业务及语言能力相对欠佳

司法部公布的"千人名单"中涉外律师人才的能力与 18 位国际顶尖律师的能力相比，也相差甚远。本文以 2000—2020 年在国际法院出庭 5 次以上为标准，筛选出 18 位国际顶尖律师（见图 2），并对其简历进行分析，从业务领域和语言能力两方面与"千人名单"中的涉外律师人才进行对比。

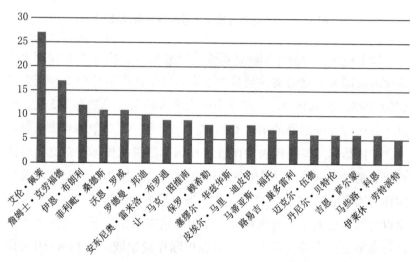

图 2　18 位在国际法院出庭 5 次以上的律师的姓名及次数 [15]

首先，就业务领域而言（见图 3），18 位国际顶尖律师的执业领域呈现多元化特点，同时涵盖投资法、国际法、仲裁法、海洋法、国际刑法等；而国内"千人名单"的执业领域却局限于投资法、仲

〔14〕　参见海牙常设仲裁法院官方网站，载 https://pca-cpa.org/en/cases/，最后访问日期：2021 年 11 月 9 日。

〔15〕　廖雪霞：《应对新冠病毒的国际追责：国际法专业团队的构建与准备》，载 https://mp.weixin.qq.com/s/sBnx1B5il4CkaeoQL7IJog，最后访问日期：2020 年 5 月 5 日。

裁法等，具有国际法业务执业能力的律师人数为零。不仅如此，通过检索还发现，目前国内"红圈所"，仅大成一家律师事务所开设国际公法业务，而其中的 43 名执业律师中，仅 2 名律师为中国国籍，而这 2 名律师均未入围司法部发布的"千人名单"。[16]由此可见，我国优秀的国际公法律师几乎为零。

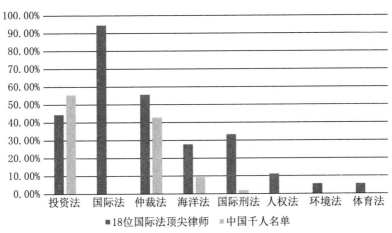

图 3　业务领域对比图[17]

其次，就语言能力而言（见图 4），18 位国际顶尖律师至少会两门语言，法语和英语更为必须项。由于法语较英语而言具有更高的准确性，因此常用来解释模糊的表述，若不掌握法语则难以真正融入国际诉讼。而从司法部公布的"千人名单"信息来看，同时掌握英语和法语的人数占比只有 1.48%。[18]而且，中国"一带一路"的发展，对国际律师提出了更高的语言要求。据统计，"一带一路"沿线国家有 60 余个，涉及近 50 种语言，如果再算上民族或部族方言，

〔16〕大成律师事务所官方网站，载 https://www.dentons.com/zh/find-your-dentons-team/practices/public-international-law，最后访问日期：2021 年 11 月 7 日。

〔17〕《全国千名涉外律师人才名单》，载 http://www.moj.gov.cn/pub/sfbgw/fzgz/fzgzgg-flfwx/fzgzlsgz/201808/t20180831_161611.html，最后访问日期：2021 年 11 月 8 日。

〔18〕《全国千名涉外律师人才名单》，载 http://www.moj.gov.cn/pub/sfbgw/fzgz/fzgzgg-flfwx/fzgzlsgz/201808/t20180831_161611.html，最后访问日期：2021 年 11 月 8 日。

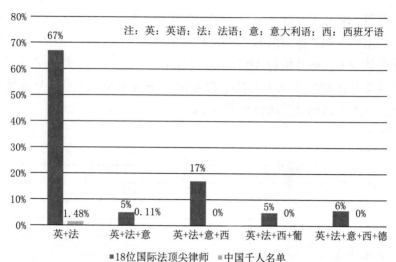

图 4　语言能力对比图 [19]

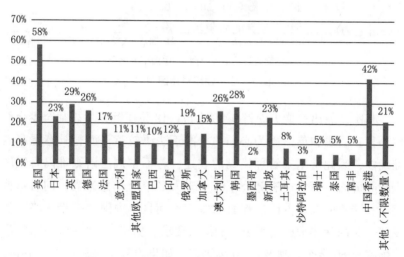

图 5　中国籍国际律师业务辐射地区比例 [20]

〔19〕《全国千名涉外律师人才名单》，载 http://www.moj.gov.cn/pub/sfbgw/fzgz/fzgzgg-flfwx/fzgzlsgz/201808/t20180831_161611.html，最后访问日期：2021 年 11 月 8 日。

〔20〕　冷帅等：《中国涉外法律服务业探析》（上），载《中国律师》2017 年第 5 期。

语种数量将达到 200 余种。[21]未来，我国还将进一步拓展自己在世界的合作发展空间，涉外法律服务需求所涉的地域将从主要发达国家和地区向主要发展中国家辐射（见图 5）。因此，要想培养出真正优秀的国际法律人才，不仅要有全面的法律专业知识，同时还要克服多重语言门槛。

（二）国际司法领域中国籍国际法律人才发挥的作用有限

虽然自改革开放以来，我国也曾为国际司法输送了一大批涉外法治人才，如国际法院法官薛捍勤，WTO 上诉机构法官张月娇、赵宏，国际海洋法法庭法官段洁龙、赵理海、许光建、高之国等，但从中国籍国际司法执业人数以及发挥的作用而言，均与其他国家存在差距。比如在国际法院审理的海洋争端中，作为负责具体案件的庭长，来自印度和日本等国家的法官均多于中国籍法官。[22]自中国加入 WTO 以来，争端解决机制内的 19 位中国专家中，唯有张玉卿曾被指定为审理欧盟香蕉案的专家组成员。[23]

（三）中国籍国际组织人才缺口大

根据联合国提供的数据，2019 年中国对联合国会费的分摊份额从 7.9% 提升至 12%，仅次于美国，在所有会员国中排名第二。[24]然而，中国雇员在联合国雇员总数中的占比仅为 1.46%，到 2021 年更是下降到了 1.2%，总人数常年稳定在 550 人左右，排在第 17 位。中国籍雇员的比重与中国贡献的会费比重相比明显不匹配。[25]

在国际维和领域，中国的维和摊款比例从 10.24% 升至 15.21%，

---

〔21〕 李宇明：《"一带一路"需要语言铺路》，载 http://theory.people.com.cn/n/2015/0922/c40531-27616931.html，最后访问日期：2022 年 1 月 9 日。

〔22〕 江河：《中国外交软实力的强化：以国际法的基本范畴为路径》，载《东方法学》2019 年第 2 期。

〔23〕 "WTO Dispute Settlement Reports and Arbitration Awards"（Jun. 30, 2021），https://www.wto.org/english/res_e/publications_e/ai17_e/tableofcases_e.pdf，last visited on Nov. 10, 2021.

〔24〕 崔守军：《出钱第二但雇员只占 1% 多 中国在联合国的大缺口该怎么填?》，载 https://www.bilibili.com/read/cv13738349，最后访问日期：2021 年 11 月 8 日。

〔25〕 崔守军：《出钱第二但雇员只占 1% 多 中国在联合国的大缺口该怎么填?》，载 https://www.bilibili.com/read/cv13738349，最后访问日期：2021 年 11 月 8 日。

成为第一缴费大国。与此同时，2019 年，联合国分给中国的地域名额扩大到 238~322 人，但中国在联合国总部的雇员仅有约 90 名，人才缺口巨大。[26]据统计（见表1），在联合国 193 个会员国中，中国是任职人数偏少的 34 个国家之一。[27]

表1　适当幅度制度下联合国任职人数不足的 34 个会员国
（截至 2019 年 12 月 31 日）[28]

南苏丹	多米尼克	卢森堡
安提瓜和巴布达	加 蓬	密克罗尼西亚联邦
巴 林	格林纳达	莫桑比克
巴 西	几内亚比绍	挪 威
柬埔寨	伊朗伊斯兰共和国	阿曼
中非共和国	日 本	巴布亚新几内亚
中 国	美利坚合众国	大韩民国
科摩罗	莱索托	俄罗斯联邦
古 巴 （2018 年 12 月：幅度内）	圣文森特和格林纳丁斯 （2018 年 12 月：无人）	科威特 （2018 年 12 月：无人）
沙特阿拉伯	苏里南	委内瑞拉玻利瓦尔共和国
所罗门群岛	土库曼斯坦	利比里亚
阿富汗 （2018 年 12 月：无人）		

从职级结构上看，联合国职员从高到低分为 D、P、G [29]三个

〔26〕 崔守军：《出钱第二但雇员只占 1% 多 中国在联合国的大缺口该怎么填?》，载 https://www.bilibili.com/read/cv13738349，最后访问日期：2021 年 11 月 8 日。

〔27〕 赵源：《国际公务员胜任素质研究——以联合国业务人员和司级人员为例》，载《中国行政管理》2018 年第 2 期。

〔28〕 《秘书处的组成：工作人员情况统计》，联合国 A/75/591 号文件，载 https://documents-dds-ny.un.org/doc/UNDOC/GEN/N20/304/59/pdf/N2030459.pdf? OpenElement，最后访问日期：2021 年 11 月 8 日。

〔29〕 D 类（Director）指领导类职务，主要包括各部门主管等高级职员；P 类（Professional）指专业人员，是联合国职员的主体和中坚力量，常规方式是通过参加联合国 YPP 考试（即青年专业人员考试）录用；G 类（General）指一般事务，由文秘、行政、后勤等辅助性雇员构成，一般从机构所在国当地招聘。

类型。其中 D 类层级最高，属于领导职务，所以在联合国机构中 D 类职员数量的多少能直接反映出一国议题设置能力的高低。目前联合国 D 类职务共有 378 个，而中国仅有 14 人在联合国机构中担任 D 类职务，排第 8 位，低于美国（43 人）、英国（18 人），甚至低于印度（15 人），仍然存在很大的提升空间。[30]

目前，中国国际组织人才缺口大、代表性不足、高级官员比例偏低，属于人员任职不足的国家之一。这既与中国承担的高额会费不匹配，又与中国的大国地位不相称，影响中国有效参与全球治理。

（四）国际规则的重构亟须国际法律人才为中国发声

当前，国际形势紧张而复杂，单边主义和保护主义的抬头促使 WTO 上诉机构停摆，新的国际经济秩序亟须新的国际规则来构建。同时科技的发展也拓宽延伸了人们的活动空间，出现"深海、极地、外空和网络"四大新时期战略新疆域。当前，网络和外空的国际法规则仍未建立，深海和极地虽已有基础性国际法规则，但配套制度尚未完善。[31] 若我国不能及时培养出相应领域的国际法人才，将不利于我国深度参与这些新疆域的国际治理，同时在规则制定话语权及主导权的争取过程中也将处于被动地位。

二、中国现行国际法律人才培养模式及存在的问题

（一）我国现行国际法律人才培养模式

国际法律人才的培养对学生素质及教学水平都有极高要求，此类人才的培养一般只适合在高校特定的实验班中进行专门培养。[32] 鉴于此，我国目前主要是走"精英式"国际法律人才培养路线，[33] 参与的主体主要包括高校、政府及社会组织。

〔30〕 崔守军：《出钱第二但雇员只占 1% 多 中国在联合国的大缺口该怎么填?》，载 https://www.bilibili.com/read/cv13738349，最后访问日期：2021 年 11 月 8 日。

〔31〕 张志军、刘惠荣：《当前国际法跨学科人才培养的新任务新课题——基于深海、极地、外空、网络等"战略新疆域"的思考》，载《人民论坛·学术前沿》2021 年第 3 期。

〔32〕 杜承铭、柯静嘉：《论涉外法治人才国际化培养模式之创新》，载《现代大学教育》2017 年第 1 期。

〔33〕 杜焕芳：《涉外法治专业人才培养的顶层设计及实现路径》，载《中国大学教学》2020 年第 6 期。

1. 各大高校对于国际法律人才的培养

高校作为国际法律人才培养与输出的重要主体，基本采取"特色实验班"或"中外合作办学"两种模式。

首先，就"特色实验班"而言，2011 年有 22 所高校被选为涉外法律人才教育培养基地，[34]涉外法律人才培养实验班开始在各大高校试点，通过英语测评和面试选拔出一批有潜力、熟练掌握英语或多门外语的涉外法律人才，并实施涵盖多门外语课程及国际法学课程的特殊培养方案。例如清华大学的"法学国际班"，中国政法大学的"涉外法律人才培养实验班"以及北京师范大学的"瀚德实验班"等。

其次，就中外办学而言，是指在中国境内以中国公民为主要招生对象的中外合作教育机构。[35]此种培养方式一般通过"安排学生去国外高校交流"以及"获取本校与外校两个学位"这两种方式展开。就目前获教育部审批的高校来看，仅中国政法大学中欧法学院具有"中外合作办学"资格。[36]这类项目往往由外校老师开设课程或者学生前往外校学习，值得注意的是，许多国家在本科期间不开设法学课程，因此交流时法学专业的学生有时会出现选不到法学课程的现象。

2. 政府对于国际法律人才的培养

政府通过财政拨款，以国家留学基金委为纽带，审查批准国内各大高校的境外交流项目，资助符合条件的学生开展境外交流活动。

以 2015 年获国家留学基金委批准的中欧欧洲法项目为例，其境外交流的选拔对象主要限定在获得国内知名法学院校法学学位的本科生。国家留学基金委将资助成功入围的学生，在第一学年

---

〔34〕《教育部、中央政法委员会关于实施卓越法律人才教育培养计划的若干意见》（教高〔2011〕10 号），2011 年 12 月 23 日发布。

〔35〕《中华人民共和国中外合作办学条例》（国务院令第 709 号），2019 年 3 月 2 日修订并发布。

〔36〕万猛、李晓辉：《卓越涉外法律人才专门化培养模式探析》，载《中国大学教学》2013 年第 2 期。

学习法语和专业课，第二学年秋季赴瑞士日内瓦法学院攻读"欧洲法与国际法专业"硕士学位。该项目的主要目的在于为国际组织培养通晓"英语和法语"以及"中国法和欧洲法"的国际法律后备人才。[37]

3. 社会组织对于国际法律人才的培养

除学校的教育培养以及政府的财政资助以外，全国律协、国际法促进中心、各大律所等社会组织也积极参与到国际法律人才的培养过程中来。

首先，全国律协每年会为涉外法治人才开设"领军人才"培训班，促进各类涉外法治人才之间的交流。[38]

其次，"国际法促进中心"积极促进高校间模拟法庭的交流。"国际法促进中心"是一个非政府组织，致力于帮助更多学生参与国际模拟法庭并且进行交流，也会组织我国现在就职于各国际组织的优秀青年一起参与活动。[39]该组织每年会在正式赛前安排各校进行模拟演练，并且在参加国际赛之前邀请外交部官员、律所律师以及之前的优秀辩手对选手进行集中训练。

最后，律所为优秀学子开设海外奖学金，并对模拟法庭竞赛进行资助。许多律所为吸纳优秀人才，会设置自己的交流培养项目以及海外奖学金项目，比如方达海外奖学金、金杜海外奖学金、年利达海外实习奖学金、梅德勒律师事务所年度大学奖学金等。此外，律所还会以冠名的方式资助各种模拟法庭的开展，在提高律所知名度的同时，又能通过此方式挖掘有潜力的涉外法治人才。

（二）我国现行国际法律人才培养存在的问题

1. 课程及学科设置不合理

（1）国际法类课程边缘化。2018 年发布的《普通高校本科专业

---

〔37〕 张力、丁丽柏：《论西部地区涉外法律人才的培养》，载《贵州社会科学》2020 年第 9 期。

〔38〕 周斌：《涉外律师"领军人才"培训班开班》，载 http://news. youth. cn/sh/201507/t20150707_6831665. htm，最后访问日期：2022 年 1 月 13 日。

〔39〕 张杰：《国际法促进中心（CIIL）海牙办公室成立》，载 http://world. people. com. cn/n/2015/0702/c1002-27245863. html，最后访问日期：2022 年 1 月 13 日。

教学质量国家标准（法学类）》将专业课分类调整为"10+X"〔40〕模式。该调整使得国际经济法和国际私法被划入"X"范围，从法学必修课转变为限定选修课，仅保存"国际法"为法学必修课程。因此，国际法类课程在本科培养体系中被边缘化，不利于法学本科生开拓国际视野。

（2）国际法类课程学科覆盖面不足。就目前教育部批准的允许开设"涉外律师研究生培养项目"15所高校〔41〕来看，并非所有学校开设的课程都能完全覆盖优秀国际律师应掌握的学科范围（见图6），尤其在体育法、国际刑法方面，能开设相应课程的学校未超过半数。

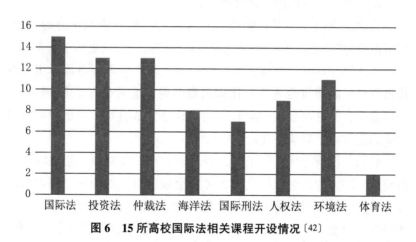

图6　15所高校国际法相关课程开设情况〔42〕

（3）学分和课程设置难以满足国际法律人才培养需求。按照我

---

〔40〕"10"指法学专业学生必须完成的10门专业必修课，包括法理学、宪法学、中国法律史、刑法、民法、刑事诉讼法、民事诉讼法、行政法与行政诉讼法、国际法和法律职业伦理。"X"指各院校根据办学特色开设的其他专业必修课，包括经济法、知识产权法、商法、国际私法、国际经济法、环境资源法、劳动与社会保障法、证据法和财税法，"X"选择设置门数原则上不低于5门。

〔41〕15所高校包括北京大学、清华大学、中国人民大学、中国政法大学、对外经济贸易大学、复旦大学、华东政法大学、上海政法学院、武汉大学、中南财经政法大学、西南政法大学、中山大学、广东外语外贸大学、吉林大学、西北政法大学，详情参见《关于实施法律硕士专业学位（涉外律师）研究生培养项目的通知》（教研司〔2021〕1号），2021年2月2日发布。

〔42〕详情参见该15所高校教务处官网公布的培养方案。

国各大高校当前的法学培养模式，法科生在本科阶段普遍接受了法学的通识教育，甚至通过了法律职业资格考试，对民法、刑法、宪法等法律基础学科已能较为熟练掌握。但在国际法学的培养方案设计方面，不少高校不惜减少国际法学相关学科的应修学分，也要置入大量国内民法、刑法、宪法等课程，不仅占用了有心攻读国际法学专业学生的有限精力，还不利于激励学生在研究生阶段就国际法学各个分支领域进行更为深入的研究。而且，根据"一带一路"国际法律人才需求来看，沿线六十多个国家分别属于大陆法系、英美法系和伊斯兰法系等不同法律体系，[43]不同的法律体系背后代表着不同的法律思维、法律渊源及诉讼程序。若将国际法律人才培养局限在国内法教学体系框架内，将不利于其在未来实务工作中有效转换法律思维、应对各类涉外纠纷。

以泰国为例，泰国属于大陆法系国家，在处理涉泰纠纷时，应首先考虑从法律规范入手。比如，当与泰国企业发生经贸纠纷时，需熟悉《泰国外商企业经营法》，同时还要了解泰国关于税收缴纳、外国人就业、外汇管理等跨境贸易常涉的法律规定。[44]而新加坡为英美法系国家，遵循先例是其主要判案原则，除需正确解读新加坡相关成文法之外，还要学习新加坡的相关判例，为中国企业"走出去"提前做好风险提示。[45]

2. 跨学科培养现状不足以应对"一带一路"发展及新时期挑战

"一带一路"合作不仅包括交通、建筑、电力、能源等领域，同时又牵涉到管理学、经济学等诸多学科。[46]这就要求"一带一路"背景下的国际法律人才不仅需要扎实的法学功底，同时还需具备综合性的文理科知识。

---

〔43〕 胡晓霞：《"一带一路"建设中争端解决机制研究——兼及涉外法律人才的培养》，载《法学论坛》2018年第4期。

〔44〕 杨军：《"一带一路"倡议背景下法治人才的培养》，载《学术论坛》2018年第3期。

〔45〕 杨军：《"一带一路"倡议背景下法治人才的培养》，载《学术论坛》2018年第3期。

〔46〕 聂帅钧：《"一带一路"倡议与我国涉外法律人才培养新使命》，载《重庆高教研究》2019年第2期。

然而，我国法学本科招生素来以文科生居多。研究生选择从理工科转为法学的情况较少。随着网络、极地、深海、外空等新兴领域的发展，国际法规则的研究和制定不仅需要扎实的法学基础，还要依托基础自然科学知识。此种时代背景下，文科生知识结构的局限性凸显出来。[47] 由此可见，跨学科知识结构将成为学习和研究国际法的重要优势，而未来如何创新招生形式、加强跨学科教学，对于解决跨学科培养不足的困境而言至关重要。

3. 多语言法律教学存在困难

（1）外语法律课程的教学难度较大。同时精通英语、法语，甚至多门外语，是成为优秀国际法人才的必备技能。即使高校有开设多门外语专业的能力，也不代表其一定能培养出"法律+多门外语"的复合型人才。法律由于自身较强的专业属性，使外语在法律中的应用也存在特殊性。这要求授课老师不仅得精通外语，还得精通法律，甚至还需熟悉法律所在国或地区的文化。毕竟，法律产生并服务于特定文化环境下的社会生活，想要全面了解不同国家的法律，就必然要先熟悉其背后独特的文化。[48] 正因如此，外语法律课程教学才变得更加困难。

（2）国内缺少优质的双语教材。优质教材是成功教学的基础。国际法律人才的培养目标要求教材内容既要体现国际性，又要结合中国实际，引导学生多从国家利益出发处理涉外纠纷。

从我国已出版的国际法律人才相关教材来看，主要存在两个方面的问题：一是未充分把握教材国际化和本土化的平衡。从目前法律出版社、北京大学出版社等出版的法律双语教材来看，其内容大多照搬外文原版教材，未结合中国现行法律制度形成符合中国现实要求的教学体系。[49] 二是涉外案例教材缺乏。由于我国为成文法国

---

〔47〕 张志军、刘惠荣：《当前国际法跨学科人才培养的新任务新课题——基于深海、极地、外空、网络等"战略新疆域"的思考》，载《人民论坛·学术前沿》2021年第3期。

〔48〕 张法连：《"一带一路"背景下法律翻译教学与人才培养问题探究》，载《中国翻译》2018年第2期。

〔49〕 李建忠：《论高校涉外法律人才培养机制的完善》，载《浙江理工大学学报（社会科学版）》2017年第4期。

家，在法学教育方面多侧重对既定法律规则的学习，对案例的重视程度不够。现存的国际法学案例教材在案例选取方面以外国案例居多，缺乏对本国涉外案例的整理与编撰。[50]

（3）国际法律人才培养的语种数量不足。一直以来，英语教学都被国内教育所重视，而"一带一路"沿线国家的官方语言和非官方语言并未引起教育界的广泛关注。[51]实务工作证明，不熟悉沿线国家和地区语言的法律人才很难真正理解当地的法律规定与政策习惯，这将直接影响我国涉外法律服务的质量及水平。例如，根据《印度宪法》第343、347条及附件八之规定，印度的官方语言为印地语和英语两种，但非官方语言如旁遮普语、多格拉语等却多达21种。[52]若国际法律服务工作者仅了解印地语和英语而不懂当地的非官方语言，则很难为在印度进行经贸活动的中国企业、自然人提供全面有效的法律服务。

（4）双语法律教学实践效果不佳。从教育部批准的15所学校来看，除中国人民大学、中国政法大学、武汉大学、广东外贸外语大学这4所学校开设的人才培养实验班或项目（见表2）要求学生在法律规则的学习中至少精通两门外语；其余11所学校，仅要求学生熟练掌握英语这一门外语即可。这对于优秀国际法人才的培养来说是远远不够的。

表2　高校国际法人才项目/实验班[53]

学　　校	项目/实验班	语言要求
中国人民大学	中欧欧洲法创新型人才国际合作培养项目	熟练掌握英语、法语

---

〔50〕 王群、武姣：《"一带一路"法律外交视角下高校涉外法律人才培养机制探究》，载《黑龙江高教研究》2020年第6期。

〔51〕 胡戎恩：《创新人才培养模式，成就一带一路法律精英》，载《法制日报》2016年12月28日，第9版。

〔52〕 聂帅钧：《"一带一路"倡议与我国涉外法律人才培养新使命》，载《重庆高教研究》2019年第2期。

〔53〕 参见中国人民大学、中国政法大学、武汉大学、广东外贸外语大学官网发布的培养方案。

续表

学　校	项目/实验班	语言要求
中国政法大学	西班牙语特色人才培养实验班	熟练掌握英语、西班牙语
武汉大学	法语法学双学位实验班	熟练掌握英语、法语
	德语法学双学位实验班	熟练掌握英语、德语
广东外贸外语大学	法学（国际组织创新班）人才培养方案	熟练掌握英语、法语等至少2门外语

而且，就以上项目和实验班的实践结果来看，仍存在不少问题。比如有同学反映，部分负责双语教学的法律专业课老师，在课堂上只侧重对概念基础知识进行介绍，具体的法律适用鲜有涉及，最终导致该类课堂上的法律知识含量并不高，双语教学实质上变成了外语学习的阅读理解课和翻译课。还有同学反映，由于外语课程过多，真正学习法律的时间受到挤压，基础法律知识反而掌握得不够扎实，出现顾此失彼、南辕北辙的尴尬结果。因此，如何平衡外语学习和法律学习，也是在科学培养国际法人才过程中必须要解决的问题。

4. 实践教学参与程度低且缺乏体系

高校的法学实践教学一般通过诊所、模拟法庭、校外实习、对外交流等途径展开。目前，国内高校还未开设过国际法相关的诊所，除部分国际组织实习的对外交流机会之外，最能直接锻炼学生理解和应用国际法规则的方法就是模拟法庭训练。其实，国内外有许多诸如杰赛普（Jessup）、红十字国际人道法、国际海洋法等国际模拟法庭能为国内学生提供国际法实务技能训练的机会，但是从国内学校的参赛情况和备赛状态来看，却存在参与程度低、缺乏科学的训练体系等问题。

根据中国法学教育研究会在2016—2020年期间发布的五份《全国法学院校模拟法庭教学情况简报》来看，全国有44所法学院校有参与模拟法庭的经历，但参加过国际模拟法庭竞赛的高校数量仅为

22 所。[54]除杰赛普以外，各类国际模拟法庭竞赛中的中国赛队不足10 支（见图 7）。而且，由于不少高校的国际模拟法庭赛队并未形成系统的训练体系，学生往往在比赛初期就惨遭淘汰，国际法实务技能也因此未能获得充分锻炼。所以，缺乏系统专业的竞赛指导也成为高校学生不愿意参加此类竞赛的重要原因之一。

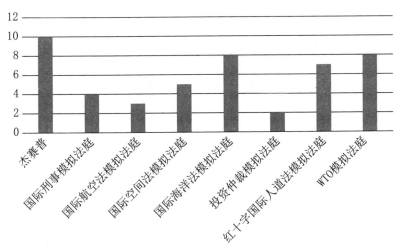

图 7　国内高校国际模拟法庭参赛情况[55]

5. 西部地区国际法学教育相对落后

"一带一路"倡议背景下，西部地区借助地域优势与东盟国家、南亚国家广泛进行边境贸易。但经贸往来增多的同时，又不可避免地伴随贸易摩擦的出现。云南省商务厅曾统计，从 2002 年至 2017

---

〔54〕《全国法学院校模拟法庭教学情况简报》，载 http://www.chinalegaleducation.com/search/？keyword＝%C8%AB%B9%FA%B7%A8%D1%A7%D4%BA%D0%A3%C4%A3%C4%E2%B7%A8%CD%A5%BD%CC%D1%A7%C7%E9%BF%F6%BC%F2%B1%A8，最后访问日期：2021 年 11 月 8 日。

〔55〕2016—2020 年期间中国法学教育研究会发布的五份《全国法学院校模拟法庭教学情况简报》，载 http://www.chinalegaleducation.com/search/？keyword＝%C8%AB%B9%FA%B7%A8%D1%A7%D4%BA%D0%A3%C4%A3%C4%E2%B7%A8%CD%A5%BD%CC%D1%A7%C7%E9%BF%F6%BC%F2%B1%A8，最后访问日期：2021 年 11 月 8 日。

年期间，滇缅边境的贸易纠纷数量增长了 87%。[56]唯有培养出精通国际法、中国法和缅甸法且熟练掌握缅甸语的专业国际法律人才，才能妥善处理此类涉外纠纷。但从 2017 年公布的"双一流"高校和学科建设名单来看，西部地区的法学高校全部落选。[57]西部地区高校的法学专职教师数量也仅为东部地区的一半。[58]由此可见，仅凭西部地区的教育资源，很难培养出高素质的国际法律人才，同时也与西部法律市场的发展需求不匹配。

三、域外国际法律人才培养模式的经验借鉴

通过对上文提到的 18 位国际顶尖律师的教育经历进行汇总，笔者发现其多毕业于剑桥、牛津、巴黎南泰尔、日内瓦等大学（见表3）。本文通过收集和分析表中大学的国际人才培养方法，总结出以下几点可供国内高校参考的经验：

表3　18 位国际顶尖律师的教育背景[59]

学　校	人　数	学　校	人　数
剑桥大学	6	牛津大学	3
巴黎南泰尔大学	3	日内瓦大学	2
布鲁塞尔自由大学	2	伦敦政治经济学院	1
哈佛大学	1	耶鲁大学	1
纽约大学	1	乔治城大学	1
布里斯托大学	1	巴黎法律与经济学院	1
索邦大学	1	阿姆斯特丹大学	1
伦敦国王学院	1	博洛尼亚大学	1

---

〔56〕 张力、丁丽柏：《论西部地区涉外法律人才的培养》，载《贵州社会科学》2020 年第 9 期。

〔57〕 朱景文主编：《中国人民大学中国法律发展报告 2014：建设法治政府》，中国人民大学出版社 2014 年版，第 257 页。

〔58〕 聂帅钧：《"一带一路"倡议与我国涉外法律人才培养新使命》，载《重庆高教研究》2019 年第 2 期。

〔59〕 由于存在同一人拥有多段教育经历的情况，因此总人数超过 18。

（一）多元开放的培养模式

多元性和开放性为以上大学培养模式的两个普遍特点。其中，多元性主要体现在招生主体的多元性，其一般包括律师、政府官员、法学教授、法官、外交官、商人等。以牛津大学国际人权法硕士为例，它是一个向有志于国际人权事业的特定社会人员开放申请的两学年在职学位。攻读该学位的学生，有些是经济学家、产科医生、流行病学家、精神病学家和法医人类学家；有些是世界各国政府、外交部、国防部和每个地区人权机构的高级顾问；也有些是在阿富汗做一线社区工作、在苏丹、海地等多地做紧急协调工作或在关塔那摩湾做辩护律师。〔60〕而攻读该学位的学生在毕业后纷纷进入国际刑事法院、其他联合国刑事法庭和各种区域人权机构担任检察官和辩护律师，也有些从国家政府的各部委以及难民法律保护的官员成长为代表国家的联合国官员。〔61〕这些本就有一定法律实践经验和社会影响力的主体，在拥有更加系统全面的国际人权知识后，往往比普通人更容易获得国际社会的认可，从而实质性地参与国际规则的构建和完善。

而开放性则体现为课堂讨论的开放性。在国外，外国留学生可与该国学生共同参与课程讨论，这为学习国际法营造了非常好的氛围。毕竟，每项国际规则的建立都是各国利益博弈和妥协的结果，国际视野和国际思维对于国际法学习而言就显得尤为重要。让外国留学生加入本国学生课堂，共同参与学术讨论，正是为不同思维、价值观的碰撞提供了机会。比如哈佛大学法学院开设的中美关系课程，就特意安排中国学生和美国学生就中国和美国在世界秩序中扮演的角色进行讨论。〔62〕

---

〔60〕 "MSc in International Human Rights Law", https://www. ox. ac. uk/admissions/graduate/courses/mst-international-human-rights-law, last visited on Jan. 8, 2022.

〔61〕 "MSc in International Human Rights Law", https://www. ox. ac. uk/admissions/graduate/courses/mst-international-human-rights-law, last visited on Jan. 8, 2022.

〔62〕 Audrey Kunycky, "In Virtual Classroom, Law Students at Harvard and in China Consider the Roles of China and the U. S. ", https://today. law. harvard. edu/in-virtual-classroom-law-students-at-harvard-and-in-china-consider-the-roles-of-china-and-the-u-s/, last visited on Jan. 8, 2022.

（二）学生成为课程创建的积极参与者

国外这几所高校多允许学生就各自感兴趣的领域设计阅读小组和国际话题，以此来发挥学生自主学习的积极性。其中，耶鲁大学法学院的学生不仅仅是课程教学的接受者，更是课程创建的参与者。按照要求，若话题小组的参与人数达到一定规模，可申请教师就该小组话题开设课程。比如，耶鲁大学法学院近几年因阅读小组开设的相关国际法课程就包括叛乱、反叛乱和法律，生殖权利和国际法，制裁、经济战和法律，种族灭绝和大规模暴行研究，国际法基础文本，卫生法律和政策，法律与后殖民地，妇女、法律和经济发展等。[63]不仅如此，学生的需求甚至还会推动大型学术研讨会的举办。例如，葛维宝（Paul Gewirtz）教授举办的一个名为"美国外交政策问题"的研讨会，就源于耶鲁大学法学院许多学生对国际法和外交政策的兴趣。[64]

（三）"线下+线上"的语言教学模式

为培养国际法律人才熟练掌握多门外语的技能，国外线下培养方式主要有以下几种：其一，将语言课程纳入必修课体系。比如，日内瓦大学在国际法学生培养方案中将英语和法语设置为必修课程。[65]牛津大学在本科四年制培养方案中不仅要求学生在最后一学年必须去法国、德国、意大利或西班牙学习一年，还要求学生在牛津大学的前三年里，必须根据最终选择的留学国家相应地修读法语、德语、意大利语或西班牙语课程。[66]这些课程不仅旨在保持和发展学生的语言技能，而且还给他们在国外一年的法律学习提供语言信心。其二，有条件修读英语语言以外的法律选修课程。以纽约大学为例，其目前开设了西班牙语律师、海蒂克里奥耳语律师、亚洲律师协会

〔63〕 Yale Law School, "Student-Generated Courses", https://law. yale. edu/studying-law-yale/areas-interest/international-law/curriculum, last visited on Jan. 8, 2022.

〔64〕 Yale Law School, "Workshops", https://law. yale. edu/studying-law-yale/areas-interest/international-law/curriculum, last visited on Jan. 8, 2022.

〔65〕 Official Website of the University of Geneva, https://www. unige. ch/droit/etudiants/accueil/, last visited on Jan. 8, 2022.

〔66〕 "Courses to be Taken by Law with Law Studies in Europe", https://www. law. ox. ac. uk/sites/files/oxlaw/courses_abroad. pdf, last visited on Jan. 8, 2022.

法律普通话等课程。[67]这些课程虽为选修课程，却并非所有法学生均有资格申请。只有英语成绩达到 ACTFL 中高级水平[68]的学生才具备选课资格。之所以在此处设置选课门槛，就是为了确保学生在修读第二外语的法律课程之前已经拥有扎实的英语基础。其三，举办语言实践活动。牛津大学的语言中心[69]、纽约大学的自由演讲计划[70]等，都为学生的语言实践提供平台和机会，帮助学生在课后有语言训练的机会。

但是，由于课堂空间和教师资源的有限性，线下语言教学很难完全满足所有法学生的语言需求。为弥补线下教学的缺憾，纽约大学通过资金投入收购了在线语言学习系统"芒果"（Mango）。学生可在"芒果"系统上自主学习阿拉伯语、西班牙语、法语、葡萄牙语等多门语言，同时还可享受"芒果"提供的有关发音、语法正确性和文化注释等多种功能。

（四）丰富的国际法律实践活动

在国外，模拟法庭等相关模拟课程是开展国际法律实践的一个重要组成部分。比如牛津大学将"模拟法庭技能"列为法学生第一学年的必修课，[71]乔治城大学针对高年级同学开设谈判、调解、审判技巧、应用法律写作等模拟课程。[72]其次，相较于国内，国外大学更能借助地域优势，开展更为多元的国际法律实践活动。比如哈佛、耶鲁、乔治城均与美国当地的国际组织合作，开设国际人权诊

---

〔67〕 New York University, "Language Instruction Opportunities", https://www. law. nyu. edu/ global/globalopportunities/languageinstruction, last visited on Jan. 8, 2022.

〔68〕 American Council on the Teaching of Foreign Languages, "ACTFL Proficiency Guidelines 2012 ", https://www. actfl. org/sites/default/files/guidelines/ACTFLProficiencyGuidelines2012. pdf, last visited on Jan. 8, 2022.

〔69〕 Official Website of Oxford University Language Centre, https://www. lang. ox. ac. uk/, last visited on Jan. 8, 2022.

〔70〕 New York University, "Speaking Freely Program", https://www. law. nyu. edu/global/ globalopportunities/languageinstruction, last visited on Jan. 13, 2022.

〔71〕 Oxford University, "Options and Core Courses", https://www. law. ox. ac. uk/admissions/options？year=All&programme=9329, last visited on Jan. 13, 2022.

〔72〕 Official Website of Georgetown University, https://www. law. georgetown. edu/academics/ courses-areas-study/, last visited on Jan. 13, 2022.

所、移民和难民诊所、体育法诊所、环境保护诊所等，以小组形式参与到各种项目和案例中，并前往特定区域进行实地调查，参与政府间机构的会议和法庭辩论。欧盟借助一体化的优势，搭建伊拉斯谟计划（Erasmus+）[73]，促进欧盟国家间高校学生的学习交流。

四、加强国际法律人才培养的实现路径

（一）优化国际法学科培养方案

第一，2018 年发布的高校法学类教学质量国家标准将"国际法"作为所有法学专业本科生的核心必修课，"国际私法"和"国际经济法"由高校依据自身条件自主选择是否将其设置为专业必修课，避免国际法学类课程边缘化。[74]同时，教育部应同司法部继续支持有办学能力的高校在法学一级学科下自主设置国际公法、国际私法、国际经济法二级学科，支持能够开展学位授权自主审核工作的高校探索设置相关一级学科的高层次人才培养模式。[75]

第二，加强国际法师资队伍建设，增强体育法、国际刑法、海洋法等学科的授课能力，弥补我国国际法学课程多元化不足的缺憾。但考虑到短期内在全国法学高校建立全面的国际法学类课程存在困难，建议可基于高校自身的学科优势，采取差异化国际法人才培养路线。比如对外经济贸易大学法学院可着重培养外语外贸法律人才，中国海洋大学法学院可着重培养海洋海事法律人才，外交学院国际法系可着重培养国际组织和外交法律专门人才等。[76]

第三，针对国际法学专业的学生，合理配置学分和课程，适当

---

〔73〕 Regulation（EU）No. 1288/2013 of the European Parliament and of the Council of 11 December 2013 Establishing "Erasmus+"：The Union Programme for Education，Training，Youth and Sport and Repealing Decisions No. 1719/2006/EC，No. 1720/2006/EC and No. 1298/2008/EC，https：//web. archive. org/web/20140304183848/http：/new. eur‐lex. europa. eu/legal‐content/EN/TXT/？uri＝CELEX%3A32013R1288，last visited on Jan. 13, 2022.

〔74〕《对十三届全国人大四次会议第 8342 号建议的答复》（教高建议〔2021〕120 号），2021 年 8 月 10 日发布。

〔75〕《对十三届全国人大四次会议第 8342 号建议的答复》（教高建议〔2021〕120 号），2021 年 8 月 10 日发布。

〔76〕 杜焕芳：《涉外法治专业人才培养的顶层设计及实现路径》，载《中国大学教学》2020 年第 6 期。

提高国际法学类课程的学分比重，激励学生在国际法各个分支领域进行更为深入的研究。针对国际法学硕博阶段，开设理论与前沿实践需求相结合的国际法律课程，努力为"一带一路"经济建设输送高素质国际法律服务人才。

第四，针对特定在职人员搭建国际法学习平台。有一定法律实践经验和社会影响力的主体，如政府官员、涉外律师等，在接受全面系统的国际法学习之后，往往更容易获得国际社会的认可，从而实质性地参与国际规则的构建和完善。因此，国内有能力的高校可以针对特定在职人员开放国际法研究生或博士学位，政府也可资助特定在职人员前往海外进行国际法专业的深造。

（二）创新研究生招生模式，推进跨学科人才培养

法学本科生由于学科的局限性，面对"一带一路"国际合作中涉及的交通、能源、通信、电力、金融、建筑等业务时往往缺乏相关背景知识。"深海、极地、外空和网络"四大新时期战略新疆域的发展，也对国际法人才的知识结构提出更高的多元化要求。为此，可考虑在研究生招生阶段，针对国际法特殊领域，侧重录取理工科专业的学生，创新人才选拔和录取模式：一方面，调整研究生招生考核内容，在适度降低法学分值的基础上，增加"一带一路""战略新疆域"相关理工科知识的考核，从而筛选出具有跨学科培养潜力的人才。另一方面，针对特殊领域国际法律人才的选拔设置专门的招生计划，向理工科背景的本科生适当开放推免攻读法学研究生的指标，优先招收优秀的理工科本科毕业生进行跨学科培养。[77]

（三）优化多语言法律教学模式

从上文分析可知，法律及外语的专业性和特殊性大大增加了国际法律课程的教学难度，而国内配套双语教材的缺位以及双语法律教学实践效果不佳的现实情况也体现了我国面临的多语言法律教学困境。同时，随着"一带一路"背景下中国与沿线国家交流和合作的深入发展，其对语言法律人才的需求更是与日俱增。在此种背景

---

〔77〕 张志军、刘惠荣：《当前国际法跨学科人才培养的新任务新课题——基于深海、极地、外空、网络等"战略新疆域"的思考》，载《人民论坛·学术前沿》2021年第3期。

下，如何改良优化国内当前的法律教学对于培养国际法律人才而言至关重要。

1. 加快双语和涉外案例优质教材建设

适用于国际法律人才培养的优质教材既要体现国际性和实务性，又要与中国国情相契合。这就要求未来双语教材的编撰需从以下两个方面进行完善：

（1）做好双语教材国际化和本土化的结合。首先，关于语种的选择，应结合"一带一路"的语种需求，尽可能多地研究和编纂体系完备、内容翔实的双语教材。其次，关于编写模式，建议采取中文和外语对半排版参照的模式。这样既有助于学生先根据熟悉的母语对国际法规则形成初步理解，然后再通过外语学习而掌握法律语言的外语表达。[78]最后，关于结合中国实际，我们要改变以往盲目照搬国外教材的编写思路，结合我国涉外法律实务的需求和中国法学理论的最新研究成果，形成本土化的学术体系，并适当增添"一带一路"倡议背景下的相关法律内容。[79]

（2）加快涉外案例教材建设。案例研讨是高校开展法律实务教学的主要路径之一，但当前市场上以"中国及其法人、自然人"为当事方的涉外案例为主要编纂对象的教材比较缺乏。[80]国内涉外案例的编写不仅要体现国际性，同时还需着重关注中国对外经济发展的特别需求，尤其建议在教材中纳入"一带一路"建设过程中对我国具有实际借鉴意义的经典案例，加深学生对知识的理解和运用。

2. 拓宽法律语言学习渠道

目前，我国国际法律人才培养主要以线下教学为主，但既精通法律又精通外语的教师资源本就比较稀缺，因此单纯依靠国内教学

---

〔78〕 王群、武姣：《"一带一路"法律外交视角下高校涉外法律人才培养机制探究》，载《黑龙江高教研究》2020年第6期。

〔79〕 王群、武姣：《"一带一路"法律外交视角下高校涉外法律人才培养机制探究》，载《黑龙江高教研究》2020年第6期。

〔80〕 方桂荣：《中国法学教育国际化转型的困境与前景》，载《广西民族大学学报（哲学社会科学版）》2018年第2期。

恐怕难以满足国际法律人才的培养需求。这里建议可尝试拓宽法律语言学习渠道，在完善线下国内课堂、探索"国内+海外"联合培养的同时，借助网络科技手段，充分发挥线上课程的及时性、便利性，打破知识传授的时间和空间界限。

具体而言，针对线下语言教学，首先应提高国际法学专业的语言要求，由法学院校为国际法学专业的学生增设法语等相关外语课程。其次，加强法学院校与外国语大学的合作。法学院校依托外国语学校的学科优势，联合培养精通法学和外语的国际法律人才。最后，寻求"国内+海外"中外合作联合培养机制。拓宽与牛津大学、剑桥大学、巴黎南泰尔大学、日内瓦大学等拥有国际法雄厚教学背景的海外高校的交流渠道。同时，学校或政府应及时开设相应的奖学金或助学金渠道，鼓励同学参与中外合作培养。因为中外合作培养所需支付的学费远远高于普通法学专业，导致只有入学考试未达理想分数的学生才愿意选择该专业，而成绩优异的同学反而放弃培养资格，这非常不利于国际法律人才的选拔和培养。

针对线上语言教学，可以学习纽约大学，加大资金投入，购买在线语言学习系统供学生线上自主学习。同时，也可借助现有网络平台，加强与国外高校的互联互通，使中国学生不出国门也能接受纯外语的法律教学。目前，国内的中国大学 MOOC 平台已发展得非常成熟，涵盖北京大学、复旦大学等 785 所合作高校，提供计算机、外语、心理学等十七个专题的海量课程。[81]建议国内各大法学院校可利用现有中文学习平台已有的影响力，增加法学相关外语课程。同时以网络课程建设为推手，加强与国外高校的互联互通，邀请外国老师入驻中国网络平台进行线上教学或上传优质课程，实现优质资源共建共享，大力推动中文学习平台向国际化学习交流平台转变。[82]

（四）强化国际法律实践教学

目前，我国并没有类似于国外高校开设的国际法类诊所教学，

---

〔81〕 中国大学 MOOC 平台官网，载 https://www.icourse163.org，最后访问日期：2022年1月13日。

〔82〕 张力、丁丽柏：《论西部地区涉外法律人才的培养》，载《贵州社会科学》2020年第9期。

可得的国际组织实习机会也比较有限，因此国际法律实践主要集中于一些国际法类的模拟法庭训练：一方面，从长远规划来看，未来要进一步探索政法院校与涉外实务部门联合培养国际法人才的协同工作机制，财政持续支持我国大学生到国际组织实习；[83]另一方面，也可从当下着手，充分利用国内外各大模拟法庭赛事的锻炼机会，这样不仅可以打破成文法国家以法律条文和学理分析为主的教学习惯，同时还搭建了国际法学实践平台，训练国内法治人才的批判性思维和法律实务技能。[84]

关于模拟法庭训练，这里有以下三个建议：

第一，提高参与国际模拟法庭竞赛的积极性。各大法学院校可通过学分转换、奖学金激励、保研加分等政策鼓励法学生参加国际法类的模拟法庭竞赛。

第二，建立"学生主导"的模拟法庭教学体系。国际模拟法庭竞赛以学生为主导，注重培养学生自主探索与合作学习的能力。[85]因此，发挥学生在模拟法庭竞赛中的主动性和积极性是最重要的。每一次赛程结束之后，指导老师可引导队员进行心得总结，整理和更新各个准备环节的注意事项（见表4），逐步完善本校模拟法庭的选拔和训练体系。

表4　国际模拟法庭竞赛的参考流程和备忘录样本[86]

序号	名　称	说　明
1	前期阅读资料清单及说明备忘录	备赛的基础性阅读资料
2	招新事宜备忘录	

〔83〕 黄进：《完善法学学科体系，创新涉外法治人才培养机制》，载《国际法研究》2020年第3期。

〔84〕 杜承铭、柯静嘉：《论涉外法治人才国际化培养模式之创新》，载《现代大学教育》2017年第1期。

〔85〕 廖诗评：《对北师大法学院参与国际模拟法庭竞赛情况的回顾与思考》，载《京师法学》2019年第1期。

〔86〕 廖诗评：《对北师大法学院参与国际模拟法庭竞赛情况的回顾与思考》，载《京师法学》2019年第1期。

续表

序号	名　　称	说　　明
3	技术问题备忘录	资料库建立、更新指南与相关软件工具的选择
4	Memo 写作经验总结备忘录	诉状汇总阶段所出现问题的总结和反思
5	法律检索方法备忘录	重要数据库使用方法
6	诉状汇总工作备忘录	
7	Oral 环节备赛经验总结备忘录	Oral 稿样例
8	Oral 训练的日程安排经验备忘录	为团队制订 Oral 训练安排计划提供参考
9	热身赛和练习赛注意事项备忘录	
10	比赛阶段注意事项备忘录	比赛阶段除 Oralist 庭上表现以外的注意事项
11	整体备赛时间安排参考备忘录	

第三，借助社会资源促进国际模拟法庭发展。"国际法促进中心"是一个非政府组织（NGO），致力于帮助更多学生参与国际模拟法庭并且进行交流，也会组织我国现就职于各国际组织的优秀青年一起参与活动。该组织每年会在正式赛前安排各校进行模拟演练，并且在参加国际赛之前邀请外交部官员、律所律师以及之前的优秀辩手对选手进行集中训练。同时，国内外律所为扩大律所知名度和选拔优秀法律实习生，往往会愿意为各大国际模拟法庭比赛提供赞助。以上这些都是可以利用的社会资源。

（五）协同培养全面整合优质法学教育资源

1. 协同培养弥补西部地区教育资源短板

长期以来，我国优质教学资源主要集中于东部发达地区。而作为"一带一路"重要开放门户，西部地区的法学教育资源明显无法满足其人才需求。[87]考虑到东西部经济的发展差异，西部地区

[87] 聂帅钧：《"一带一路"倡议与我国涉外法律人才培养新使命》，载《重庆高教研究》2019 年第 2 期。

想在短期内快速吸引优质的教学资源以及国际法律人才显然不切实际。如何推动教育资源及人才的有效流动对于解决现实问题有重要意义。

这里，发挥西部高校的地缘优势，加强与"一带一路"沿线国家的合作对于弥补教学资源来说更具可行性。中国西部与东盟接壤，相应的经贸往来也比较密切，若西部地区能派法律人才到东盟进行学习，更有利于培养出有业务针对性的"一带一路"国际法律人才。目前，西南政法大学已经与东盟建立"中国—东盟高端法律人才培养基地"。[88]该基地不仅为学者访问和硕博人才交流提供协同培养的平台，同时东盟的专家学者、官员还被不定期邀请到基地参与项目的合作和相关学术研究。[89]未来，可以进一步扩大西部地区法学高校与"一带一路"沿线国家协同培养的范围，弥补西部地区教育资源短板。

2. 协同培养推动国际法学和国内改革热点研究

为了推动中国更好地参与国际规则的制定与适用，我国法科院校按照当前国际法学前沿问题，建立了一批极具实力的"协同创新"中心。比如，为最大化实现我国南海权益，建立了中国南海研究协同创新中心[90]；为满足我国对国际和区域司法合作的需求，成立了全球治理与国际法治协同创新中心[91]；为进一步研究"一带一路"的法律和安全问题，又分别成立了"一带一路"法律研究协同创新

---

〔88〕 付子堂：《多维度协同创新，立体推动法学人才培养改革——以西南政法大学深化人才培养改革创新为例》，载《法学教育研究》2016 年第 1 期。

〔89〕 杜承铭、柯静嘉：《论涉外法治人才国际化培养模式之创新》，载《现代大学教育》2017 年第 1 期。

〔90〕 中国南海研究协同创新中心联合了外交部、中国南海研究院、海军指挥学院、南京大学、中国人民大学、四川大学、中国科学院、中国社会科学院，以多学科协同创新为主体，以"文理—军地—校所—校校协同"为路径，以体制机制改革为保障，全面推动南海问题综合研究，服务国家南海战略决策。详情参见中国南海研究协同创新中心官方网站，载 https://nanhai.nju.edu.cn/5789/list.htm，最后访问日期：2022 年 1 月 11 日。

〔91〕 全球治理与国际法治协同创新中心由中国政法大学牵头，联合四所协同高校，中央编译局、外交部条约法律司、商务部条约法规司、最高法院民四庭等作为协同单位而成立。详情参见骆红维：《全球治理与国际法治协同创新中心签约暨揭牌仪式隆重举行》，载 https://news.cupl.edu.cn/info/1163/20176.htm，最后访问日期：2022 年 1 月 11 日。

中心〔92〕和"一带一路"安全问题协同创新中心〔93〕。

未来，应进一步推动这些协同创新中心的发展，打通高校、政府、企业、科研资源的屏障，打造国际法律人才培养过程中"产、学、研、用"的良性互动模式。此种培养模式不仅能使政府出台的相关法规政策得到高校理论研究的支持，同时又能使高校及时知晓政府和市场对人才的需求状况，有针对性地培养复合型、交叉型优质国际法律人才。

五、总结

培养优质国际法律服务人才，是我国加快"一带一路"建设，加强涉外法治的重要抓手。如何化解我国当前国际法律人才培养的难题是提升涉外法律服务水平的关键。结合我国现实情况并参照国际经验，中国未来可考虑从以下方面进一步完善国际法律人才培养模式：首先，针对课程和学分设置不合理的问题，建议优化国际法学科培养方案，注重多元化课堂和在职人员学习平台的搭建。针对跨学科培养困境，可考虑创新研究生招生模式，适当调整研究生招生考核内容和开放推免资格。针对多语言法律教学困难，应加快双语和涉外案例优质教材建设，拓宽线上和线下的法律语言学习渠道。针对实践教学参与程度低且缺乏体系的问题，建议各高校现阶段应充分利用国内外各大国际模拟法庭的实践锻炼机会，并在未来持续探索政法院校与涉外实务部门联合培养国际法人才的协同培养机制。而针对西部地区国际法学教育相对落后的情况，则提倡西部地区利

---

〔92〕 "一带一路"法律协同创新中心由中南财经政法大学等七所高校和律师联盟组成，联合国内外各合作方进行"一带一路"沿线国家法律法规相关理论和实践问题研究。详情参见吴绍礼、韩建安：《"一带一路"法律研究协同创新中心成立》，载 http://www.scio.gov.cn/ztk/wh/slxy/31200/Document/1457983/1457983.htm，最后访问日期：2022 年 1 月 11 日。

〔93〕 "一带一路"安全问题协同创新中心则整合了高校、研究院、智库，如上海国际问题研究院、中国社会科学院中国边疆研究所、广东国际战略研究院、上海大学毒品与国家安全研究中心，主要通过研究"一带一路"沿线国家和地区潜在的安全风险与可能的危机应对预案，建成高端思想库、人才储备库以及"一带一路"沿线国家安全问题的信息库。详情参见齐薇：《"一带一路"法律研究协同创新中心成立》，载 http://www.scio.gov.cn/ztk/wh/slxy/31200/Document/1457983/1457983.htm，最后访问日期：2022 年 4 月 17 日。

用地缘优势，与"一带一路"沿线国家协同培养国际法律人才，并提倡围绕国际法律热点建立相应的协同创新研究中心。国际法律人才培养是一项长期工程，唯有根据现实情况不断调整和完善，才能为国家政治经济发展持续输送法律人才后备力量。

Research on the Present Situation and Development of the Cultivation System of International Law Talents

Zhang Liying, Xiao Yijie

Abstract: The cultivation of international law talents is indispensable for promoting overseas–related rule–of–law and building the "Belt and Road". But currently, there is a big gap between our supply of international law talents and the demand of lawyer profession, international organizations, international justice and other relevant fields. Now we are facing many problems during the process of cultivation of international law talents, such as the unreasonable setting of training mode, the lack of interdisciplinary training, the difficulty of multilingual law teaching, the lack of practical teaching system and the relative backwardness of international law education in the Chinese western region. Colleges and universities play the basic leading role in the cultivation of legal talents. And the reality of international legal talent cultivation also puts forward higher requirements for Chinese law colleges and universities. In order to steadily achieve the cultivation goal of foreign–related legal professionals and better serve the overall situation of our country's high–level opening to the outside world, law colleges and universities need to further improve the cultivation system, language teaching, enrollment mode, legal practice, collaborative training and so on.

Keywords: International Law Talents; Cultivation System; Overseas-related Rule-of-law

"一带一路"建设中我国律师业"走出去"问题研究[*]

杨立民[**]

摘 要：随着"一带一路"倡议的不断推进，我国涉外律师业面临着前所未有的机遇和挑战。在此背景下，中国律师"走出去"不仅是一个关乎涉外法律人才培养的技术性命题，更是一个涉及东道国法律市场准入和监管的制度性命题。如何对外开放法律服务市场，世界范围内并无整齐划一的通行标准。因此，有必要以律师业为中心，聚焦"一带一路"沿线国家和地区的涉外法律服务市场准入机制，研究我国律师业"走出去"的路径选择等议题。

关键词："一带一路"；律师服务；"走出去"；法治环境；准入机制

中国律师如何"走出去"为"一带一路"建设保驾护航，不仅是一个涉及涉外法律人才培养的技术性命题，更是一个关乎东道国法律服务市场准入和监管的制度性命题。目前相关研究，一方面是集中在从服务贸易自由化的角度研究法律服务市场的对外开放问题[1]，

---

　*　基金项目：2018年国家社科基金青年项目"网络环境下律师庭外言行的边界与规范问题研究"（项目编号：18CFX038）。

　**　法学博士，东华大学人文学院副教授，上海交通大学在职博士后，硕士研究生导师。

　〔1〕　孙南申：《法律服务业市场开放中的问题与对策》，载《南京大学学报（哲学·人文科学·社会科学）》1998年第4期；贾午光、何敏：《国际法律服务业的发展趋势与中国法律服务业的进一步开放》，载《环球法律评论》2001年第4期；陈东：《也论〈服务贸易总协定〉（GATS）框架下的法律服务对外开放——兼论中国的立法取向》，载《东南学术》2001年第6期；李本森：《经济全球化背景下的法律服务自由化》，载《法学》2004年第1期；李仁真：《WTO与中国法律服务市场的对外开放》，载《中国司法》2004年第11期。Andrew Godwin, "Professional Tug of War: The Regulation of Foreign Lawyers in China, Business Scope

另一方面是集中在从法律全球化的角度探讨法律职业的全球扩展与本土融合等问题。[2]在既有研究的基础上，本文将以律师业为中心，聚焦"一带一路"沿线国家和地区的法律服务市场对外开放机制，关注我国涉外法律服务业在"一带一路"建设中将面临哪些考验。

一、"一带一路"建设中我国律师业的机遇和挑战

（一）"一带一路"建设中的机遇

2013 年，习近平主席在出访中亚和东南亚国家期间先后提出共建"丝绸之路经济带"和"21 世纪海上丝绸之路"（以下简称"一带一路"）的重大倡议。根据中国商务部的数据，截至 2021 年 1 月 30 日，我国已经与 171 个国家和国际组织签署了 205 份共建"一带一路"的合作文件。[3]"一带一路"对世界政治、经济、文化产生了深远影响，得到了国际社会的高度关注和积极响应。这个倡议无疑也为我国法律服务业的发展提供了巨大的契机，因为它开拓了一个贯穿亚欧非三大洲、链接东亚与欧洲两大经济圈、涵盖几十个国家和几十亿人口、经济总量高达几十万亿美元的巨大法律市场，多样化的国家、种族、宗教、环境、交通等必然决定"一带一路"建设要高度重视法律治理机制的构建[4]，而以律师为代表的法律服务业必然是不可缺席的重要参与者。[5]

Issues and Some Suggestions for Reform", *Melbourne University Law Review*, Vol. 33, No. 1, 2009, pp. 132-162. Mark A. Cohen, "International Law Firms in China: Market Access and Ethical Risks", *Fordham Law Review*, Vol. 80, No. 6, 2012, pp. 2569-2575. Jane J. Heller, "China's New Foreign Law Firm Regulations: A Step in the Wrong Direction", *Pacific Rim Law and Policy*, Vol. 12, No. 3, 2003, pp. 751-780.

〔2〕 刘思达：《割据的逻辑：中国法律服务市场的生态分析》，上海三联书店 2011 年版，第 108~111 页；Rachel E. Stern and Su Li, "The Outpost Office: How International Law Firms Approach the China Market", *Law & Social Inquiry*, Vol. 41, No. 1, 2016, pp. 184-211.

〔3〕 冯其予：《我国已签署共建"一带一路"合作文件 205 份》，载 http://www. gov. cn/xinwen/2021-01/30/content_5583711. htm，最后访问日期：2022 年 1 月 30 日。

〔4〕 丁同民：《建立健全"一带一路"法律治理机制的思考》，载《河南师范大学学报（哲学社会科学版）》2018 年第 6 期。

〔5〕 刘斌斌：《"一带一路"建设中法律服务的必要性及其路径研究》，载《西北民族大学学报（哲学社会科学版）》2020 年第 1 期。

随着"一带一路"倡议的不断推进和自由贸易协定的蓬勃开展，我国涉外法律服务业面临着前所未有的机遇和挑战。对此，2016年中央全面深化改革领导小组第二十四次会议通过了《关于发展涉外法律服务业的意见》，并经司法部等四部委联合印发，成为指导我国涉外法律服务业发展的纲领性文件。由此亦可看出国家对涉外法律服务业的重视，以及该行业在国际经贸往来过程中所扮演的重要角色。2017年5月，司法部召开由外交部、国家发改委、商务部、全国律协等13个成员单位组成的发展涉外法律服务业联席会议第一次会议，力求通过这个平台共同推动涉外法律服务业发展，服务"一带一路"建设迈上新台阶。

许多中国律所已经嗅到"一带一路"建设为法律服务国际化合作带来的契机，积极地与境外律师事务所建立多元化的联盟关系，通过各种形式的合作来提供优质的涉外法律服务。比如，2016年9月，由7省市律师协会发起的"一带一路"法律服务合作联盟在新疆成立，初始成员包括24家国内律师事务所。国浩律师事务所于2015年成立了"一带一路"法律研究及服务中心，并在随后推出8个国家的国别法律研究。除进行相关法律法规的调查与研究外，在法律服务过程中，该中心还完成了一系列投资项目的法律服务。上海金茂凯德律师事务所在2016年成立了"一带一路"法律研究与服务中心，并先后于日本、印度、比利时等国家建立站点。德和衡律师事务所与莫斯科当地的机构合作建立了中国法中心，宣传中国法律制度，传播中国法律文化。

（二）"一带一路"建设中的挑战

中国律师业"走出去"，不可避免地要面临"一带一路"沿线国家和地区的法治环境问题。"一带一路"建设涉及众多具有不同自然环境、民族宗教、法律体系、政治制度和文化传统的国家和地区，其中有发达国家，也有发展中国家；有资本主义国家，也有社会主义国家；有信奉不同宗教文明的国家，也有完全世俗化的国家；有WTO成员方，也有徘徊在多边贸易体制门外的国家。林林总总的国情，使得"一带一路"沿线国家的法律环境十分复杂，法律文化和法律治理机制呈现出多元化的特征，给我国涉外律师业带来了挑战。

1. 法律环境复杂

"一带一路"沿线国家在经济状况、政治制度、法律体系、社会环境、文化传统等方面存在很大差异，其中很多国家长期面临着民族、宗教、地缘上的矛盾以及其他一些历史遗留问题。"一带一路"建设不仅会面临因战争、内乱、政权更替、宗教纷争、民族冲突、地缘政治敏感等因素引发的政治风险，还会面临因国家干预、保护主义、贫富差距、文化差异等因素引发的法律风险。[6]例如，2011年叙利亚内战爆发后，中国在该国的五十多个基建和大型承包项目遭到毁灭性破坏。除了战争、内乱等风险外，东道国的国家干预对项目能否平稳顺利开展，也是至关重要的。另外，东道国的政权更迭或政府轮替、政策变动、法律变更等情况，都有可能引发政府违约。此类情况一旦发生，法律风险无法避免，如何从法律层面协助中国企业从东道国政府或企业那里争取合理补偿或赔偿，考验着中国涉外律师的专业技术能力。

2. 法律文化多元

"一带一路"沿线国家和地区的法律制度存在着显著差异，不仅大陆成文法系、英美普通法系、伊斯兰法系交织，而且社会主义法系、资本主义法系并存。即便在同一法系内部或者拥有同样的宗教背景，特殊的地缘文化和历史传统也会使得一些国家和地区的法律规范体系与司法运作机制别具特色。例如，同为伊斯兰国家，土耳其由于所处地理位置和早期对西方制度文明的吸收，其法律体系不同于其他大多数伊斯兰国家。法律文化和法治体系的不同，使得它们处理国家之间法律争端的方式存在很大差异，法律的普适性被削弱，法律治理较难实现。[7]在此情况下，律师服务"一带一路"建

---

〔6〕 李雪平：《"一带一路"的合作机制：法律缺陷、复杂挑战与应对策略》，载《理论月刊》2017年第1期。

〔7〕 王刚：《"一带一路"建设中的法律问题及法治机制构建》，载《法学杂志》2017年第2期。

设时量化评估法律风险，并据此提出法律解决方案就会变得异常困难，这进而使得"一带一路"建设的法治环境变得错综复杂。

3. 法律治理分化

长期来看，保障"一带一路"建设平稳深入地推进下去的主要方式应首选法律治理机制，即构建起一个法治化的风险防范与化解机制。[8]但是，"一带一路"沿线各国在法律治理方面缺乏合作与协调，在法律治理的方式、措施、效果等方面呈现多样性。究其缘由，可以归因为三个方面：首先，沿线各方并未就合作机制达成共识，大多数国家只顾及本国利益，忽略其他国家的基本国情和利益诉求，这使得沿线各国的合作机制缺乏普遍适用性。其次，缺乏更加明确且具有层次的法律治理框架，目前存在的区域性法律治理机制尚不成熟，无法应对沿线国家间激烈的利益冲突带来的问题和挑战，相关地区性组织不能有效地发挥功能和作用。最后，尚未构建一个以"一带一路"为主题的新型的、约束力强的地区性乃至全球性的法律治理机制，目前"一带一路"倡议缺乏实质性的法律约束力，而具有严格国际法意义的区域性国际组织尚未出现，大多数是一般意义上的高峰论坛、展览会、博览会等，它们并非法律化、制度化的合作机制，没有强制约束力。

总之，"一带一路"沿线国家的国情十分复杂，各国有不同的资源禀赋、不同的法治进程、不同的市场开放程度，还存在着复杂的宗教和民族矛盾，恐怖主义、分裂主义和极端主义也屡见不鲜。中国涉外律师业在服务"一带一路"建设过程中，应当充分重视这些国家的具体国情，积极参与法律治理机制的构建。

二、"一带一路"沿线国家法律市场对外开放机制的类型化分析

如果从"经济"的角度来看，法律服务仅是服务业中的一个小分支，涉外法律服务则是更为"小众"的业务方向，在服务贸易总量中所占的比重甚至可以忽略不计。然而，法律之于现代社会的价

---

〔8〕 刘敬东：《"一带一路"法治化体系构建的再思考》，载《环球法律评论》2021年第3期。

值和意义，法律服务业之于国际经济贸易的作用和功能，比以往任何时候都更受关注和重视，因为以律师为代表的法律服务业不仅是现代服务业的重要组成部分，也是建立健全法治社会、促进国际经贸秩序健康发展的重要力量。在 GATS 的市场准入具体承诺表上，法律服务于一百多个服务部门中排在第一位，其受重视的程度可见一斑。而且，由于法律服务具有专业性、公正性、政治性、社会性等特殊属性，它的自由化和全球化可能会对一个国家的主权、政治、社会带来挑战，所以大部分国家和地区都审慎开放其法律服务市场，对外国法律服务业设置了较高的准入门槛和严格的监管机制，这与金融、会计、旅游等服务业的贸易发展态势存在着很大的差别。〔9〕本部分综合考察了五十多个国家和地区，它们处于不同的地域环境、制度文化和发展阶段，但无一例外地都对外国律师设置了程度不一的准入门槛。由于"一带一路"沿线国家众多，我们无法一一详细考察其法律服务市场的对外开放模式，只能根据各个国家的准入机制特征归类出四种模式，类型化地探讨相关国家的政策内容。

（一）高度开放模式

高度对外开放，并不意味着完全没有准入门槛，而是指对涉外法律服务市场设置了很低的准入门槛，外国法律服务业可以较为自由地进入该国。比如，有的国家允许外国律师直接以"律师"的身份在该国执业，或者申请成为该国的律师；有的国家在从业范围上没有对外国律师作出很多限制，允许外国律师从事除刑事辩护以外的大部分法律业务；还有的国家虽然不允许外国律师成为该国律师，但是在外国律师申请成为该国的"法律顾问"、本国律师与外国律师建立合伙关系或相互聘用关系等方面没有设置太多限制。这种模式以英国、俄罗斯、乌克兰、白俄罗斯、阿塞拜疆、哈萨克斯坦、亚美尼亚、斯里兰卡、蒙古国等国家为代表。英国之所以能够完全对外开放其法律服务市场，与该国律师业拥有一系列的先天优势密切相关，既有的很多研究成果已经对英国法律服务业进行过较为系统

---

〔9〕 杨立民：《中国法律服务市场对外开放机制研究》，中国政法大学出版社 2021 年版，第 1~6 页。

的介绍[10]，本文不再赘述，下面我们将重点介绍阿塞拜疆和亚美尼亚两个国家的法律服务市场的对外开放情况。

外国律师可以在阿塞拜疆执业，不受国籍限制。除了刑事案件外，外国律师可以在阿塞拜疆的法院出庭。阿塞拜疆对于外国律师以"法律顾问"的身份在该国执业没有作出任何要求，但是外国法律顾问不得以律师的身份开展业务，而且不能拥有律师的执业权利。外国律所在阿塞拜疆获得执业许可，除了要履行一般的公司注册程序外，不必再满足其他特殊要求。外国公司（包括外国律所）在阿塞拜疆设立有限责任公司或合伙企业，必须在税务部注册。一些国际律所（如贝克·麦坚时律师事务所等）和来自哈萨克斯坦、苏格兰等国的律所，已经在阿塞拜疆设立了分支机构，积极开展业务。[11]

在"入世"承诺中，亚美尼亚没有对外国法律服务业设置过多的准入限制。[12]外国律师可以重新获得亚美尼亚的律师职业资格。外国律师可以在亚美尼亚的法院出庭，但是当作为刑事案件的代理人出庭时，需要得到亚美尼亚辩护律师协会的证明。外国律师获得亚美尼亚有限许可所需要满足的条件，就是外国公民获得工作许可证的一般要求，包括通过工作许可证的经济需求测试。除了履行一般的公司注册程序外，外国律所无需再满足其他特殊许可要求。自2011年以来，亚美尼亚司法部开通一站式服务，处理投资者的登记和税收事务。亚美尼亚对于外国律所及其分支机构的数量、地域、所有权份额等均无限制，并允许其本国律师与外国律师建立合伙与聘用关系。[13]

〔10〕 王进喜：《美国律师业：历史与现状》，载《中国律师》2005年第9期；刘振宇：《考察英国法律服务市场对我国入世后律师业发展的思考》，载《当代法学》2002年第1期；卢成燕：《国际律师服务贸易法律制度研究》，法律出版社2006年版，第134~135页。

〔11〕 International Bas Association, "IBA Global Regulation and Trade in Legal Services Report 2014", http://www.ibanet.org/PPID/Constituent/Bas_Issues_Commission/BIC_ITILS_Committee/The_Regulation_of_International_Legal_Services.aspx, last visited on Nov. 30, 2021.

〔12〕 World Trade Organization, "Schedule of Specific Commitments Annexed to the GATS", http://www.wto.org/english/thewto_e/acc_e/al_armenie_e.htm., last visited on Nov. 30, 2021.

〔13〕 International Bas Association, "IBA Global Regulation and Trade in Legal Services Report 2014", http://www.ibanet.org/PPID/Constituent/Bas_Issues_Commission/BIC_ITILS_Committee/The_Regulation_of_International_Legal_Services.aspx, last visited on Nov. 30, 2021.

（二）严格限制模式

严格限制模式，是指东道国对外国律师的到来采取的是"不欢迎"的态度，要么是将他们坚拒在国门之外，要么是在业务范围、从业身份等方面对他们进行严格限制。在服务贸易蓬勃发展的国际经贸形势下，这样逆潮流而行的情况虽然并不多见，却也并不鲜见，而且是存在于一些我们耳熟能详的国家中，如韩国、印度、印度尼西亚、菲律宾等。下面我们以叙利亚和黎巴嫩为例，来介绍在严格限制模式下中国律师业"走出去"将遇到什么样的准入机制障碍。

叙利亚的法律服务市场是十分封闭的，对外开放程度极低。在叙利亚，只有其本国律师可以从事法律活动，外国律师只有在取得叙利亚国籍和通过高等教育部举办的考试5年后再申请执业。在有对等互惠条约的情况下，阿拉伯国家的律师经叙利亚律师协会会长的批准，可以在叙利亚的法院出庭。叙利亚尚未就外国法律服务业的准入问题建立正式的许可机制。外国律所不能在叙利亚开展任何活动，它们进入叙利亚法律服务市场的唯一方式是与该国本土律所建立合作关系。即便如此，外国律所还是要受到很多限制。外国律所不能聘用叙利亚本国律师。叙利亚的律师和律所可以聘用外国律师，但是该外国律师不能以律师的身份开展活动，更不能在叙利亚执业。叙利亚律师只有在获得叙利亚内政部的批准后，才能接受外国律所和外国公司的委托。[14]

与叙利亚相比，黎巴嫩的情况相对好一些。虽然黎巴嫩没有就外国律师准入建立特定的许可机制，而且由于国籍方面的要求，外国人无法成为黎巴嫩的律师。但是，在外国律师母国与黎巴嫩存有对等互惠条约的前提下，经黎巴嫩律师协会会长授权，外国律师可以就特定案件在黎巴嫩法院出庭，也可以在黎巴嫩参与仲裁和调解程序。外国律所可以通过与当地律所合作的方式在黎巴嫩开展业务，但是黎巴嫩没有对此作出正式的制度性规定。另外，外国律所和律

---

〔14〕 International Bas Association，"IBA Global Regulation and Trade in Legal Services Report 2014"，http://www.ibanet.org/PPID/Constituent/Bas_Issues_Commission/BIC_ITILS_Committee/The_Regulation_of_International_Legal_Services.aspx，last visited on Nov. 30，2021.

师不能聘用黎巴嫩本国律师，也不能与他们建立合伙关系。黎巴嫩律师和律所可以聘用外国律师，但是鉴于黎巴嫩对律师规定了国籍条件，所以外国律师不能以律师的身份执业。[15]

（三）相对开放模式

相对开放模式介于高度开放模式与严格限制模式之间，是指虽然允许外国法律服务业进入该国法律服务市场，但是在从业身份、业务范围等方面作出了一系列的限制，比较典型的是只允许外国律师以"法律顾问"的身份从事非东道国法律的业务，如提供关于外国律师母国法、国际法以及第三国法方面的咨询服务等。在相对开放模式下，外国律师一般无法成为东道国的律师，主要是受限于国籍条件的要求。实际上，相对开放模式是当前最为常见的模式，大部分国家既不会像俄罗斯那样不对外国律师设置任何准入门槛，也不会像印度或者 2009 年之前的韩国那样将外国律师坚拒在国门之外。

相对于其他中亚国家，土库曼斯坦、乌兹别克斯坦、塔吉克斯坦三国的法律服务市场对外开放程度没有那么高，对外国律师设置了一定的准入门槛。比如，鉴于国籍要求，外国律师不能在这三个国家获得律师执业资格，因此也不能在它们的法院出庭。但是，对于外国律师如何获得法律顾问身份，三个国家都没有制定明确的许可程序，外国律师只需像一般外国公民一样申请工作许可证即可，无需再满足其他特殊的许可条件。三国对于外国律所及其分支机构的数量、地域分布、所有权份额等均无限制，并允许其本国律师业与外国律师业建立合伙关系和相互聘用关系，但是外资律所至少70%的员工须是该国的公民。外国律所可以持有土库曼斯坦本土律所的股份，可以组建合资律所，也可以在该国设立分支机构、辅助机构或代表处，只需根据该国《企业法》《民法》和《公司法》（股份公司）的规定进行登记即可。外国律所要在乌兹别克斯坦获得开设分支机构的执照，除了需要满足一般的公司注册程序之外，无需再

---

〔15〕 International Bas Association, "IBA Global Regulation and Trade in Legal Services Report 2014", http://www. ibanet. org/PPID/Constituent/Bas_Issues_Commission/BIC_ITILS_Committee/The_Regulation_of_International_Legal_Services. aspx, last visited on Nov. 30, 2021.

满足其他特殊的许可要求。需要注意的是，乌兹别克斯坦《仲裁庭法》将仲裁员的国籍限制为乌兹别克斯坦国籍。[16]

（四）"双轨制"开放模式

所谓"双轨制"，简单地讲就是双标对待来自不同国家的律师。在现行国际经贸体制下，对等和互惠是法律服务跨境流动的基本原则，"双标"对待的情况十分常见。比如韩国，在其开放计划的第一阶段，它只允许 14 个与其缔结了自由贸易协定国家的律师以"外国法律顾问"的身份进入韩国法律服务市场，提供有关外国法的咨询服务，而其他国家的律师则继续被拒之门外。[17]这实际上就是一种"双轨制"开放模式。更为狭义的"双轨制"开放模式发生在欧盟。由于欧盟成员国较多，我们将以波兰为例来介绍"双轨制"开放模式的状况。

在波兰，来自欧盟、欧洲自由贸易联盟和瑞士的律师可以相对自由地提供法律服务，包括提供外国法和国际法方面的服务，并可以获得波兰律师执业资格。欧盟律师在波兰持续有效地执业三年或者通过该国的考试，即可获得波兰的律师执业资格。欧洲经济区的律师还可以与波兰律师一起就波兰法律提供服务。欧洲经济区律师必须持有欧洲经济区国家的国籍和法律职业资格。来自欧盟、欧洲自由贸易联盟和瑞士的律师可以与波兰律师联合出庭，其他国家的律师只能在有限的情况下出庭。总之，来自欧盟、欧洲自由贸易联盟和瑞士以外国家的律师在波兰的执业范围比较受限，不能获得波兰的律师执业资格。所有外国律师必须在波兰律师协会或法律顾问处注册，以其在母国的身份执业，遵守辩护律师的行为准则，并且须持有充足的职业责任保险。外国律师就其母国法律和国际法提供法律服务时，可以保留律师身份。波兰允许外国仲裁员自由执业。波兰未制定外国律所准入许可制度，但无论是否来自欧洲经济区，

---

〔16〕 International Bas Association, "IBA Global Regulation and Trade in Legal Services Report 2014", http://www. ibanet. org/PPID/Constituent/Bas_Issues_Commission/BIC_ITILS_Committee/The_Regulation_of_International_Legal_Services. aspx, last visited on Nov. 30, 2021.

〔17〕 杨立民：《中国涉外法律服务准入机制的争议、现状与比较》，载《上海对外经贸大学学报》2018 年第 3 期。

外国律所都必须在当地律师协会注册。外国律所的组织形式是一般或有限责任合伙的形式。外国律所的"执照"类型是统一的，波兰没有对准入许可证的数量规定配额，也没有从地域层面对外国律所准入许可的数量和可开设分支机构的数量作出限制。来自欧洲经济区的律所须遵守与当地律所相同的组织形式规则。来自欧盟的律所可以在波兰使用其在母国所使用的名称。来自欧洲经济区的律所必须在波兰律师协会或法律顾问委员会注册。波兰没有对来自欧洲经济区的律所的所有权份额作出限制。外国律师可以 100% 地拥有外国律所。来自欧洲经济区的律师和律所可以聘用波兰律师。波兰律师可以与外国律师建立合伙关系。波兰律师和律所可以聘用外国律师。[18]

三、"一带一路"建设中我国律师业"走出去"的路径选择

加入 WTO 后，中国法律服务市场的对外开放幅度空前提高。快速发展的经济态势、不断扩大的市场需求、法律制度的可预期性以及政策标准的长期稳定性等，吸引了大量外国律所来华长期驻留。[19] 然而，在外国律所涌入中国法律市场的同时，中国的律所和律师却很少走出国门，究其缘由，主要还是因为中国律师业起步晚，发展历程曲折，行业成熟度比较低。经过四十多年的快速发展，如今的中国律师业已经具备了参与国际竞争的能力，一些优秀的律所和律师积极开展涉外业务，在一定程度上实现了法律服务的双向跨境流动。当然，中国律所"走出去"的形式是多种多样的，一般包括在境外开设分支机构（如分所、代表处、办公室等）、成立跨境联盟或者品牌联盟、进行海外联营、与外国律所开展跨境合作、中外合资办所以及中外律所进行跨国合并等。例如，2015 年，北京大成律师事务所与德同（Dentons）律师事务合并，成为世界上最大的律所。

---

〔18〕 International Bas Association, "IBA Global Regulation and Trade in Legal Services Report 2014", http://www.ibanet.org/PPID/Constituent/Bas_Issues_Commission/BIC_ITILS_Committee/The_Regulation_of_International_Legal_Services.aspx, last visited on Nov. 30, 2021.

〔19〕 Rachel E. Stern and Su Li, "The Outpost Office: How International Law Firms Approach the China Market", *Law & Social Inquiry*, Vol. 41, No. 1, 2016, pp. 184-211.

（一）设立境外分支机构

至 2017 年 3 月，全国共有 38 家律所在 14 个国家和地区设立了 65 个境外分支机构，其中有 6 家律所在"一带一路"沿线国家和地区设立了 7 个分支机构。[20]《美国律师》于 2016 年发布了一份中国排名前 35 的律所榜单，涵括了中国最优秀、最卓越的一批律所。我们以这份榜单中的律所作为观察对象，从实证的角度来分析中国涉外律师业的实际现状及存在的问题。根据 35 家律所的官网显示，截止到 2018 年 12 月 10 日，它们的境外布局状况如下表所示：

表 1　35 家律所的境外布局状况

律所名称	总部所在地	境外分支数量	境外分支机构地域分布
大成律师事务所	北　京	126	加拿大（6 个）、美国（24 个）、拉丁美洲和加勒比海地区（20 个）、欧洲（11 个）、英国（6 个）、中东欧（6 个）、俄罗斯和独联体（5 个）、非洲（20 个）、中东地区（10 个）、中亚地区（4 个）、东盟地区（4 个）、亚太地区（3 个）、澳大利亚（5 个）、中国台北、中国香港
盈科律师事务所	北　京	37	纽约、芝加哥、伦敦、布鲁塞尔、布达佩斯、中国香港、维罗纳、米兰、华沙、伊斯坦布尔、首尔、新加坡、特拉维夫、迪拜、圣保罗、墨西哥城、马德里、莫斯科、里斯本、瓦伦西亚、波兹南、格但斯克、里约、热内卢、中国台北、雅典、摩纳哥、巴塞罗那、布宜诺

〔20〕张琰：《全国律协：打通"一带一路"法律服务走廊》，载 http://cn. chinadaily. com. cn/2017-06/24/content_29870524. htm，最后访问日期：2022 年 1 月 30 日。

续表

律所名称	总部所在地	境外分支数量	境外分支机构地域分布
盈科律师事务所	北　京	37	斯艾利斯、柏林、布拉迪斯拉发、布拉格、苏黎世、哈萨克斯坦、吉尔吉斯斯坦、蒙古、巴黎、波尔多
金杜律师事务所	北　京	18	澳大利亚（5个）、美国（2个）、新加坡、日本、德国、意大利、比利时、英国、西班牙、阿联酋、俄罗斯、非洲、中国香港
协力律师事务所	上　海	7	大阪、福冈、米兰、巴黎、新加坡、柏林、日内瓦
国浩律师事务所	北　京	6	巴黎、马德里、斯德哥尔摩、纽约、硅谷、中国香港
中伦律师事务所	北　京	6	东京、伦敦、纽约、旧金山、洛杉矶、中国香港
德恒律师事务所	北　京	5	巴黎、迪拜、布鲁塞尔、海牙、阿拉木图
泰和泰律师事务所	成　都	5	华盛顿、首尔、釜山、悉尼、中国香港
广和律师事务所	深　圳	4	纽约、多伦多、乌拉圭蒙得维的亚、中国台北
德和衡律师事务所	北　京	3	华盛顿、莫斯科、中国香港
中伦文德律师事务所	北　京	3	伦敦、巴黎、里昂
观韬中茂律师事务所	北　京	3	多伦多、悉尼、中国香港
康信知识产权代理有限责任公司	北　京	3	美国、日本、欧洲
君合律师事务所	北　京	3	纽约、硅谷、中国香港
段和段律师事务所	上　海	2	西雅图、中国香港
通力律师事务所	上　海	2	伦敦、中国香港
锦天城律师事务所	上　海	2	伦敦、中国香港
世泽律师事务所	北　京	2	东京、中国香港
敬海律师事务所	广　州	1	纽约

续表

律所名称	总部所在地	境外分支数量	境外分支机构地域分布
汉坤律师事务所	北　京	1	中国香港
竞天公诚律师事务所	北　京	1	中国香港
天元律师事务所	北　京	1	中国香港
安杰律师事务所	北　京	1	中国香港
海问律师事务所	北　京	1	中国香港
方达律师事务所	上　海	1	中国香港
浩天信和律师事务所	北　京	1	中国香港
隆安律师事务所	北　京	1	中国香港
天衡联合律师事务所	厦　门	0	
金诚同达律师事务所	北　京	0	
中银律师事务所	北　京	0	
京都律师事务所	北　京	0	
高朋律师事务所	北　京	0	
天达共和律师事务所	北　京	0	
康达律师事务所	北　京	0	
环球律师事务所	北　京	0	

　　由这个表格可以看出，27家中国律所的境外分支机构主要分布美国、德国、法国、澳大利亚、日本、新加坡等发达国家和地区，只有大成、盈科、金杜、德恒、协力、德和衡在"一带一路"沿线的个别国家设立了分支机构，这很大程度上是因为"一带一路"沿线国家主要分布在东北亚、东南亚、南亚、中亚、西亚、北非、中东欧等不发达地区，其中绝大多数为发展中国家。《上海市律师行业涉外法律服务机构名录》显示，上海涉外律师事务所在"一带一路"沿线国家设立分支机构的仅占11%。[21] 2018年上海市公布的

----

〔21〕　王闲乐：《私人合伙制律所的破冰之路》，载《解放日报》2018年10月7日，第1版。

《涉外法律服务示范机构公示名单》包含的 30 家律所都宣称可以从事涉外法律服务，但是查询它们的官网，围绕"一带一路"作出详细的业务能力介绍的律所只有两家——中伦和国浩。之所以出现这种状况，大致原因有二：

第一，律师服务的特性决定的。上文论及，律师一般被视为理性的人，尤其是经济上的理性人。律师所追求的职业成就，主要表现为经济上的成功。[22]律师业在全球法律服务市场进行布局的最终目的是获取经济利益，所以我国律师事务所将境外分支机构主要布局在发达国家和地区是无可厚非的。

第二，鉴于法律服务的特殊性，各个国家和地区对外国律师业的到来都持异常谨慎的态度。"一带一路"沿线国家大多属于发展中国家，它们在这个问题上更是不敢掉以轻心。虽然约旦的入世承诺允许外国律师在该国提供外国法律咨询服务，但是后续并没有作出具体的许可安排。受国籍限制，外国律师不可能获得约旦的律师执业资格。在有互惠约定的前提下，来自阿拉伯联盟成员国的律师可以与约旦本国律师一起出庭辩护。外国律师可以与约旦律师建立合作，但是外国律师不能聘用约旦律师。约旦律师可以聘用外国律师，但该外国律师只能以法律顾问的身份执业。外国律师可以在约旦参加仲裁和调解程序。据约旦在 GATS 中的承诺，外国律所可以在该国设立办事处，但是没有制定明确的许可制度。外国律所只能从事约旦法律之外的法律咨询工作。律所只能由注册的约旦律师所有，但对法律顾问的所有权没有作出限制。来自英国和阿联酋的一些外国律所通过与约旦当地律所合作的方式在约旦开展业务。[23]所以，客观上讲，我国律师业之所以在"一带一路"沿线国家布局的分支机构较少，也可能是东道国的准入限制所致。

---

〔22〕 程金华：《中国律师择业理性分析——以业务收费为核心的实证研究》，载《法学》2012 年第 11 期。

〔23〕 International Bas Association，"IBA Global Regulation and Trade in Legal Services Report 2014"，http://www.ibanet.org/PPID/Constituent/Bas_Issues_Commission/BIC_ITILS_Committee/The_Regulation_of_International_Legal_Services.aspx，last visited on Nov. 30, 2021.

（二）跨境联盟、联营、合伙等形式

除了在境外开设分支机构外，中国律所还与外国律所就某些业务开展跨国合作，或者以成立联盟、进行海外联营等形式开展涉外法律服务。一些中国律所已经与"一带一路"沿线国家的律所建立了多种形式的合作机制。比如，协力律师事务所与"一带一路"沿线国家的16家律所签署了关于"一带一路"倡议法律服务合作的框架协议。北京德和衡律师事务所与东盟地区的律所进行国际法律合作，还分别在莫斯科和圣彼得堡设立"中国法中心"，宣讲中国法。德恒律师事务所除了在迪拜、阿拉木图等地设有办公室外，还与阿联酋等"一带一路"沿线国家的律所建立了合作机制。

另外，还有中国律所与"一带一路"沿线国家的律所建立了合伙关系。比如，根据蒙古国新的国外律师注册登记制度，外国律师可以在该国取得律师执业资格。2014年，大成律师事务所的高级合伙人鲁哈达律师获得蒙古国司法部颁发的律师执业资格证，成为该国实施新规以来第一位获得此证书的外籍律师。同年，鲁哈达负责牵头筹建蒙古大成律师事务所，正式注册在蒙古国首都乌兰巴托，是一家外商投资有限合伙制律所。[24]

Research on the "Going Out" Problem of Chinese Lawyers in the Construction of the "Belt and Road"

Yang Limin

Abstract：With the continuous promotion of the "Belt and Road" initiaive, China's lawyers are facing unprecedented opportunities and challenges. In this context, the "going out" of Chinese lawyers is not only a technical proposition related to the cultivation of foreign-related legal talents, but also an institutional proposition related to the access and supervi-

---

〔24〕 大成律师事务所官网，载 https://www.dentons.com/zh/global-presence/asia-pacific/mongolia/ulaanbaatar，最后访问日期：2022年1月30日。

sion of the host country's legal market. How to open the legal service market to the outside world, there is no uniform standard in the world. Therefore, it is necessary to take the legal profession as the center, focus on the foreign legal service market access mechanism of countries and regions along the "Belt and Road", and study the way selection of China's legal profession to "go out" and other issues.

Keywords: The "Belt and Road"; Lawyer Service; "Going Out"; Legal Environment; Access Mechanism

域外法治

"一带一路"国家对"投资"的认定研究

——以中亚国家仲裁实践为例*

王晓峰**　张晓敏***

摘　要： 随着"一带一路"倡议的推进，将有更多的企业"走出去"，而中国与沿线国家签订的双边投资条约中对"投资"的定义，存在着界定不清晰、不明确及用语较为宽泛等问题，增加了中国企业投资的风险。以涉中亚国家投资仲裁实践为例，通过归纳案例中对合法性"投资"基本要素的规定，分析实践中中亚国家对"投资"的理解、界定及标准，进而推动中国与"一带一路"沿线国家双边条约中投资定义条款的重构及防范可能的投资法律风险。

关键词： 国际投资仲裁；投资；"一带一路"；认定；中亚

随着全球化的演进，跨国投资在全球得到了进一步发展，有关投资者与东道国间的投资争端仲裁也变得愈加活跃。几乎所有的双边、区域及多边国际投资条约中都规定了投资定义条款，但作为最主要的多边投资规则的《解决国家和他国国民间投资争端公约》（以下简称"ICSID 公约"）并没有对投资的概念进行界定，晚近投资定义条款呈现出一种不断扩大化的趋势，且表现出不同的界定标准，引起较大争议，可能引发所谓的"投资仲裁的合法性危机"。伴随着"一带一路"倡议的推进，将有更多的中国企业"走出去"，

　＊　基金项目：2021 年国家社科西部项目"'一带一路'倡议下中国与中亚国家间投资争端预防与解决机制研究"（项目编号：21XFX020）、2019 年新疆维吾尔自治区社科基金一般项目"丝绸之路经济带国家国际投资争端仲裁法律实践研究"（项目编号：19BFX053）。

　＊＊　法学博士，南通大学经管学院法律系副教授，硕士生导师。

　＊＊＊　新疆人力资源和社会保障厅政策法规处干部。

而"一带一路"沿线处于"不稳定之弧"区域，[1]且大多数国家属于高风险区。[2]鉴于沿线国家投资风险较高，有必要强化投资协定，为我国海外投资提供全面的保障。

截至 2020 年底，中国与"一带一路"沿线 64 个国家共签订了56 个双边投资条约。[3]其中大部分是 1996 年之前缔结的第一代投资条约，出于政治和外交考虑，这些条约内容较为原则，条款也比较简单。1997 年之后才形成包括国民待遇在内的第二代投资条约，但能够提交 ICSID 仲裁的范围亦较窄，起初只包括"因征收补偿款额引起的争议"，后续才逐渐扩展到投资者与东道国所有的投资纠纷上。且投资条约中对投资的定义，存在着界定不清晰、不明确及用语较为宽泛等问题，这进一步增加了中国企业投资的风险。加之，"一带一路"沿线国家的投资规则多采用的是国内与国际双轨并行的模式，对何为适格的投资、享有的投资待遇、投资保护及投资救济，或多或少存在差异，而东道国对于外资的监管又多从本国利益出发，在安全审查外衣之下实行投资保护主义，因而使得中资企业面临较大的投资风险。2014 年"北京城建诉也门案"就是其典型代表。[4]也门是"一带一路"沿线国家之一，且考虑到承包工程项目是我国海外投资的重要领域，该案对推动"一带一路"建设、深化投资合作有着重要影响。该案涉及 1998 年中国与也门双边投资协定中对"投资"的认定标准，其中工程承包不在列举的五种投资类型中。[5]这就导致对北京城建集团在也门的经济活动给予何种认定存在不确

---

〔1〕 王义桅：《克服三重风险 呼唤"一带一路"升级版》，载 http://cn.chinagate.cn/news/2017-04/19/content_40647988.htm，最后访问日期：2022 年 3 月 28 日。

〔2〕 中国社会科学院世界经济与政治研究所：《中国海外投资国家风险评级报告（2016）》，中国社会科学出版社 2016 年版，第 32～33 页。

〔3〕 龚柏华、杨思远：《"一带一路"沿线投资中的补贴与反补贴问题——以欧盟调查埃及产品接受中国投资补贴案为视角》，载刘晓红主编：《"一带一路"法律研究》（第 3 卷），中国政法大学出版社 2021 年版，第 3 页。

〔4〕 Beijing Urban Construction Group Co. Ltd. v. Republic of Yemen, ICSID Case No. ARB/14/30, Award.

〔5〕 朱文龙：《论我国与"一带一路"沿线国家投资协定的变革》，载《云南大学学报（法学版）》2016 年第 5 期。

定性，增加了我方维权的难度，不利于保护我国海外投资者的利益。"投资"认定及标准的模糊和不确定，在中国与其他沿线国家签订的投资条约中同样存在。

本文尝试以涉中亚国家投资仲裁实践为例，通过分析中亚国家在仲裁中提出的抗辩事由、法律依据，总结其对外资合法性要求的基本要素，分析实践中各国对"投资"的理解、界定及标准，尝试把握"一带一路"国家对"投资"界定的态度，进而对中国与他国双边投资条约中投资定义条款的重构及投资法律风险的防范提出建议。

一、国际投资规则中的"投资"定义

自 2012 年以来，至少有近 20 项国际条约修正案或投资协定重新谈判，覆盖近 50 个国家，包括 28 个欧洲联盟国家。在此期间，2012 年之前签署的 10 个国际投资协议已经生效，取代了之前的协议，并签署了 9 项尚未生效的国际投资协定。

现代大多数双边投资条约对投资的定义类型大致可以分成三类，即基于资产的定义、基于企业的定义及基于交易的定义。在界定形式方面，文本通常先作统一的一般性说明，然后进行非完全列举。典型的双边投资条约仅对获得条约保护的资产设置一项条件，即为外国所有或控制。其中列出的权利通常包括：传统权利、知识产权、公司参与权、对金钱的主张及履行权、许可或类似权利。投资协定中对投资的非完全列举为投资形式的发展留有空间。现代国际投资条约中较为常见的是以资产为基础的界定方式，并以追求投资自由化作为主要目标，其对投资定义的一般描述经常提及"各种资产"，或者被称为基于资产的投资定义方式。

（一）多边投资协定中的投资定义

在国际投资法律实践发展的过程中，投资作为一项客观要求存在，界定争端的交易是否为投资是仲裁庭的首要任务。

多边投资协定一般均对"投资"这一概念给出了定义。例如《能源宪章公约》（以下简称"ECT"）在其第六章第 1 条中定义了

"投资"。[6] ECT 关于投资的定义属于以资产为基础的投资定义。这种类型的定义是以缔约方依照各自法律或法规所允许或接受的各种财产来进行列举，通常不仅包括金融资产及经济概念上的资本，还包括具有创造生产能力的所有有形和无形资产。以资产为基础的投资定义是一种范围广泛的投资定义。根据这一定义，投资包括任何种类的资产，无论是有形资产还是无形资产；无论是股权投资还是债权投资；无论是投资者投入东道国的资产还是投资者在东道国获取的资产。这一定义方式有利于能源投资保护这一目标的实现，它是对构成能源投资定义的资产类型的细化，明确列举出构成能源投资的各项资产，有利于投资仲裁的实践。

ICSID 公约下产生的全球最重要的投资争端解决机制，截至 2021 年 6 月国际投资争端已多达 834 件。[7] ICSID 公约自身并没有对"投资"概念进行界定，第 25 条的规定说明其对"投资"的界定倾向于当事方定义的方法，以保留其灵活性。实践中，仲裁庭将界定投资是否存在的参考要素归纳为：实质投入、一段时间的运营、风险以及对东道国发展的贡献，即由著名的"萨利尼诉摩洛哥案"（Salini Costruttori SpA. v. Moroco）[8] 发展而来的"萨利尼标准"。实践中，虽然各仲裁庭对此标准争议较多，但不可否认其已成为指导多数仲裁庭界定"投资"的重要依据。当下的仲裁实践表明，"萨利尼标准"已经被修正为五大要素，即贡献、期限、风险、投资的合法性和善意。且仲裁庭经常将该客观标准与当事方定义的方法结合起来适用，即判断投资的具体标准应符合当事方在 BIT 或投资者与东道国签订的投资协议中的规定，且不能明显超出对术语的一般

---

　　〔6〕 ECT 第 1（6）条规定："投资"系指投资者直接或间接拥有或控制的各种形式的资产，包括：（a）有形或无形资产，动产或不动产，以及租赁、担保、留置和质押等财产权利；（b）公司或商业实体、股份、股票或是其他参股形式，以及债券或公司或商业实体债务；（c）基于经济价值合同而产生的，或是与投资相关的金钱诉求和履约诉求；（d）知识产权；（e）收益；（f）法律或合同授予的任何权利，或是依法取得的任何执照和许可所授予的在能源领域从事经济活动的权利。

　　〔7〕 ICSID Case Database，载 https：//icsid. worldbank. orb/cases/case-database，最后访问日期：2021 年 6 月 28 日。

　　〔8〕 Salini Costruttori SpA. v. Morocco，ICSID Case No. ARB/00/4，Award.

理解。此两种方法灵活的结合，才会认定是否存在符合 ICSID 公约第 25 条的投资。

（二）区域性投资规则中的投资定义

晚近全球性统一的贸易投资规则受阻，区域性投资协定因而蓬勃发展。2020 年，被称为"超级贸易协定"的《区域全面经济伙伴关系协定》（以下简称"RCEP"）签署，其包括 15 个亚太国家、覆盖世界近一半人口以及 1/3 贸易量。其第十章第 1 条规定了"投资"的定义。[9]其将"投资"界定为投资者直接或间接拥有或控制的，具有投资特征的各种资产，该类特征包括承诺资本或其他资源的投入、收益或利润的期待或风险的承担。RCEP 列举了七种类型的投资形式，确认了投资回报被视为投资，并加入"解释性注明"排除了司法、行政行为或仲裁程序中的命令或裁决。[10]根据 RCEP 的规定，投资或再投资资产所产生的任何形式上的变化，不影响投资的性质。RCEP 在第七部分就投资的形式也进行了注释说明，明确限缩投资定义的扩张倾向，目的是达到某种限制性的效果。[11]

此外，2018 年生效的《全面与进步跨太平洋伙伴协定》（以下简称"CPTPP"）以及 2020 年生效的《美墨加三国协议》（以下简称"USMCA"）均延续了以资产为基础的投资定义模式，并进行了相应类别的列举和排除。其中 CPTPP 也采用了解释性说明进一步限

---

〔9〕 此处对投资的定义基本借鉴了 ECT 的定义方式和内容。RCEP 第十章第 1 条规定，投资指一个投资者直接或间接，拥有或控制的，具有投资特征的各种资产，此类特征包括承诺资本或其他资源的投入、收益或利润的期待或风险的承担。投资可以采取的形式包括：①法人中的股份、股票和其他形式的参股，包括由此派生的权利；②法人的债券、无担保债券、贷款及其他债务工具以及由此派生的权利；③合同项下的权利，包括建设、管理、生产或收入分享合同；④东道国法律和法规所认可的知识产权和商誉；⑤与业务相关且具有财务价值的金钱请求权或任何合同行为的给付请求权；⑥根据东道国法律法规或依合同授予的权利，如特许经营权、许可证、授权和许可，包括勘探和开采自然资源的权利；以及⑦动产、不动产及其他财产权利，如租赁、抵押、留置或质押。

〔10〕 此处的表达方式与 NAFTA 的定义方式类似，先正向列举，后排除。其第十章"投资"第 1 条定义就本章而言：涵盖"投资"不包括司法、行政行为或仲裁程序中的命令或裁决。就本段中的投资定义而言，用于投资的投资回报应当被视为投资。投资或再投资资产发生任何形式上的变化，不影响其作为投资的性质。

〔11〕 投资形式包括动产、不动产及其他财产权利，如租赁、抵押、留置或质押。该条解释注明了，为进一步明确市场份额、市场准入、预期收益和盈利机会本身并不是投资。

制了投资定义所带来的扩张化解释。其投资定义将某些更加具有投资特征的债务列入，但同时又排除了一些如立即到期的、因销售商品或服务而产生的付款要求等形式的债务，更加明确了具有投资特征的债务范围。

（三）双边投资协定中的投资定义

当前正处于国际投资条约的改革期，越来越多的国家对待国际投资条约的态度已经从较为宽容向相对谨慎的状态转变。2018 年和 2019 年两年间终止的投资条约数量已经超过了新签署的投资协定的数量。这一趋势从侧面映射出各个国家对待投资改革的不同看法。从新签署的投资协定的内容上看，条款的规定更加精细化；从条款的分布范围上看，各个内容之间更加均衡化。[12]

现行生效的大部分 BIT 中包含了关于投资的一般限制性条款（如"全部资产"）以及几组解释性的类别。例如，2012 年出台的美版双边投资保护协定（以下简称"BIT"）范本分别就"涵盖投资"与"投资"进行了定义。[13]在此基础上，该协定又列举了八种类型的投资形式。此范本的出台，反映了当下对外资较高水平的保护标准，对国际投资规则将产生重要影响。

近年来，欧盟多个成员国如荷兰（2019 年）等国家公布了 BIT 范本。在"投资"的界定方面，各范本基本上采取了"概括+列举"的模式，差异主要体现在列举形式的类型。《中国—土耳其投资保护协定》（2015 年）、《中国—加拿大保护投资协定》（2014 年）对投资的定义模式是以企业为基础的混合模式，亦采取了"概括+列举"的模式并对其形式作出了相关限制性解释。[14]这是中国第一次在双

---

〔12〕《国际投资条约与仲裁年度观察 2020》，载 https://new.qq.com/omn/202101 31/20210131A03P0B00.html，最后访问日期：2022 年 4 月 3 日。

〔13〕 前者指缔约另一方的投资者在条约生效之日起即存在，或者之后设立、取得、扩大的在该缔约方领域内的投资；后者则指投资者直接或者间接拥有或控制的各种资产，此类资产具有投资的相应特征。这些特征包括资本或其他资源的投入、收益或利润的期待、风险的承担等。

〔14〕《中华人民共和国政府和加拿大政府关于促进和相互保护投资的协定》第 1 条第 5 款明确解释了上述对金融机构的贷款或金融机构发放的债务证券只有在该贷款或债务证券被该金融机构所在的缔约方视为监管资本时才是投资。

边投资条约中采取此种混合模式，反映了我国适应国际投资协定新发展和新趋势的决心。[15]

二、"一带一路"沿线国家仲裁实践中对"投资"的认定

投资概念会随着经济生活的发展而不断变化，投资业务的形式也是在不断创新和迅速发展中。单一的投资定义无法满足不断发展的投资进程，也无法固定于一个多边公约中，因为不同经济体对于自己利益的保护和发展的规划很难形成一致的看法。因此，目前来看 ICSID 仲裁庭采用的双重检验标准似乎更有效，即缔约国签订的 BIT 中有关"投资"的定义才是最终的落地标准。通过研究中亚国家 BIT 中投资的定义、解释及在具体仲裁案例中的实践，才是未来更好解决与中亚国家投资争端纠纷的"风向标"。

在国际投资仲裁实践中，各仲裁庭试图寻找一种统一定义标准的可能性。而 2001 年"萨利尼诉摩洛哥案"[16]的裁决中的"萨利尼标准"提供了一种方式，虽并未被所有仲裁庭所支持，但至少提供了一套规范，在判断是否存在投资时，均会以其为参考，并被大多数仲裁庭所采纳。从目前来看，发展中的趋势是强调"萨利尼标准"是指导方针，而不是规则。截至目前，中亚五国中关于投资仲裁的案件数量如下：哈萨克斯坦 18 个，吉尔吉斯斯坦 16 个，乌兹别克斯坦 8 个，土库曼斯坦 11 个，塔吉克斯坦 2 个，共计 55 个案例。[17]在本文分析的众多中亚仲裁案例中，无一例外地使用了该标准来确定投资的定义，甚至出现过分解读的情况。以下选取中亚国家涉投资争议的典型案例对其展开分析，以探明各国对投资的理解和界定。

---

〔15〕 朱文龙：《国际投资领域投资定义的发展及对中国的启示》，载《东方法学》2014年第 2 期。

〔16〕 Salini Costruttori SpA. v. Morocco, ICSID Case No. ARB/00/4, Award.

〔17〕 italaw 数据库，载 https://www.italaw.com/，最后访问日期：2021 年 10 月 25 日。

（一）投资者的国籍影响投资的认定——KT亚洲投资集团诉哈萨克斯坦案[18]

在确定一项投资业务时，国籍要求是必不可少的，因为投资条约只适用于作为缔约国国民的投资者。这是一项基于条约的属人范围的常识性规则。因此，要利用双边条约提起国际投资仲裁寻求保护，不仅要确定投资的存在，而且要确定拥有适用条约缔约国国籍的投资者的存在，即"投资"是仲裁庭管辖权成立的必要条件，而只有投资者才有资格向仲裁庭提出申请。

1. 案情介绍

在"KT亚洲投资集团诉哈萨克斯坦案"中，BTA是在哈萨克斯坦证券交易所上市的哈萨克斯坦四大系统性银行之一。1998年，哈萨克斯坦国民阿布利亚佐夫（Ablyazov）先生与一个投资财团以7200万美元的价格收购了BTA。2005年5月，阿布利亚佐夫先生成为BTA董事会主席。哈萨克斯坦金融市场和金融机构的监管机构（以下简称"FSA"）认为具有相同所有权或控制权的独立公司持有BTA的股份超过10%的所有权需经FSA批准。阿布利亚佐夫先生认为向公众和哈萨克斯坦银行当局披露他对BTA的所有权不符合他的利益。因此他于2007年12月12日在荷兰设立了KT亚洲投资集团（以下简称"KT亚洲"），通过新成立的KT亚洲购买了两家英属维尔京群岛注册托兰德公司（Torland）和雷复根公司（Refgen）（最终证实托兰德公司和雷复根公司和KT亚洲的最终实益拥有人是阿布利亚佐夫先生），其通过这三家公司来控制其在BTA中75%的权益，以免被哈萨克斯坦政府没收。2008年世界金融危机期间，哈萨克斯坦银行业受到全球信贷短缺的不利影响，BTA难以在国际市场上获得融资。2009年1月29日，FSA要求BTA的管理层在两天内将BTA的贷款准备金提高一倍，同年2月2日，政府通过国家福利基金萨姆鲁克-卡兹纳（Samruk-Kazyna）收购了BTA75.1%的股份，以换取大约14亿美元的注资和强制性发行，最终导致该银行被迫国

---

[18] KT Asia Investment Group B. V. v. Republic of Kazakhstan, ICSID Case No. ARB/09/8, Award.

有化。

2009 年 4 月 24 日，KT 亚洲根据 ICSID 公约第 36 条和《哈萨克斯坦—荷兰双边投资协定》（以下简称"哈—荷 BIT"）向 ICSID 提交了仲裁请求。申请人根据提交的证据，主张哈萨克斯坦当局已经对其构成国际投资法上的强制征收行为。理由是，申请人是在荷兰注册成立的公司，根据哈—荷 BIT 中关于国籍确立的相关规定，申请人的国籍是荷兰。申请人作为外国公司，合法持有具有哈萨克斯坦国籍的 BTA 银行的股份，该行为构成适格的投资行为。根据哈—荷 BIT 的规定，被申请人对 BTA 银行实施的一系列举措，实际上稀释了申请人对 BTA 银行的实际持有股份，侵害了申请人的利益，构成了征收行为。请求哈方赔偿因其违约行为和对投资的不当管理而造成的相应损害，以及索赔方在 BTA 中所持股份价值减少的补偿。依据哈—荷 BIT 中约定的纠纷解决条款，申请人将该纠纷提交 ICSID。[19]

2. 内国投资者是否为适格"投资者"

该案的核心争议是内国投资者通过外国空壳公司控制本国外资企业是否具备"投资者"身份，即是否需要刺破公司面纱，探寻真正的投资者。哈萨克斯坦认为据《维也纳条约法公约》第 31 条第 1 款对哈—荷 BIT 和 ICSID 公约的解释，不能认为申请人是"投资者"。哈萨克斯坦要求仲裁庭考虑条约的目的和宗旨，认为申请人不在哈—荷 BIT 和 ICSID 公约的保护范围之内，因为它仅仅是"一个为了管理方便的空壳公司，由哈萨克斯坦国民阿布利亚佐夫先生全资拥有和控制，并作为欺骗东道国监管机构的工具。这种本国国民通过建立外国空壳公司躲避本国金融监管的行为严重违反哈萨克斯坦银行业重要法律要求"。此外，"投资者"一词必须按照《维也纳条约法公约》第 31 条第 3 款第（c）项解释，即申请人与被申请人之间需存在"真实有效国籍"原则。毫无疑问，申请人的真实有效国籍是哈萨克斯坦，因此其名义上的荷兰国籍不应被纳入范围。

---

〔19〕 KT Asia Investment Group B. V. v. Republic of Kazakhstan, ICSID Case No. ARB/09/8, Award.

申请人认为，首先 KT 亚洲是哈—荷 BIT 和 ICSID 公约规定的"投资方"，并且被申请人对条约的解释方法是不适当的。其次，哈—荷 BIT 第 1 条第 b 款规定了"国民"一词的定义。[20]根据规定，在缔约国成立的法人实体即被视为该国国民。根据以上规定，申请人具有无可争议的荷兰国籍，且被申请人在双边投资条约中明确接受荷兰公司实体的国籍为注册地。

3. 东道国对适格投资者的认定

本案涉及对哈—荷 BIT 中关于"适格投资者"的分析和解释。其重点是投资者的国籍问题。仲裁庭认为决定因素在于哈—荷 BIT 文本的规定，且不能超越哈—荷 BIT 文本进行分析。同时，没有采用刺破公司面纱的原理来识别，即不以实际控制人的国籍决定投资人的实际国籍，这种谨慎的考量对于国际投资的保护非常重要，因为投资者通过建立"空壳公司"作为代持主体是一种非常常见的管理行为，也是风险控制的途径之一，如果因为控股行为违反了东道国的国内法律就轻易刺破公司面纱，无疑将实际的控制人放在非常不利的地位。因此，某些协定就此作出了一般性规定。[21]

对于哈萨克斯坦在本案中所采取的态度和辩论来看，其首先在认定"投资者"这一先决问题上提出疑问，并认为这种利用法人国籍进行返程投资的行为构成对双边投资条约的滥用，是对东道国缔约初衷的违反，同时也是对东道国合法权益的破坏。这一做法想从根本上杜绝国际仲裁庭的管辖权，将投资纠纷化解为国民内部投资矛盾，掌握一定的主动权。其次，在定义分析方面，哈萨克斯坦也更加注重细节化规定的泛化解释，擅长于超越条约文本字面意思来扩张解释定义范围。

---

〔20〕 即就哈—荷 BIT 而言，"国民"一词就缔约任何一方应包括：①具有该缔约方国籍的自然人；②根据该缔约方的法律组成的法人；③不是由该缔约方的法律组成的法人，而是由①定义的自然人或②定义的法人直接或间接控制的。

〔21〕 如，ECT 第 25（2）（b）条规定，在某一国组建而成的公司，如其控制者为另外一国的国民，则该公司应被当作另外一国的国民来对待。

（二）对东道国的贡献影响投资的认定——加兰蒂·科扎有限责任公司诉土库曼斯坦案[22]

在投资仲裁实践中，过往案例都认为对东道国发展的贡献是认定"投资"的一个必要条件。这也是"萨利尼标准"的一个重要构成因素，即投资活动需要给东道国带来一定的利益。但是否构成贡献及贡献多少，却交由仲裁庭进行个案判断和权衡。作为东道国的中亚国家十分强调贡献的经济成果与可见性，以下以涉土库曼斯坦案例分析之。

1. 案情简介

2007 年 5 月，土库曼斯坦（以下简称"土国"）总统颁布了8626 号总统令更新了《汽车运输和公路部的管理办法》，作为"国家发展计划"的组成部分，对某些道路进行改造，并修建新的道路。为完成这项计划，土国发出了桥梁设计和建造的招标，最终，加兰蒂·科扎有限责任公司（英国）招标成功，具体内容为加兰蒂·科扎有限责任公司与土国政府共同合作设计建造 28 个项目，并规定了每个项目的"总价"及各施工阶段的百分比。土国经济和财政部必须提供合同"总价"20%的预付款，然后按已完成工程的百分比分期付款。土国能源和工业部负责确保建设和更新外部导电线和照明用电结构，以便工期顺利完成。截至 2008 年 12 月 18 日，加兰蒂·科扎有限责任公司已完成了 15 个项目。由于当局银行的执行不当和税收审批的拖延，对这些项目预付款的批准推迟至 2008 年 5 月 31日。导致加兰蒂·科扎有限责任公司无法继续根据预付款来进行建设活动，建设合同无法如期履行。该公司提起投资仲裁。[23]

2. 投资是否需对东道国发展带来贡献

在仲裁中，作为被申请人的土国认为，作为申请人的加兰蒂·科扎有限责任公司所开展的建造活动，并没有对东道国的发展带来贡献，其行为不应被认定为一项投资活动。根据"萨利尼标准"的要素，在仲裁实践中，仲裁庭也均将对东道国发展的贡献认定为

---

[22] Garanti Koza LLP v. Turkmenistan, ICSID Case No. ARB /11/20, Award.

[23] Garanti Koza LLP v. Turkmenistan, ICSID Case No. ARB /11/20, Award.

"投资"的一个必要条件。

本案中，土国认为申请人作出的任何行为都没有对东道国带来应有的贡献，相反，申请人的活动只是因履行合同义务而产生的资源分配工作。履行合同义务并不等于对东道国的实际贡献。并认为申请人为履行合同义务调动了一些原本不属于自己的设备，目的是执行完建造项目，但在项目结束后，会将设备进行归还。因此这种资源的调配并不能被认为是投资而引起的贡献。并且申请人实际上没有完成任何一座桥梁，而是让大多数桥梁处于半完工或完全未完工的状态，甚至其中五座桥梁都尚未开工。因此，被申请人认为，索赔人不仅没有提供合同所设想的利益，而且还扰乱了土国一条主要干道的交通流量。无法满足为东道国的发展做出贡献的要求，因此申请人根据合同开展的活动不符合"投资"的条件。

申请人加兰蒂·科扎有限责任公司认为其建设活动应被视为"投资"：首先，该项目涉及建造桥梁和立交桥，是土国政府为翻新基础设施而发起的国家计划的一部分，而以往类似的案例中，如拜因迪尔诉巴基斯坦案[24]、赛佩姆诉孟加拉国案[25]等关于基础设施项目的相关案件中，法庭都裁决将此类投资视为对东道国发展的贡献。其次，"对东道国发展的贡献"是"萨利尼标准"之一，但其仅仅是参考和指导性质的，而不是强制性运用，不应是要求所有的因素都必须得到满足。因此，无论是根据双边投资条约还是仲裁庭的双重检验方法，该公司的活动应该被视为一项"投资"。

最终仲裁庭不认为对东道国经济发展的贡献必须是投资定义的不可或缺的要素。尽管 ICSID 的序言确实提到了这一目标，但不能从这一总体目标中推断出每一项外国投资自身必须对东道国的经济发展做出重大甚至可衡量的贡献。这种贡献不应与资本对商业投资的贡献相混淆。至于是否属于投资，应当通过双边和多边投资条约

---

〔24〕 Bayindir Insaat Turizm Ticaret Ve Sanayi A. S. v. Islamic Republic of Pakistan, ICSID Case No. ARB/03/29, Award.

〔25〕 Saipem S. p. A. v. The People's Republic of Bangladesh, ICSID Case No. ARB/05/07, A-ward.

寻找其依据。该案中,加兰蒂·科扎有限责任公司与土国政府谈判达成了一项建造合同,在土国境内为其架设桥梁,向该国投入资源,并实际建造了一部分。虽然最终在结果呈现上失败了,但至少在履行部分承诺的义务时,在设备和物质资源方面进行了投资。最终,结论是申请人的投资符合双边投资条约中"投资"的定义,其有权要求在解决投资争端国际中心的法庭上对其投资直接引起的争端进行仲裁。

3. 东道国对发展贡献的认定

在实践中,一系列仲裁援引了"萨利尼标准",显示了对该标准的坚定支持。其中最受争议的标准是"对东道国发展的贡献"。一些法庭将其解释为对经济的贡献,而不是对国家发展的贡献。另一些法庭则排除了这一标准,认为经济发展是投资的结果,而不是投资的核心要素之一。在本案中,法庭并没有一味地遵循"萨利尼标准",而是将有关问题界定为双边投资条约中的"投资"定义是否超出了公约所允许的范围,从而避免了"对东道国发展的贡献"这一争议标准的解释困境。

但从上述案件中可以看出,中亚国家倾向于将"对东道国发展的贡献"作为投资要素的必要条件之一,并要求此种贡献是有显著经济成果的经济贡献,而不仅仅是对国家整体发展有益,是一种功利主义和显而易见的经济效果的衡量标准,这亦是投资者需要关注的地方。

(三)是否遵从东道国法律影响投资的认定——以金诉乌兹别克斯坦案为例[26]

在相关的投资实践中,双边投资条约中一般均包含了要求投资"依法"或"合法性"的规定,但在合法性要求的范围以及该规定是否被违反的问题上存在很大的分歧。双方认定的不一致,会导致投资的适格问题,进而导致该投资是否能受到东道国国内法律及双边投资协定的保护,影响着投资者的核心权益。中亚国家的仲裁实

---

[26] Vladislav Kim and others v. Republic of Uzbekistan, ICSID Case No. ARB/13/6, Award.

践中，该类型案件对外资产生的影响更加重大，因而有必要深入分析。以下通过金诉乌兹别克斯坦案分析之。

1. 案情简介

该案双方在事实背景认定方面具有较大争议，申请索赔人称其通过一家塞浦路斯控股公司 UCG 持有乌兹别克斯坦（以下简称"乌国"）BC 和 KC、水泥厂和相关资产，并试图通过收购来增持其在 BC 和 KC 的股权。但在进行公开募股时，其对于乌国水泥产业的善意投资招致乌国政府对其合法商业利益的骚扰。作为被申请人的乌国认为，索赔人违反乌国法律并损害 BC 和 KC 现有股东的利益，投资没有经过实质性或程序性的正当程序，是涉及腐败和欺诈的虚假投资。在涉及投资征收时某些事实认定方面，双方具有一致性：首先，双方一致认为，某些企业收购了 BC 和 KC 的股份，具体权属有争议。其次，涉及股权收购有两套协议——《塔什干特别方案》和《英文特别方案》——用于实现这些股份收购。这两份阴阳协议涉及合法性问题。最后，在收购之后相当长的一段时间内，乌国政府因监管和刑事调查而对 BC 和 KC 采取了某些行动。但对于采取的这些行动，双方的陈述存在着重大差异。[27]

2. 投资是否符合东道国法律

该案争议的焦点是申请人的投资是否符合东道国法律。目前，相关的双边投资条约中均包含了投资的"依法"或"合法性"规定，但在合法性要求的范围以及该规定是否被违反的问题上双方存在较大分歧。

乌国作为被申请人认为，据双边投资条约的规定，其同意对符合其法律的投资所产生的争议进行仲裁，反之，对非法投资所产生的争议不能仲裁。而申请人的投资不符合乌国多项具体的法典条款、法律、决议、命令或规则，因而其投资不符合乌国的法律，因此，这种投资不受双边投资条约的保护。

索赔人反驳认为，被申请人是基于"错误的事实假设"（包括明

---

〔27〕 Vladislav Kim and others v. Republic of Uzbekistan, ICSID Case No. ARB/13/6, Award.

显虚假的证人陈述所支持的假设）和"对乌国法律的故意误读"（包括增加在索赔人投资期间根本不存在的法律要求等）。申请人在进行投资时没有违反任何乌国法律及基本法律原则。双边投资条约中对合法性要求的具体规则和范围并没有具体的规定，不能单单从解释双边投资条约的层面凭空设想。因此，该投资没有违反合法性要求，属于双边投资条约定义下的投资。

仲裁庭认为，拒绝双边投资条约的保护是一种严厉的后果，只有在因不遵守法律而导致东道国相应的重大利益受到损害时，才有可能适用。对于投资是否符合东道国法律而言，条约解释应以相称原则为指导，即需要在投资不符合法律的规定与完全拒绝适用双边投资条约的严酷后果之间取得平衡。

3. 投资合法性要求的要件

事实上，就投资的合法性要求的范围而言，一般有三个方面需要考虑：时间、形式和实质。

（1）合法性要求的时间层面。法庭认为，合法性要求有一个时间层面。"作出"一词，无论是从其普通含义还是从其在过去式中的使用来看，都表明应该在投资成立时适用。其他法庭也得出了类似的结论，如智利硼工业股份有限公司诉玻利维亚案〔28〕中，法庭认为"作出"一词对与该程序有关的双边投资条约中的合法性要求施加了时间限制。双边投资条约的合法性要求仅限于投资成立的时间，并没有延伸到随后的履行。同样，在2013年以色列金属技术公司诉乌兹别克斯坦案〔29〕的裁决中，法庭作了同样的解读。因此，本案法庭认为，双边投资条约的适用范围受到合法性要求的限制，即投资必须在投资时"符合东道国立法"。

---

〔28〕 Quiborax S. A. v. Bolivia, ICSID Case No. ARB/06/2, Award. 在该案中，法庭认为，双边投资条约的合法性要求仅限于建立投资的时间，并没有延伸到随后的履行。事实上，条约在过去式中提到合法性要求，使用了根据东道国法律和条例"作出"的投资一词。

〔29〕 Metal-Tech Ltd. v. The Republic of Uzbekistan, ICSID Case No. ARB/10/3, Award. 在该案中，仲裁庭根据双边投资条约第8条对投资争端进行仲裁的管辖权取决于投资的定义。该条约第1（1）条将投资定义为：按照东道国法律和条例实施的任何种类的资产。乌兹别克斯坦曾敦促仲裁员将"已实施"从时间上广义地理解为已建立和经营。

（2）合法性要求的形式范围。大部分仲裁实践认为，合法性要求有一个形式上的层面，其取决于"立法"一词的含义。合法性要求投资必须符合东道国的立法，而"立法"一词应仅包括被东道国法律制度视为"Law"的规范性法律，不能无限扩大其范围。

（3）合法性要求的实质范围。只有那些严重的、实质破坏东道国法律的行为才能排除双边投资协定的保护，也即并非所有不"遵守法律"的行为都会使投资不受 BIT 的保护。然而，以什么标准来确定什么是足够严重的不遵约行为？一般认为，当所涉投资不符合双边投资法律，且不守约的行为和违反东道国法律规定的义务，共同导致东道国重大利益受到损害时，投资条约中的合法性要求将拒绝对该行为提供保护。因此，关于投资非法的界定是要有实质性影响并产生较严重的后果。

4. 投资合法性要求的标准

合法性要求对东道国、国际社会和打算进行重大投资的投资者来说是非常重要的一个条件。该案很细致地从合法性的时间、形式、实质适用范围三部分进行分类，提供了一个解决投资合法性适用的三步骤，即首先，必须评估投资者据称不遵守的义务的重要性；其次，必须评估投资者行为的严重性；最后，必须评估投资者不守约的行为和违反东道国法律规定的义务，是否共同导致东道国重大利益受到损害，以至于对投资不予双边协定保护的严厉制裁与所审查违法行为的严重程度相称。

投资中涉及合法性要求的主要趋势为：一是指出合法性要求的实质性范围仅限于违反东道国基本法律的行为；二是在判断投资是否符合东道国法律这一问题上，既要审查投资者行为的严重性，又要审查未遵守的义务的重要性，以确保将投资置于双边投资条约保护之外的严厉制裁是与所审查违法行为的严重程度相称的结果。此后的加拿大科塔克矿业公司诉肯尼亚[30]一案，法庭也借鉴了金诉乌兹别克斯坦案中确立的相称原则。对于违法性，重要的是"实质上

---

〔30〕 Cortec Mining Kenya Limited and Stirling Capital Limited v. Republic of Kenya, ICSID Case No. ARB/15/29, Award.

违反"国内法，而不是轻微的违反行为。同时法律必须与投资者违反行为的具体细节一起考虑。投资者可能会严重违反某项不重要的法律，也可能只是轻微或偶然地违反一项具有根本重要性的法律。对东道国而言，严重性取决于总体结果，而总体结果取决于法律的重要性和违法行为的严重性。

如果说因违反国内法而不符合投资的条件，就等于剥夺了投资者诉诸国际司法的机会。这将带来一个重要问题：如果投资者不能向仲裁庭提出仲裁申请，就意味着只有国内法院才能评估是否存在违反国内法的情况。在这种情况下，投资条约的目的和宗旨将受到侵害。据此，本文认为，通过协调国内法律和国际法律的一致性，可以直接影响到投资者与国家间争端的解决。通过何种形式去统一这种一致性，从某种意义上说，规则更可取，因为它既能为政府和投资者提供更多的明确性，又能更有力地引导法庭的决策。笔者更倾向于在双边投资条约中规定一个文本上明确而具体的合法性要求。而作为仲裁庭来说，并不是要扩大现有类似规则的声明所涵盖的行为范围，而是要确定基本原则，为触发合法性要求的不遵守行为提供更细致的定义。同时，相称性原则意味着必须在考虑到所有相关因素的基础上，逐案适用适当的标准。其中许多因素是其他法庭以类似规则的声明形式列出的。但是，需要在适用原则的基础上将这些因素纳入推理，使其成为因素，而不是断然的划分。原则要求法庭根据个案的事实处理每个案件，而如果条约增加了合法性要求的细节，那么基于规则的分类划分就可能变得合适。

三、适时修订老旧 BIT，提高投资定义的精确化

仲裁实践中，由投资所引发的争议大多是通过 BIT 来进行解决。截至 2020 年底，我国已与 126 个国家签署了双边投资条约，另外还有 23 份包含投资条款的其他协定。伴随着"一带一路"建设的推进，截至 2020 年底，中国已与 140 个国家及 30 多个国际组织签署了

200多份共建"一带一路"合作文件。[31]如前所述，"一带一路"沿线国家政治、经济环境都不太稳定，投资风险偏高。这意味着我国企业将面临比以往更多的投资风险，也将更多地依靠双边投资协定来维护自身的合法权益。通过分析我国与中亚国家的 BIT 中的投资定义可知，我国缔结的大部分 BIT 在采用开放式模式的同时，整体而言缺少对投资范围进行约束的限制性条件。有些双边投资协定中即使设置了限制性要素，但对要素的含义未予阐述和界定，易产生多元理解。因此，需要进一步精细化中国缔结的老旧双边投资条约中的投资定义，更新投资模式，为后期新型投资所引发的争端提供法律上相对公平完善的支撑。

（一）确立以资产为基础的混合式定义模式

在国际投资法律文件中，投资的定义主要有两种类型：以资产为基础的投资定义和以企业为基础的投资定义。第一种类型的国际投资协定通常会列出一个开放式清单（non-exhaustive list），写明投资的范围，并列明包括但不限于的各类资产。第二种类型是国际投资协定中以企业为基础的概念界定模式不再定义投资，而是规定了有限的投资种类。通常意义上来讲，为了使投资者在受到侵害时，更加快速便捷地通过一个身份主体去提请诉求，往往以企业为基础的投资定义模式是更加容易和便利的。因为它这种模式自身非常重视企业的管理与参与，一旦有利益的诉求，可以通过投资者本身或通过企业的名义去上诉应诉。[32]

混合模式是将投资定义为一种资产，并采用概括式的清单来列举投资。同时，参考借鉴 ICSID 部分仲裁裁决，强调资产或交易必须具有投资的性质，即只有具备投资特征的资产才能构成投资，2018 年签署的 USMCA 和 2020 年的 RCEP 均采取了此种模式。该模式进一步适当缩小了投资定义的覆盖范围，显然对投资的要求更为

---

〔31〕 龚柏华、杨思远：《"一带一路"沿线投资中的补贴与反补贴问题——以欧盟调查埃及产品接受中国投资补贴案为视角》，载刘晓红主编：《"一带一路"法律研究》（第3卷），中国政法大学出版社2021年版，第5页。

〔32〕 刘芳：《投资者—国家仲裁机制中"投资"概念的界定及中国的选择》，载《国际商务研究》2020年第1期。

严格。同时，明确投资内涵和外延的定义模式将很容易对投资进行识别，例如在投资属地性要求上，将会有效防止无实质经济联系的投资活动与"返程投资"所带来的利益减损。因此，中国早期签订的 BIT，应及时更新，跟上时代发展步伐，确立以资产为基础的混合式的投资方式，可以将投资所引发的过于宽泛的解释缩小限定在一个较为合理的范围内，有助于提高投资者在投资活动中的可预测性。

（二）明晰投资范围，平衡东道国利益

国际投资协定的适用范围在一定程度上影响"投资"概念的界定。虽然投资概念由某几种客观因素组成，但它的定义仍受几个方面的重大影响。为对投资定义进行进一步精确化表述，需要对条约或协定所指的投资范围进行限定。例如，明确限定投资与私人财产交易的区分，明确关于自然资源开发的标准，明确关于外国公民管理公共服务的规则，或者明确相关环境法规等。这种限制投资范围的方式，一方面将从根本上减少因投资概念而产生的纠纷，另一方面有助于帮助东道国规避未来可能对其产生不利影响的投资形式，是东道国进行政策管控和利益保障的有效办法。

（三）明确投资属地性要求的范围

"投资"要求在另一缔约国的领土上进行，这是投资的属地性的基本要求。尽管不同的条约存在表述上的差异，但几乎都有一个共同点：投资必须在另一缔约国领土上进行，才能被双边投资条约所涵盖，即投资定义中的领土范围规定了投资条约的空间效力范围。因为它规定只有国家间的、发生在国家领土上的业务才能受到国际法的保护。这项规则是一般性的，通常没有必要在条约中明确提及。但在投资仲裁实践中，一旦涉及投资争议，对属地要求的解释，对领土的界定，容易成为限制投资定义的重要因素之一，也关系到仲裁庭是否具有管辖权。

在 SGS 诉巴基斯坦案[33]和 SGS 诉菲律宾案[34]中，作为申请人

---

〔33〕 SGS Société générale de Surveillance v. Pakistan, ICSID Case No. ARB/01/3, Award.

〔34〕 SGS Société générale de Surveillance SA v. Philippines, ICSID Case No. ARB/02/6, Award.

的瑞士公司 SGS 提供出口前产品的质量检测服务。出于受装船前质量检测服务的局限性，质量检测服务的服务地只能在境外进行。该案的争议聚焦在该公司提供的该项业务是否属于投资。巴基斯坦和菲律宾授权该公司在这两个国家获得的货物装运前对其进行检查。在进行检查时，这些货物是在第三方国家的领土上，而两个案件中适用的条约均规定了基于缔约方领土的投资定义。因此，两被告国在案件中都使用了这一论点，认为 SGS 的投资不是在缔约国境内进行的，因此该项服务并不属于投资。两个法庭在裁定和推论的方向基本一致，认为 SGS 根据合同约定，已向东道国支付了相关费用，此行为属于投资注入资产，并且以履行合同为目的将联系处建立在东道国内。最终，仲裁庭认为前述的服务行为可以被认定为在缔约国领土内发生的投资行为。

　　该案表明，对属地性要求的解释和判断一定程度上可以阻止条约的适用。在条约中，"领土"一词往往通过两种形式出现：第一种类型是在投资条约中使用了"领土"一词，但没有用专门的条款来解释"领土"一词。[35]第二种类型是作为条约中"定义"的一部分，单独解释"领土"一词在投资定义中的概念。例如，中—吉BIT 和中—塔 BIT 简单地规定了"领土"一词，系指缔约双方的领土。[36]此种定义方式在不同的条约中表述的简易程度不一。像上述条约，虽单独定义了"领土"，但只是粗略地将领土限定在缔约国双方的领土内，并没有对领土所属的范围进一步进行划分。但在有些条约中，尽可能对所涉及的领土范围进行界定。例如，《中华人民共和国政府和乌兹别克斯坦共和国政府关于鼓励和相互保护投资协定》第 1 条第 4 款对领土的定义作出了更为清晰的划分标准：一是界定了所属该缔约国拥有主权的领土，二是将拥有主权权力的专属经济

---

　　〔35〕　如《俄罗斯和日本双边投资条约》第 2～5 条，"在缔约另一方领土内的投资"，"在缔约另一方领土内"享受国民待遇、最惠国待遇等。

　　〔36〕　《中华人民共和国政府和吉尔吉斯斯坦共和国政府关于鼓励和相互保护投资协定》第 1 条第 4 款"领土"一词，系指中华人民共和国领土和吉尔吉斯斯坦共和国的领土。《中华人民共和国政府和塔吉克斯坦共和国政府关于鼓励和相互保护投资协定》第 1 条第 4 款"领土"一词系指中华人民共和国的领土和塔吉克斯坦共和国的领土。

区等拥有管辖权权力的区域也纳入空间效力的范围。[37]在这种模式下，位于其领土上的投资是否受一国投资条约的保护，必须根据该地区在国际公法上的领土主权归属来确定。但这种国际公法意义上的领土定义，无法解决投资者的私人利益和具有政治性的领土之间的矛盾。例如具有特定税收地位的边境地区（自由区）和有大量经济活动的地区。这项投资可能位于一个法律地位模糊的地区。因此，如何实现投资条约中领土定义政治化向法律化的转变将是未来中国修订双边条约的第二个阶段。

目前第一个阶段是首先对中国老旧 BIT 中的投资定义界定更加细化的领土范围，应修改之前既没有对当事人身份进行明确划分，也没有对领土的具体区域进行限定的界定方式。具体方式可参考美国《2012 年投资条约范本》，在该范本中美国采用了关税领土的定义方式，规定除有关领海和领海以外区域的部分外，还将关税领土和对外贸易区规定在内。[38]这种定义的方式着眼于该项投资业务是否适用某种关税，该关税是否对某一区域适用，如果适用，则无需考虑该区域是否属于国际法意义上的领土，仅单纯地通过是否实行了关税权力来判断，无需涉及主权所带来的影响。这一方式可以防止一国以此类活动不在其"领土"内进行为由逃避义务，也可以防止条约对特定地点的适用性方面出现争议，将能一定程度上防止条约滥用的行为。

（四）明确投资特征，增强条约稳定性

"萨利尼标准"至今仍被广泛运用，其仍是仲裁庭作为案件争议论证的起点。"萨利尼标准"之所以能被广泛援引，其原因有二：一是其是建立在 ICSID 公约文本的基础之上。ICSID 公约明确指出其是

---

[37] "领土"一词系：①在中华人民共和国方面，系指中华人民共和国领土（包括陆地、内水、领海及领空），以及根据中国法律和国际法，在领海以外中华人民共和国拥有以勘探和开发海床、底土及其上覆水域资源为目的的主权权利或管辖权的任何区域；②在乌兹别克斯坦共和国方面，系指乌兹别克斯坦共和国领土，包括陆地、内水、领海及领空，以及根据国际法和其国内法律，在领海以外乌兹别克斯坦共和国拥有以勘探和开发海床、底土及其上覆水域资源为目的的主权权利或管辖权的任何区域。

[38] 美国《2012 年投资条约范本》第 1 条，美国领土指"①美国的关税领土，包括 50 个州、哥伦比亚特区和波多黎各；②在美国和波多黎各内的对外贸易区"。

为了便利于私人投资以促进东道国经济发展。二是"萨利尼标准"提供了一个较为客观的评价标准，为国际投资仲裁提供了必不可少的稳定性和可预测性。

在中亚国家的仲裁案例中可以发现，在投资定义论证的过程中，已经对投资中所涉及的投资特征延伸得较为深入，在把握投资定义核心因素的基础上，可以通过附加主观因素去覆盖影响。在本文所提到的第一个案件中，针对"对东道国发展的贡献"标准，东道国通过投资者对投资活动行为上的积极性和整体投资对于国家的实际贡献方面进行辩论，其中对投资的积极性的理解已经将纯字面意思的法律文本解释为带有一定主观目的的投资意识，在这一点上，已经将投资的特征细化至文本深层的含义之中。因此，对于限制性要素，应结合仲裁实践所反映的法律效果，找出可能引起争议的问题，并尽可能准确地予以描述，以实现其限制 BIT 所保护的投资类型的作用。[39]在未来中国修订或签订双边投资协定时，需要继续加强细化程度。由于条约不可能详尽地对投资定义作面面俱到的规定，所以细化投资特征将会与投资的一般定义相互补充，为确定一项投资提供更精确化的判断标准。这里，可参考 RCEP 第十章第 1.2 条[40]，明确地将一些形式的债务分别进行注释列举，有助于在这些条款发生争议时，提供一个较为书面的法律依据；也可参考中国与土耳其 BIT 中投资定义的末尾标注：上述投资在本质上不应是为了建立非长期经济联系而购买低于 10% 的股份或投票权。明确地出现了投资需要符合投资特征中"期限"要求的条款，同时对低于 10% 的股票及投票权加以限制，排除了短期交易中非长期经济联系的小额经济活动。

（五）明晰遵守东道国的法律范围

许多条约都载有一项具体规定，即所给予的保护只适用于符合

---

[39] Anne van Aaken, "Perils of Success? The Case of International Investment Protection", *European Business Organization Law Review*, No. 9, 2008, pp. 1-27.

[40] 一缔约方向另一缔约方发放的贷款不是投资。一些形式的债务，如债券、无担保债券和长期票据，更可能具有投资的特征，而其他形式的债务，如因销售货物或服务而立即到期的付款请求权，则较不可能具有投资的特征。

东道国法律的投资。这一规则可以在界定投资概念的条款中找到，也可以在有关条约范围的条款中找到。即使在适用的文本中没有明文规定，人们也认识到，这一要求可以在习惯的基础上强加于人。[41]在新形势下的 BIT 范本中，合法性要求已经占据了非常重要的位置。这是因为如果想利用 BIT 寻求保护，就必须符合东道国法律，这是一个前置要件。可以说这种享有投资的权利只有在符合当地法律的情况下才会存在。越来越多的仲裁案例已经在符合东道国法律的问题上产生争议。投资者援引"符合东道国法律"要求是为了证明自己的投资业务受到条约的保护从而寻求仲裁救济。而东道国主张此要求，是为了将该项投资排除在仲裁庭的管辖范围外，维护东道国的公共利益。在大多条约中只提到遵守东道国的"规则""条例"或"法律"，而没有进一步的精确性。因此，外国投资者进行的经济活动可能必须遵守所有国内标准。这些标准可能包括立法监管以及宪法规范等。由于条约中粗略的规定，许多标准超出了投资范围，如果在条约中无法清晰地对投资进行限定，将会引发政府和投资者之间的矛盾，这就需要仲裁庭再去协调东道国利益与投资者利益。因此，建议我国未来修改或签订双边投资协定时，应当在条约中对东道国"法律"的范围和标准作一个较为明确的界定，以便未来发生争议时，能够较好地保护我方权益。

在判定一项投资活动是否违反东道国法律时，仲裁庭通常需要进行三个标准的评判，即时间标准、行为标准和范围标准。所谓违反东道国法律要求的范围标准，应理解为仲裁庭在认定投资者违法行为时所依据的法律的范围。在范围标准上，依据投资条约的文本内容无法将合法性条款中的东道国法律限制解释为与投资准入有关的法律，且仲裁实践中也没有案例支持该观点。[42]因此，根据仲裁实践来看，仅通过条约中简单定义的条款，无法轻易地认定投资者

---

〔41〕 Yaung Chi Oo Trading Pte Ltd. v. Myanmar, ICSID Case No. ARB/01/1, Award; Phoenix Action Ltd. v. Czech Republic, ICSID Case No. ARB/06/5, Award.

〔42〕 张钰:《国际投资仲裁视角下"非法投资"问题研究》，华东政法大学 2020 年硕士学位论文。

的业务符合投资特征，也不能简单地拒绝仲裁庭的管辖权。随着我国在国际投资领域角色的不断转变，应在修订或缔结条约时重视"符合东道国法律"这一要求。具体可以参考中国—土耳其 BIT 范本的方式，在适用范围，尤其是在争议解决条款中明确补充：只有投资活动按照要求，以符合东道国缔约方有关外国资本立法的方式获得必要的许可，且有效开始后，由此投资活动直接引发的争议才可提交"解决投资争端国际中心"或缔约双方同意的其他国际争端解决机制。[43]

从"符合东道国法律"的条款规定的方式来看，可分为三种模式：定义条款模式、非定义条款模式和并列模式。定义条款模式，即 BIT 在投资定义的条款中明确规定"符合东道国法律"这一要素，[44] 如中—加 BIT 就是这一模式的体现。[45] "符合东道国法律"作为投资定义中一项重要的组成部分，对其精确化将有效地限定 BIT 的适用范围，明确给予保护的投资范围及法律的适用范围。对此，我国可以参考中—加 BIT，不仅在第一部分第 6 条明确界定了"措施"的包含范围，即包括任何法律、法规、规定、程序、决定、要求、行政行为或实践；而且在第 7 条明确了时间范围，即"现存措施"指本协定生效时已存在的措施。中国可继续沿用定义条款的模式，加大对"符合东道国法律"的细化范围，平衡东道国与投资者之间的利益。

（六）拒绝将合同前的成本视为投资

检测投资特征的"萨利尼标准"的第一项就是判定投资拥有资产的属性。除了一些新型的投资形式，何种投资具有资产的特征在大部分条约中已经列举性地归纳出来。但抛开宏观定义属性上的举例说明，一些具有投资特征的前置性交易，是否可作为投资中的资

---

〔43〕《中华人民共和国和土耳其共和国关于相互促进和保护投资协定》第 7 条第 3 款。

〔44〕 孙琳琳：《国际投资法中"符合东道国法律要求"问题研究》，吉林大学 2019 年硕士学位论文。

〔45〕《中华人民共和国政府和加拿大政府关于促进和相互保护投资的协定》"投资与准入"第 3 条：任一缔约方应鼓励另一缔约方的投资者在其领土内投资并依据其法律、法规和规定准入该投资。

产，有待考究。

在从事一项重大的经济交易之前，经营者一般都要承担一些合同前谈判、可行性研究或任何类型的专业知识或分析有关的费用。如果最后没有进行后续的投资操作，这些投入成本很有可能会损失。有一些案例，上游的成本相当大，经营者试图以损害赔偿的形式获得补偿。一般情况下，如果经营者所支付的款项和所采取的经济活动符合投资的条件，经营者就可以得到补偿。这个问题在仲裁案件中非常微妙。

在著名的米海利公司斯里兰卡案[46]中，仲裁庭拒绝将经营者在重大合同谈判中发生的支出（最终失败了）定性为投资。在该案中，斯里兰卡政府根据 BOT（建设-经营-转让）合同发出了建设和管理配电网络的招标。该合同中，投资者负责建设基础设施，并对其进行几年的投资开发，同时由国家支付部分费用。然后，将该项目最终转给国家。尽管当局十分重视该项业务，也构建了非常有前景的预期，但业务最终被当局放弃了，因此经营者要求补偿。仲裁员认为，不存在合同关系，该交易不能被视为投资。因此，仲裁庭认为其对本案没有管辖权，并驳回了该索赔要求。仲裁庭分析了涉及时间阶段的重要性。被告政府在谈判期间给予米海利公司一段专属期，该专属期只是作为申请人的考虑期，并不具有排他性。仲裁庭认为如果在排他性期间的谈判取得了成果，那么在谈判期间所花费的资金可能会被资本化，成为项目成本的一部分，从而成为投资的一部分。总之，仲裁庭承认这些费用可以作为投资，但不能单独作为投资，只能作为整个投资业务的一部分。如果整个行动成功，前期费用就会被视为一种投资。

虽然投资前费用的问题在其他一些案件中也被提出来，但米海利公司案的裁决创造了一种趋势，即拒绝过分扩大投资的概念。然而，这一解决方案的相关性可能会受到质疑：如果投资前成本发生了几年，并最终具有重要的经济价值，那么怎么办？这就需要重新

---

[46] Mihaly International, Inc. v. Sri Lanka, ICSID Case No. ARB/00/2, Award.

回顾一个具有实质意义的基本原则：投资法并不能保护投资者免受其经营所带来的经济风险。正如一个法庭所指出的那样："双边投资条约并不是针对不良商业判断的保险单。"[47]这一立场一再在仲裁实践中得到认可。[48]一般而言，一项投资经营活动失败的原因是经济风险，这种经济风险类似于赌博，本质上有输的风险。尽管投资风险不能完全规避，但一名优秀的投资者能够降低这种风险。从这个角度看，拒绝将合同前的成本视为投资是有道理的。但在现实中，情况一定要相对复杂，何况严格意义上讲，投资之前的行为本身就有可能符合投资的条件。例如，如果投资者在五年或十年间进行勘探，发现了一些资源，但最终因为国家的无理转手而未能实际利用。本文认为，可以在适用的法律文本中，增设一些表述去保护特殊情况。例如，可以将投资前费用明确纳入投资的概念之内，并明确一定的时间范围及费用种类；也可以在假设因国家不诚信而发生大量资金损失的情况下，承认投资的资格。

结　语

虽然双边投资条约已经执行了几十年，且大多数条约都包含投资的定义，但这一定义通常会因条约的改变而改变。加之，仲裁庭判定投资定义的方式逐渐向泛化解释的方向发展，投资定义依赖双边投资条约条款的约束已经愈发紧迫。判定一种投资行为是否符合投资的条件，取决于具体的案情。但在相类似的案文解释上，投资定义也存在着重大分歧。尽管一些学者已经注意到了投资定义的扩张化发展，并研究了其法律方面的原因，却在一些仲裁案件的投资解释上，未曾细化研究其运用的解释规则与"套路"。

通过分析中亚各国对于"投资"定义的不同解释和应用规则，解读中亚国家投资立法中对投资的界定，并进一步结合具体案例的分析，试图把握"一带一路"沿线国家实践中对"投资"的认定标

---

〔47〕　Maffezini v. Spain, ICSID Case No. ARB/97/7, Award.

〔48〕　For example, UAB E. Energija (Lithuania) v. Latvia, ICSID Case No. ARB/12/33, Award.

准，从而准确解读投资仲裁实践中的特点与具体适用，对未来进一步精细化中国与沿线国家 BIT 中的投资定义，更新投资模式，为后期新型投资所引发的争端提供法律上相对公平完善的支撑，为中国尽快修订、完善双边条约及积极应对"一带一路"建设中可能出现的法律风险提供借鉴与对策。

A Study of the Identification of "Investment" among Countries in the "Belt and Road" Initiative
—Take the Arbitration Practices of Central Asian Countries as an Example

Wang Xiaofeng, Zhang Xiaomin

Abstract：With the promotion of the "Belt and Road" Initiative, more Chinese enterprises will "go global". However, the definition of investment in bilateral investment treaties signed by China and countries along the route is unclear, ambiguous and the wording is relatively broad, which increases the risk of Chinese enterprises' investment. By summarizing the basic elements of "investment" in the case, we analyze the understanding, definition and standard of "investment" in Central Asian countries in practice, and then promote the reconstruction of the definition of investment in bilateral treaties between China and the "Belt and Road" countries and prevent possible legal risks of investment.

Keywords：International Investment Arbitration; Investment; the "Belt and Road"; Definition; Central Asian

欧盟法视野下《能源宪章条约》争端解决机制的兼容性分析

——以阿赫玛（Achmea）案及康斯特罗伊（Komstroy）案判决为中心*

张　建**

摘　要：欧盟在对外推行其常设投资法庭制度的同时，试图对欧盟成员国内部及外部双边投资协定的争端解决机制进行重构，由此导致了以现有机制与欧盟法的兼容性为依据进行合法性评价的必要。相比于双边投资协定，《能源宪章条约》属于典型的国际性多边条约，其缔约方不仅包括欧盟成员国，也包括非欧盟国家，还包括欧盟自身，故而能否以其与欧盟法的兼容性为标准对其适用范围加以限制，实践中出现了分歧。在阿赫玛案与康斯特罗伊案的判决中，欧盟法院分别认定欧盟成员国内部的双边投资协定、《能源宪章条约》的争端解决机制与欧盟法不兼容。但是，在国际投资仲裁实践中，仲裁庭则驳回了东道国基于与欧盟法的兼容性提出的管辖权异议。对于在欧盟开展投资的中国投资者而言，如果意图通过仲裁方式解决争端并确保裁决的执行力，首先应确定适当的仲裁地，必要时还可考虑对投资进行重组。

关键词：欧盟法；《能源宪章条约》；国际投资仲裁；欧盟法院

---

　*　基金项目：2021年北京市社科基金青年项目"北京'两区'建设下境外仲裁机构准入的法治保障研究"（项目编号：21FXC014）、2021年司法部法治建设与法学理论研究青年项目"我国涉外商事审判在全球经济治理中的作用路径及完善策略研究"（项目编号：21SFB3023）。

　**　法学博士，首都经济贸易大学法学院副教授，硕士生导师。

2020 年 12 月，历经长达 7 年 35 轮的艰辛谈判后，《中欧全面投资协定》（The China - EU Comprehensive Agreement on Investment，CAI）如期达成。各界普遍认为，CAI 不仅将惠及中欧双方，也将有力拉动后疫情时期世界经济复苏，促进全球贸易和投资自由化、便利化，为构建开放型世界经济做出重要贡献。2021 年 12 月，德国新任总理朔尔茨（Olaf Scholz）上任，积极与中方开展沟通对话，谋求改善中欧关系，并明确表态，希望促使之前曾被欧洲议会宣布"冻结"的 CAI 能够尽快落地实施。值得一提的是，在 CAI 之前，我国已经与多个欧盟成员国订有双边投资协定（Bilateral Investment Agreements，BIT），且"一带一路"65 个沿线国家中包括了 7 个独联体国家和 16 个中东欧国家，如何解决我国投资者与这些国家间的国际投资争端，成为摆在各方面前的现实问题。尤其是，欧盟当前正在推广其所创建的常设投资法庭制度，而我国则试图对外推广国际商事争端预防与解决组织下的投资仲裁制度，二者之间何去何从，成为国际社会关注的热点。根据目前的公开报道，CAI 文本中并不包含任何关于投资者与国家间争端解决条款（Investor-State Dispute Settlement Clause，ISDS）的内容，而是采取与《区域全面经济伙伴关系协定》（Regional Comprehensive Economic Partnership，RCEP）相类似的路径——缔约国同意将先行公布和签署实体内容，然后在一段时间内就 ISDS 条款另行协商和确定。如此一来，就最终 ISDS 条款将采取何种模式，仍存在进一步博弈的空间。[1]近年来，欧盟内部的投资争端解决机制备受争议，尤其是研究欧盟成员国签署的内部及外部 BIT、欧盟与其成员国同为缔约方的《能源宪章条约》（Energy Character Treaty，ECT）与欧盟法之间的关系，已成为刻不容缓的议题，本文旨在以典型案例为切入点，对问题的背景、症结、裁判要旨及其法律影响加以阐述。

---

〔1〕 宋俊荣：《〈中欧全面投资协定〉的国家间争端解决机制》，载《中国流通经济》2022 年第 1 期。

一、问题的提出

（一）欧盟内部 BIT 与欧盟法的兼容性分析

国际投资协定是据以确定投资保护的基础，欧盟内部投资协定（Intra-EU Investment Agreements）主要针对的是欧盟内部成员国之间相互签署的 BIT，但是否涵盖欧盟成员国相互之间签署的多边投资协定（Multilateral Investment Agreements，MAI）及区域性投资协定（Regional Investment Agreements，RIA），尤其是 ECT，实际上尚无定论。

尽管欧盟旨在将自身打造为比欧洲共同体更具凝聚力的一体化组织，但其客观上存在欧盟与其成员国之间的权力分配问题。[2]具体而言，与欧盟相关的法律关系包括四类：欧盟与第三国的外部关系、欧盟成员国与第三国的外部关系、欧盟与其成员国之间的内部关系、欧盟成员国相互之间的内部关系。

其中，欧盟内部投资协定及其所确立的欧盟内部投资仲裁机制近年来越来越成为困扰国际法学界的重要法律问题。为此，欧盟委员会（European Commission）强烈推动其成员国废止彼此之间相互签订的内部 BIT，之所以如此坚决，理由是其认为成员国相互之间缔结的这些内部 BIT 在一定程度上破坏了欧盟法的自治性，导致欧盟内部的法律秩序处于不确定的状态，同时也导致欧盟内部不同成员国的投资者在同一共同市场内客观上受到不平等待遇。但是，也有一部分欧盟成员国表达了反对意见，拒绝欧盟委员会关于终止内部BIT 的提议，并对内部 BIT 持积极和肯定的立场。他们的观点主要从政治经济学角度寻求正当性依据，其认为，恰恰是欧盟成员国之间缔结的内部 BIT 可以保护一成员国的投资者免受来自其他成员国政府的不公正待遇，故而此类 BIT 不仅应当予以保留，而且应当给予正面评价，使其能够继续发挥独特作用。[3]持这种立场的国家，主

---

〔2〕 孙南翔：《论欧盟及其成员国在投资争端解决中的责任分配》，载《欧洲研究》2018 年第 1 期。

〔3〕 Jonathan Bonnitcha et al., *The Political Economy of the Investment Treaty Regime*, Oxford: Oxford University Press, 2017, p. 20.

要是那些陷入财政困境的欧盟国家。2018 年 3 月，欧盟法院（Court of Justice of the European Union，CJEU）就斯洛伐克诉阿赫玛案（以下简称"阿赫玛案"）作出判决。[4]该判决在一定程度上解决了尚处于争论中的焦点问题，即欧盟成员国内部的投资协定及其确立的投资仲裁条款是否与欧盟法上的相互信任原则（Mutual Trust）及欧盟法律秩序的自治性原则相兼容。[5]本案中，CJEU 明确认定，捷克斯洛伐克与荷兰政府于 1991 年订立的 BIT 第 8 条规定的争端解决条款与欧盟法不兼容，其违背了相互信任原则。下文将对本案加以详述。

（二）欧盟与其成员国在对外投资领域的权能分配

在欧盟法体系下，欧盟与其成员国之间存在职能方面的基本分工和权力方面的基本配置。具体而言，欧盟的权能包括四类，分别是：

第一，专属权能（Exclusive Competence）。根据《欧洲联盟条约》[6]与《欧洲联盟运行条约》（Treaty on the Functioning of the European Union，TFEU）的规定，在某些领域，只有联盟可以立法和通过具有法律约束力的法令，成员国仅在获得联盟授权或为了实施联盟法令的情况下才可以立法或通过具有法律约束力的法令。欧盟在此类领域的权能就称为"专属权能"，主要涵盖关税同盟、竞争规则、货币政策、共同商业政策等。

第二，共享权能（Shared Competence）。根据上述两部基础条约的规定，在某些领域，欧盟与成员国共同享有权能，即共享权能，在这些领域，欧盟与成员国均可立法和通过具有法律约束力的法令，但欧盟拥有优先权，只有在欧盟未行使其权能或者决定停止行使其

---

〔4〕 Achmea B. V. v. The Slovak Republic, UNCITRAL, PCA Case No. 2008–13（formerly Eureko B. V. v. The Slovak Republic），Judgment of the Grand Chamber of the European Court of Justice, Mar. 6, 2018.

〔5〕 相互信任原则和基本权利保护都是欧盟法框架中的基础性原则，二者处于同样的法律位阶。但在实践中，二者在自由、安全、司法领域中产生了频繁而尖锐的冲突。

〔6〕 1991 年 12 月，第 46 届欧共体首脑会议在荷兰马斯特里赫特举行，代表们在会上通过并草签了《欧洲经济与货币联盟条约》和《政治联盟条约》，统称《欧洲联盟条约》，也称《马斯特里赫特条约》。

权能的情况下，成员国才可行使该项权能。共享权能的主要领域有：内部市场、能源、安全和公正等。此外，欧盟在研究、技术开发和空间、发展合作和人道主义援助领域也拥有共享权能，但其行使不得导致成员国无法行使其权能。

第三，政策协调权能。在某些领域，欧洲联盟虽然没有立法权，但可以进行政策协调。

第四，支持、协调和补充成员国行动的权能。

落实到与ECT相关的事项上，欧盟对于贸易问题拥有专属权能，同时对于资本流动、能源、交通、环境事项拥有共享权能。相比之下，成员国保留了对外直接投资、投资保护、服务贸易等事项的权能。由于ECT在其所规制的具体内容上较为宽泛，因此其便不可避免地涉及混合性批准。值得注意的是，在20世纪90年代早期，关于欧盟与成员国之间在对外经济关系方面的权力分配，始终是一个具有高度敏感性的议题。为了避免误解、消除分歧，在ECT谈判过程中，欧盟谈判代表坚决主张ECT不应当调整欧盟内部成员国相互之间的贸易及投资关系。为此，欧盟谈判代表提出议案，建议在ECT草案中订入断开条款（Disconnection Clause），明确澄清对于成员国相互之间的贸易及投资关系应当适用的法律为欧盟法而不是ECT。然而，遗憾的是，不知究竟出于何种原因，断开条款最终没有被订入ECT的正式文本中。为此，有学者对断开条款最终缺失的原因进行了种种推测：在1993年至1994年ECT进入最后谈判期时，美国、欧盟、俄罗斯等主要的谈判参与方将目标集中于若干关键问题：美国要求ECT能够考虑到美国内部所特有的联邦制情形，欧盟则主张在ECT中订入断开条款及区域经济一体化组织条款，从而明确成员国内部的关系不适用ECT而适用欧盟法，俄罗斯为了防范ECT对其本国的能源安全和经济主权造成冲击，故而希望争取较长的一段过渡期，从而能够在此期间内逐渐适应西欧的经济法并履行其关于投资自由化的承诺。经过反复的博弈与调和，许多缔约方的意图得到了其他缔约方的满足，但也有些主张最终未获得支持，以致美国最终愤然离席、退出谈判进程。这些出人意料的事态变迁使得欧盟国家内部产生了一定的紧迫性，为了避免俄罗斯也像美国那样退出谈判，本着尽可能加快谈判进程"速战速决"的考虑，欧盟最终放弃了在 ECT 文本中订入断开条款的努力，并认为即使没有订入此类条款，亦不影响 ECT 应排除适用于欧盟成员国的内部关系。[7]

2009 年 12 月 1 日生效的《里斯本条约》对原有的 TFEU 进行了修订，将各成员国对外直接投资（Foreign Direct Investment，FDI）的权能并入欧盟共同商业政策（Common Commercial Policy，CCP）的范围内，由欧盟统一行使对外缔结投资条约的专属权力。[8]自 2013 年起，欧盟在对外缔结经贸协定的谈判中加入了投资保护的内容，不仅先后展开了与新加坡、美国、加拿大、东盟等开展带有投资章节的自由贸易协定（Free Trade Agreement，FTA）的谈判，而且与中国、缅甸等启动了双边投资协定的谈判。

众所公认，在对外缔结投资保护条约方面，欧盟是最为活跃的条约当事国聚集地。[9]在《里斯本条约》生效后，如何处理欧盟各成员国之间既存的 BIT（Intra-EU BIT）及成员国与第三国缔结的 BIT（Extra-EU BIT），以及欧盟统一对外缔结的 BIT 的关系，曾一

---

〔7〕 Robert Basedow, "Moldova v. Komstroy and the Future of Intra-EU Investment Arbitration under the Energy Charter Treaty: What Does the ECT's Negotiating History Tell Us?", http://arbitrationblog.kluwerarbitration.com/2021/04/24/moldova-v-komstroy-and-the-future-of-intra-eu-investment-arbitration-under-the-energy-charter-treaty-what-does-the-ects-negotiating-history-tell-us/, last visited on Dec. 23, 2021.

〔8〕 尽管欧盟将 FDI 职能并入 CCP 中，但对 FDI 的范围尚存在争论。通常，各国缔结投资协定时对投资的定义方式包括两类，即以资产为标准定义投资与以企业为标准定义投资，前者不仅包括直接投资，还包括间接投资，范围相对宽泛，重在投资保护，而后者则仅涵盖直接投资，重在促进投资自由化。而如果将纳入欧盟 CCP 的外资职能仅限于直接投资，则缔结涵盖所有投资类型的条约的能力仍然归属于各成员国，且各成员国保留了管理间接投资的权能。参见梁岩然：《欧盟自贸协定新实践对中欧、中蒙双边投资协定谈判的启示》，载《内蒙古社会科学（汉文版）》2016 年第 2 期。

〔9〕 据统计，在全球范围内所有的 BIT 中，近一半的缔约国是欧盟成员国或欧盟，这使其形成了具有独特性的 BIT 范本，与"美式"BIT 相对，欧盟国家对外签订的 BIT 被称为代表最佳实践的"欧式"BIT。在 2009 年《里斯本条约》生效后，德国、荷兰等个别国家并不愿全部放弃其已缔结的大量经得住实践检验的 BIT。Catharine Titi, "International Investment Law and the European Union", *The European Journal of International Law*, Vol. 26, No. 3, 2015, p. 640.

度引发激烈讨论。[10]对于欧盟国家与第三国缔结的 BIT，所面临的主要困境在于，FDI 权能收归欧盟统一行使后，这类 BIT 是否还继续有效？对此，主流观点多认为，FDI 权能的统一化并不能当然导致各成员国现有的 BIT 自动失效，而是有待于对现有的 BIT 进行考察后，再就其与欧盟法之间的兼容性及相互冲突之处作出评判。特别应注意的是，即使现有的 BIT 与欧盟法存在不符或冲突之处，亦不当然导致条约的失效，而是应由欧盟授权成员国对现有的 BIT 进行重订谈判，以消除不符点，或由成员国决定是否终止其现有的 BIT。[11]具体而言，欧盟 2012 年通过的《处理成员国与第三国所签双边投资协定过渡性安排》业已解决部分问题。

同时，对于欧盟成员国之间既存的 BIT，问题的症结在于欧盟与成员国间内部权限的纵向分工，即欧盟在管理成员国之间资本跨境流动方面的权力如何行使。之所以如此，是因为就内容而言，欧盟成员国之间的 BIT 与 TFEU 第 63 条关于资本跨境自由流动的规定明显存在范围上的重叠，即两套法律规则都涉及外国投资的法律保护，但外资的待遇与保护标准不尽一致。此外，即使两套规则保护外资的标准无异，根据欧盟法效力位阶的一般规则，也可能有观点基于TFEU 对欧盟国家间 BIT 的优先效力提出异议。

事实上，早在 2006 年，欧盟委员会内部市场与服务工作委员会向经济与金融事务委员会发布了一份说明，其认为在欧盟统一市场中不复存在使用 BIT 的必要，因为各个成员国一旦加入欧盟，BIT 的大多数内容就已被共同体法所取代。在这份说明中，欧盟委员会还建议各成员国互换意见明确表态相关 BIT 不再具有可适用性，或者正式废止类似的协定。[12]在这份说明发布后，捷克终止了其与其他

---

〔10〕 Angelos Dimopoulos, *EU Foreign Investment Law*, Oxford: Oxford University Press, 2011, p. 67.

〔11〕 Thomas Eilmansberger, "Bilateral Investment Treaties and EU Law", in Noah Rubins edited, *Investment Arbitration Decisions*, New York: JurisNet LLC, 2011, p. 1110.

〔12〕 EC Note of November 2006 on the Free Movement of Capital, see Eastern Sugar B. V. (Netherlands) v. The Czech Republic, SCC Case No. 088/2004, Partial Award, 27 Mar. 2007, para. 126.

欧盟成员国缔结的所有 BIT。

（三）混合性条约与断开条款的法律意涵

混合性条约（Mixed Agreement），也称混合协定，特指由国际组织、部分或全体成员国以及一个或更多的第三国作为缔约方，并且国际组织与成员国均不享有其全部实施权能的一种条约类型。[13]由于权能所限，欧盟在对外缔结部分条约时，如果该条约的内容既涵盖欧盟的专属权能，又关涉与成员国共享的权能，则此类协定就属于混合协定，ECT 即属于典型的混合协定。混合协定与欧盟法、欧共体法之间的关系，常常受到关注。[14]这种特殊协定的出现，是欧共体行使国际条约缔约权的产物，也是欧共体与成员国分享缔约权限的结果。尽管欧盟机构在日常工作实践中常常将混合协定纳入为欧盟法律体系的一部分，但是此类协定在缔约主体、条约种类、缔约权限等方面尤为独特，其给现代条约法增添了新的元素。众所周知，欧盟是不断动态演进、发展变化的区域性一体化组织，辅助性原则是欧盟法的一项基本宪法性原则，其具体规定于《欧洲联盟条约》第 5 条，是欧盟框架内处理欧盟、各成员国以及成员国国内地区和地方政府等多层次行为体之间权能配置的基本原则。[15]如上文提到，欧盟的权能从设计之初就带有超国家因素，故而混合协定与欧共体协定相比，前者不仅在数量上占有优势地位，且其重要性与日俱增。

欧盟法语境下的断开条款，指的是欧盟/欧共体在对外订立条约时就规定的、在共同体成员国之间适用欧盟/欧共体条款而非公约的一类特殊条款。该条款目前被作为一种格式化条款在欧盟对外条约中得到经常性的运用，它保障了欧盟内部法制的统一和欧盟法律的最高性，但却对欧盟的对外关系、人权公约和国际法本身带来了一些负面影响，因此需要在实践中对该条款的适用进行平衡和

---

〔13〕 章成：《论对外关系法视野下的欧盟混合协定》，载《广西大学学报（哲学社会科学版）》2019 年第 2 期。

〔14〕 张华：《刍议欧共体对外关系中的混合协定问题》，载《国际论坛》2007 年第 3 期。

〔15〕 回颖：《欧盟法的辅助性原则》，中国人民大学出版社 2015 年版，第 311 页。

个案分析。[16]

准确地理解混合协定、断开条款这两个概念，对于理解阿赫玛案及康斯特罗伊案的判决具有重要价值。通过对 ECT 的谈判史进行回顾可以发现，欧盟之所以参与 ECT 的谈判，是为了促进西欧国家与中欧、东欧国家乃至欧亚大陆之间的政治及经济一体化进程。在苏联解体后，原东欧国家迫切地需要吸引外资，并促进能源对外出口，为了使那些在历史上曾经处于敌对状态的国家重新构造起和平与友好关系，构建起能源合作关系及经济一体化关系，欧盟参与 ECT 谈判无疑是有效途径。在谈判过程中，欧盟曾经试图在 ECT 这一混合协定中纳入断开条款，维护欧盟内部的关系，使之免受 ECT 的干扰。但因为种种原因，ECT 中并未订入断开条款，这也是实践中导致 ECT 能否适用于欧盟内部争端存在分歧的原因之一。

二、阿赫玛案及其产生的法律影响

（一）阿赫玛案的法律程序及裁判结论

阿赫玛案起因于荷兰投资者阿赫玛公司与斯洛伐克政府之间的争端。2004 年，斯洛伐克推行健康保险市场的自由化政策，向私人投资者开放，允许社会资本在该领域投资。于是，荷兰保险商阿赫玛公司［曾用名为"尤里科（Eureko）公司"］在斯洛伐克设立了子公司，打算在斯洛伐克提供私人健康保险服务。然而，2006 年，斯洛伐克部分地撤销了健康保险市场开放的自由化政策，最终导致阿赫玛公司的斯洛伐克子公司被禁止营利。为此，阿赫玛公司依据荷兰与斯洛伐克 BIT 对斯洛伐克政府提起了国际投资仲裁，称斯洛伐克改变投资框架构成对条约义务的违反，并由此对阿赫玛子公司造成了经济损失，应予赔偿。2012 年，审理本案的临时仲裁庭作出最终仲裁裁决，认定斯洛伐克确实违反了荷兰与斯洛伐克 BIT，遂命令斯洛伐克向阿赫玛公司支付大约 2200 万欧元的损害赔偿金。考虑到本案的仲裁庭位于德国缅因河畔的法兰克福，斯洛伐克遂向法兰

---

〔16〕 叶研：《浅议欧盟/欧共体对外条约中的"断开条款（disconnection clause）"》，载《齐齐哈尔大学学报（哲学社会科学版）》2018 年第 3 期。

克福地区法院申请撤销仲裁裁决，理由是仲裁庭对阿赫玛公司提出的仲裁请求不具有管辖权，原因是荷兰与斯洛伐克 BIT 第 8 条的仲裁条款与欧盟法不兼容，故而该条款并不能赋予仲裁庭以管辖权，无管辖权的仲裁庭所作出的仲裁裁决违反欧盟的公共政策。具体而言，斯洛伐克声称，荷兰与斯洛伐克 BIT 第 8 条的仲裁条款违反了 TFEU 第 18、267、344 条。对此，法兰克福地区法院经审理后认定，荷兰与斯洛伐克 BIT 第 8 条并没有违反 TFEU 的相关规定，遂驳回撤裁申请。斯洛伐克不服，于是提起上诉，德国联邦最高法院就该问题请求 CJEU 发布初步判决，希望对荷兰与斯洛伐克 BIT 第 8 条规定的仲裁条款是否违反欧盟法给出意见。

在 2016 年 3 月出具的一份裁定中，德国联邦最高法院事实上表明了自己的立场，即其并不认可斯洛伐克的主张，而是认为欧盟法既没有排除适用欧盟内部成员之间的 BIT，也没有排除适用此类 BIT 中包含的 ISDS 条款。然而，由于欧盟委员会的介入，特别是欧盟委员会明确表达了欧盟内部 BIT 与欧盟法不兼容的观点，同时也由于 CJEU 在本案之前没有其他可供援引或参照的判例法，故而德国联邦最高法院决定终止本案的审理程序，并将以下三个法律问题提交至 CJEU 寻求意见：

第一个问题是 TFEU 第 344 条是否排除适用欧盟成员国相互之间缔结的内部 BIT？特别是，当 BIT 中允许一成员国的投资者对另一成员国的政府基于对方加入欧盟之前签署的 BIT 在其加入欧盟之后提起国际投资仲裁程序解决争端时，其是否被 TFEU 第 344 条所禁止？如果对这一问题的回答是否定的，那么还需要回答第二个问题，即 TFEU 第 267 条是否排除适用 BIT 中的仲裁条款？如果第一个问题和第二个问题的回答都是否定的，那么还需要回答第三个问题，即 TFEU 第 18 条第 1 段是否排除适用 BIT 中的仲裁条款？

针对以上问题，捷克、爱沙尼亚、希腊、西班牙、意大利、塞浦路斯、拉脱维亚、匈牙利、波兰、罗马尼亚、欧盟纷纷向 CJEU 提交了书面意见，支持斯洛伐克的主张，即欧盟成员国内部 BIT 及其中订立的仲裁条款违反欧盟法。与此相反，德国、法国、荷兰、奥地利、芬兰则持不同意见，它们认为，欧盟成员国之间订立的内部 BIT 以及其中包含的 ISDS 条款是合法有效的，并没有违反欧盟法，欧盟法院总法律顾问也持类似的观点，认为：尽管 TFEU 第 18 条确实规定了非歧视原则，但是并没有排除欧盟内部 BIT 及其中包含的 ISDS 条款的适用。CJEU 最终没有采纳总法律顾问的意见，而是支持了第一类观点。

具体而言，首先，CJEU 在判决中强调，任何国际条约或协定都不得影响已经被欧盟法所确立下来的权力分配规则，也不能损害欧盟法律体系的自治性原则。正如 CJEU 所言，这些原则明确规定在 TFEU 第 344 条中，根据该条款，欧盟成员国有义务不把涉及解释和适用欧盟法的争端提交至这些条约本身规定的争端解决机制以外的其他机制。CJEU 重申了欧盟法的自治性，强调欧盟法既独立于成员国的国内法，也独立于欧盟法以外的国际法，其优先于成员国的国内法，并且对欧盟成员国的公民以及欧盟成员国自身具有直接效力。在 CJEU 看来，基于以上这些特征，欧盟成员国有义务在其各自的领土内确保欧盟法得到统一的解释和一致的适用。CJEU 还提出，为了确保欧盟法的这些具体特征得到遵守，同时也为了维护欧盟法的自治性，欧盟条约已经设立了专门旨在保障欧盟法得到统一解释和适用的权威司法机构，而该司法体系得以有效运转的关键要素就在于 TFEU 第 267 条所规定的初步裁决程序，这项程序实质上为欧盟成员国的国内法院与 CJEU 之间展开有序的司法对话提供了法定基础，确保欧盟法的一致性、充分的有效性及自治性。

其次，与总法律顾问的意见不同，CJEU 在阿赫玛案的判决中提到，国际投资仲裁庭可能会被要求对欧盟法的解释或适用发表意见。换言之，尽管仲裁庭是依据欧盟内部 BIT 成立的，主要是为了对缔约方实施的可能违反欧盟内部 BIT 的行为进行审查和裁断，但实践中，为了对争端当事方行为的不法性作出认定，仲裁庭往往不得不考察 BIT 缔约国的国内法以及 BIT 缔约方彼此同为缔约方的其他协定，其中就包括欧盟法。因而，仲裁庭在对涉及欧盟内部 BIT 的行为进行裁判时，可能会被要求就欧盟法的解释与适用给出意见，尤其是欧盟法中关于基本自由（尤其是企业设立自由与资本自由流动）的条款。

再次，CJEU 特别提出，依据欧盟内部 BIT（比如本案中荷兰与斯洛伐克 BIT）成立的国际投资仲裁庭，其不应当被视为 TFEU 第 267 条所规定的欧盟成员国的国内法院或国内仲裁庭。而 TFEU 第 267 条恰恰是关于初步裁决程序的规定。换言之，国际投资仲裁庭无论对欧盟法作出何种解释，其无权将涉案的法律问题提交至 CJEU 寻求初步裁决。

最后，CJEU 在阿赫玛案的判决中进一步提出，根据欧盟内部 BIT（比如本案中荷兰与斯洛伐克 BIT）作出的仲裁裁决，原则上是终局的，其仅受仲裁地所属国的国内法院依据可适用的仲裁程序法进行的司法审查。至于仲裁地，如果当事人没有特殊的约定，原则上将由仲裁庭加以确定。至于仲裁地所在国的法院，其对仲裁裁决的审查往往是非常有限的，不作实体性审查，而仅仅进行程序性审查，譬如仲裁协议无效或者仲裁庭组成不当等。CJEU 认为，在私人之间的国际商事仲裁中，只允许法院进行有限的司法审查，并无不当。但是，对于投资者与国家间依据荷兰与斯洛伐克 BIT 第 8 条进行的国际投资仲裁，法院如果只进行有限的程序性审查，而不去审查实体问题（包括法律适用、事实认定等），则并不合理。国际商事仲裁与国际投资仲裁存在着显著的差异，前者的管辖权源自私人的合意，后者的管辖权则主要建立在两个欧盟成员国之间所缔结的 BIT 的基础上，是一种典型的法定管辖权，其不仅具有排除成员国国内法院诉讼管辖的效果，且进一步地排除了依据 TFEU 寻求司法救济的机会，而 TFEU 事实上要求欧盟成员国应当保障此种向 CJEU 寻求司法救济从而保障法律领域有效的司法保护。基于这些论证，CJEU 强调，通过签署 BIT，斯洛伐克与荷兰这两个欧盟成员国之间创设了一种解决私人投资者与欧盟成员国政府间投资争端的外部机制，这种机制并不受欧盟成员国国内法院及 CJEU 全面的司法审查，因此无法保障其能够对欧盟法进行统一的适用，也无法保障其能够赋予欧盟法以充分的有效性。故而，荷兰与斯洛伐克 BIT 中的仲裁条款事实上损害了欧盟法的自治性，因此其与欧盟法并不兼容。作为对德国联邦最高法院所提出的前两个问题的回应，CJEU 最终总结道：TFEU 第 267、344 条必须被解释为排除了国际协定中的仲裁条款（例如荷兰与斯洛伐克 BIT 第 8 条），因为此类条款赋予缔约方投资者将其与另一缔约方政府间的投资争端提起国际投资仲裁，尽管此类仲裁的管辖权为 BIT 缔约双方所接受，但却无疑破坏了欧盟法的自治性，故而是不可兼容的。

事实上，CJEU 作出这样的判决，背离了时任欧盟总法律顾问于 2017 年 9 月针对本案出具的意见。他认为，无论是欧盟内部的 BIT 还是 BIT 中规定的 ISDS 条款，都没有违反欧盟法。为此，其特别强调：ISDS 条款构成 BIT 中一个不可分割的组成部分，缺少 ISDS 条款将损害 BIT 的整体目标，原因是如果没有此种条款，则 BIT 将无法确保为鼓励和吸引投资所要求的充分保护。

（二）阿赫玛案判决产生的法律影响

尽管阿赫玛案的判决并没有自动终止欧盟成员国内部的 BIT，但是其对内部 BIT 的存在及其适用却产生了不容忽视的深远影响。2020 年 5 月，在对阿赫玛案判决的结果及投资保护政策进行两年多的辩论后，欧盟的多数成员国（23 个成员国）签订了一份终止协议，终止欧盟内部成员国之间缔结的 190 多项 BIT。[17]这一终止协议，是对阿赫玛案判决结论的延续和执行。事实上，针对阿赫玛案的判决，欧盟成员国早在 2019 年 1 月就曾经发表过声明（Declaration），称将会采取措施终止 Intra-EU BITs。[18]在此背景下，欧盟多国起草并签署了此次发布的终止协议，没有签署的四个成员国为奥地利、爱尔兰、芬兰和瑞典。当然，业已脱欧的英国也不在签署国之列。终止协议虽然尚待批准才可能发生效力，但是欧盟各国将放弃基于欧盟内部 BIT 提起投资仲裁已成事实。另外，尽管终止协议

---

〔17〕 European Commission, "EU Member States Sign an Agreement for the Termination of Intra-EU Bilateral Investment Treaties", https：//ec. europa. eu/info/publications/200505 – bilateral – investment–treaties–agreement_en, last visited on Dec. 23, 2021.

〔18〕 Basedow J. Robert, "The Achmea Judgment and the Applicability of the Energy Charter Treaty in Intra-EU Investment Arbitration", *Journal of International Economic Law*, Vol. 23, Issue 1, 2020.

终止了大量欧盟内部 BIT，欧盟成员国之间的内部投资争端却仍然可以依据 ECT 提起投资仲裁。截至 2020 年 12 月，ECT 不仅在 43 起欧盟涉外的投资争端中被援引，而且在 83 起欧盟内部投资争端中被援引。严格来讲，ECT 并没有受到阿赫玛案件判决的直接影响，原因在于：ECT 并不是纯粹的欧盟成员国之间的内部协定，而是一项由欧盟整体、欧盟成员国、第三国共同参与缔结的诸边能源贸易及投资协定，其属于欧盟法上的混合性协定。故而，从国际条约法视角分析，由于欧盟是 ECT 的缔约方，基于条约必须信守的原则，欧盟法自身的制度安排应当受到 ECT 的约束。并且，由于 ECT 的缔约方不仅仅涵盖欧盟成员国，还涵盖第三国，故而具有涉他性，不能通过欧盟法来径行修改、变动或废止 ECT 中的仲裁条款。基于以上考虑，在阿赫玛案的判决作出后，理论界与实务界针对 ECT 中投资仲裁条款的合法性，以及欧盟成员国内部根据 ECT 提起的投资争端的管辖权等问题展开了激烈的论辩。

具体来看，终止协议的核心条款为第 2 条，其规定：附件 A 中列明的所有 Intra-EU BIT 均将终止生效。第 3 条在此基础上说明，终止的效力及于 BIT 中的"日落条款"，即其并没有给予投资者任何的缓冲或过渡期。[19]第 4 条则重申，Intra-EU BIT 中的 ISDS 条款尤其是仲裁条款，违反欧盟法。因此，自 BIT 的两个缔约国均成为欧盟成员国之际开始，BIT 中的投资仲裁条款就不得作为申请人提起仲裁的管辖权基础。如果只是从字面含义进行文义解释，第 4 条的适用范围似乎并无明确的限制，那么就意味着已经结案的依据 Intra-EU BIT 审理的投资仲裁也将受到合法性的质疑。然而，考虑到维护程序安定性和法不溯及既往的需要，终止协议的第 6 条对不兼容的 BIT 范围进行了澄清和框定，其特别明确，终止协定不影响已经结案的国际投资仲裁程序及仲裁裁决，具体指的是那些已经在 2018 年 3 月 6 日前作出仲裁裁决或达成和解协议的投资仲裁案件，前提条件是满足以下二者之一：其一，已结案的仲裁程序所作的仲裁裁决在

---

〔19〕 张明瑾：《论欧盟法与 BITs 下国际投资仲裁条款的冲突与影响——以欧盟法院对 Achmea BV.案的态度为视角》，载《北京仲裁》2019 年第 4 期。

该日期之前业已获得执行，且在该特定日期前没有针对该仲裁裁决启动审查、撤销、执行等类似的未决程序；其二，已结案的仲裁程序所作出的仲裁裁决在本终止协议生效日期前业已被撤销。据此可知，那些在阿赫玛案的判决作出之后才作出的仲裁裁决，或者尚在法院执行程序中的仲裁裁决，并不属于不受终止协议影响的已结案仲裁程序，此可谓例外之例外，故仍要受到终止协议的影响。

所谓不在例外条款范围内的仲裁程序和仲裁裁决，其究竟受到何种具体影响，终止协议第7条作出了如下制度安排：成员国应当通知仲裁庭继续仲裁程序或作出仲裁裁决可能面临的法律后果，并请求国家法院撤销裁决或者不予承认执行。换言之，即使某一裁决在2018年3月6日前就作出了，但是只要执行程序在这一日期之后，成员国也有权力请求法院撤销裁决或不予执行涉案裁决。这一点可能会影响我国及其他非欧盟国家对依据 Intra-EU BIT 作出的投资仲裁裁决的处理，尤其是对于非 ICSID 裁决的处理。

此外，终止协议第9条确立了"结构对话"机制，帮助投资者和东道国达成协议。在"结构对话"中，一位中立主持人将在仲裁庭外和法庭外协助争端双方尽可能地达成和解方案，但至于是否真的能够达成合意协议并化解争端，最终决定权仍归属于投资者和东道国。"结构对话"机制的启动前提是，投资者中止尚在进行中的投资仲裁，或者暂时地搁置或放弃仲裁裁决的承认与执行程序。特别需要强调的是，"结构对话"的和解结果，必须与欧盟法保持协调及兼容，否则将归于无效。欧盟法是据以检验和评估"结构对话"正当性的判定标准，其不仅及于最终协议的内容，而且涵盖整个对话过程。例如，依据终止协议第9条第4款，如果 CJEU 或者成员国的国内法院已经作出最终判决，或者欧盟委员会已经作出裁定，认定投资者所挑战的规制措施合乎于欧盟法，则"结构对话"将无从启动。从效果上分析，"结构对话"本身构成一种软性机制，其在预防及化解投资争端方面是否真的能够起到良好的效果，仍然有待于实践的检验与实证的观察。严格来讲，欧盟成员国的内部 BIT 终止后，投资者可选择的司法机制主要是在国内法院提起诉讼，故而终止协议第 10 条对于投资者在成员国国内法院解决争端的诉讼时效进行了放宽处理。相比于国际投资仲裁机制，终止协议确立的"结构对话"机制在法律适用方面亦有所不同，这意味着协商过程中据以定分止争的实体法依据较为特殊，"结构对话"达成的任何安排，首先必须服从于欧盟法的优先性原则，但国际投资仲裁不受此限。[20]

值得进一步追问的是，阿赫玛案的判决作出后，欧盟成员国之间的国际投资仲裁是否必然终结？[21]这里认为，得出此种结论为时尚早。具言之，基于欧盟成员国之间内部 BIT 提起的投资仲裁确已被 CJEU 确认为不合法，但是这并不代表着欧盟准备完全放弃投资者与东道国之间的争议解决。终止协议的序言部分述及，终止的欧盟内部 BIT 并不包含 ECT，成员国将在今后另行处理这一问题。这表明，欧盟成员国虽然就终止彼此之间的 BIT 达成了共识，但是对于如何处理成员国参与的多边投资保护框架还没有得出结论。在推进终止协议的进程中，欧盟也积极参与了 ECT 的重新协商，并相继发布了欧盟对 ECT 的修改提案，试图将《欧盟—加拿大全面经济和贸易协定》（CETA）关于多边投资法庭的特殊考虑嵌入 ECT。由此也体现出，终止协议只是欧盟在投资争议解决方面整合实体和程序机制的步骤之一。

从中国的视角来看，作为非欧盟成员国，终止协议表面上没有对我国投资者及政府与欧盟合作造成显著影响，但如果据此漠视欧盟的行动，则并不明智：一方面，依据欧盟内部 BIT 作出的仲裁裁决，很有可能在非欧盟国家的国内法院被申请撤销或不予承认及执行，终止协议否决了欧盟内部 BIT，这直接消除了仲裁的管辖权基础，很难说其不会对非欧盟国家境内的仲裁裁决撤销及执行程序毫

〔20〕 Nováčková Daniela, Peráček Tomáš, "The Common European Investment Policy and Its Perspectives in the Context of the Achmea Case Law", *Journal of European Studies*, Vol. 11, Issue 1, 2021.

〔21〕 Sabina Kubsik, "Consequences of the Achmea Judgement for Intra-EU Arbitrations Based on the Energy Charter Treaty", https://s3.amazonaws.com/documents.lexology.com/3e369e96-6bd1-4144-a10c-ff1d8a0827dd.pdf? AWSAccessKeyId = AKIAVYILUYJ754JTDY6 T&Expires = 1640246553&Signature=KMhxJsV333EtSZCNledQbERqCm8%3D, last visited on Dec. 23, 2021.

无影响；另一方面，如上文所言，终止协议仅仅是欧盟整合 ISDS 机制的一个环节，欧盟的目标不仅仅是在欧盟内部实现投资争议解决多边化，更是旨在通过欧盟对外的 BIT 谈判，将其多边投资法庭机制对外输出，由内而外逐渐对投资实体规则进行多边整合，争取国际规则制定及争端解决程序革新的话语权。立足大局，从长远来看，终止欧盟内部 BIT 只是一个开端，以欧盟为主导促进包括 ECT 在内的多边国际投资争端解决机制的谈判及重构，才是阿赫玛案的判决及终止协议带来的最主要的法律影响。[22]

三、康斯特罗伊案及其产生的法律影响

（一）康斯特罗伊案的法律程序及裁判结论

2021 年 3 月，欧盟法院总法律顾问梅西什·斯普纳（Maciej Szpunar）对摩尔多瓦诉康斯特罗伊案（以下简称"康斯特罗伊案"）出具法律意见，再次使国际投资仲裁与欧盟法关系的论辩进入公众视野。[23]在本案中，斯普纳重点分析并审查了 ECT 第 26 条关于投资争端解决的规定是否与欧盟法律秩序相兼容。与 CJEU 在阿赫玛案判决中的推理一致，斯普纳认定，ECT 第 26 条极有可能不符合欧盟法律秩序，原因是其损害了欧盟法的自治性。为此，斯普纳明示邀请 CJEU 借助于审理本案的机会对欧盟成员国内部根据 ECT 而提起的投资仲裁与欧盟法的兼容性作出最终的认定，并结束掉这个长期存在、久悬未决的论辩。[24]

2021 年 9 月，CJEU 就康斯特罗伊案作出判决，认定因电力供应

---

〔22〕 赵越：《欧盟成员国签署协议终止内部双边投资协定：欧盟将国际投资仲裁推向何方？》，载 https://mp. weixin. qq. com/s/JBjmM4pUsHL3by8HmC7gOw，最后访问日期：2021 年 12 月 23 日。

〔23〕 James G. Tillen, "AG Szpunar's Opinion in Case C-741/19: Preparing the End of Intra-EU Investment Arbitration under the Energy Charter Treaty?", https://www. lexology. com/library/detail. aspx? g=b83210b6-e12d-410a-a48d-3774413988a4, last visited on Dec. 29, 2021.

〔24〕 Mehdi Mellah, "The Consequences of the CJEU Ruling in the Republic of Moldova v. Komstroy Case: Achmea 2. 0?", https://drs. deminor. com/en/blog/the-consequences-of-the-cjeu-ruling-in-the-republic-of-moldova-v. -komstroy-case-achmea-2. 0, last visited on Dec. 29, 2021.

合同产生的争端并不在 ECT 的投资定义范围内，同时，尽管本案并不是一起涉及欧盟成员国的投资争端，但 CJEU 仍然利用审理本案的机会作出附带性说明，认定阿赫玛案的判决结论不仅适用于 BIT，也适用于 ECT，ECT 第 26 条的 ISDS 条款不能涵盖欧盟成员国内部的投资争端。

从本案的事实背景来看，案涉争议产生于乌克兰的康斯特罗伊公司与摩尔多瓦的公共机构之间，前者向后者供应电力，后者则拒绝向前者偿付债务。为此，康斯特罗伊公司先后在乌克兰的国内法院和摩尔多瓦的国内法院提起诉讼程序，向摩尔多瓦索赔，但均未成功。无奈之下，康斯特罗伊公司依据 ECT 对摩尔多瓦提起了国际投资仲裁。审理本案的临时仲裁庭，依据当事人的约定在法国巴黎作出了仲裁裁决。从案件实体来看，仲裁庭适用了 ECT，并最终支持了康斯特罗伊公司的仲裁请求，命令摩尔多瓦支付相关款项。然而，摩尔多瓦在仲裁程序中败诉后，转而向仲裁地的国内法院（即法国巴黎上诉法院）申请撤销仲裁裁决，并得到了支持，理由是：涉案电力供应合同并不属于 ECT 定义的投资，故而不受 ECT 的保护，仲裁庭也没有属物管辖权。随后，康斯特罗伊公司向法国最高法院提起上诉，请求撤销巴黎上诉法院的一审判决。为此，法国最高法院就本案所涉及的法律问题向 CJEU 提出请求，希望 CJEU 作出初步意见。值得一提的是，本案争端双方所属的国家，即乌克兰与摩尔多瓦，均不是欧盟成员国，虽然仲裁地所在的法国是欧盟成员国，但是 CJEU 是否有权为本案作出初步意见，并非毫无争议。对此，CJEU 认定自身对法国最高法院提出的请求具有管辖权，理由是：依据 TFEU 第 217 条及第 218 条，CJEU 对欧盟的机构、官员、代理人及实体所作出的行为拥有解释权，其中涵盖了欧盟理事会（The Council of the European Union）所批准的、作为欧盟法律秩序组成部分的国际协定解释权，鉴于 ECT 是欧盟所签署的国际协定，故而 CJEU 有权对其适用发表意见。在论证自身有权就本案发表意见的基础上，CJEU 进一步认定：首先，在理解和适用 ECT 第 1 条第 6 款及第 26 条第 1 款时，应当明确，起因于电力销售合同的费用支付请求主要是一种贸易行为和商业行为，但不属于 ECT 定义的投资范畴。其次，CJEU 利用了本案的机会，处理了 ECT 中 ISDS 条款与欧盟法的兼容性问题。CJEU 在简要回顾阿赫玛案判决的基础上，重申了欧盟法律制度的自治性原则，其认为，一旦允许国际投资仲裁庭对欧盟法进行解释和适用，无疑将破坏欧盟法的自治性，因为依据 ECT 成立的仲裁庭并不属于欧盟内部司法体系的一部分，而是一种外部机制。CJEU 还补充说明，国内法院虽可对投资仲裁裁决施加控制，但这种控制极为有限，仅限于明显的程序性不合法，而无法对仲裁庭关于欧盟法的解释给出充分的评估和有效的纠正，这就意味着，一旦认可了 ECT 中的 ISDS 条款可适用于欧盟内部投资争端，就将欧盟法的解释权终局性地授予给了仲裁庭，从而难以确保 CJEU 对欧盟法的统一性解释和自治性维护。基于以上论断，CJEU 最终认定，ECT 等多边条约中的仲裁条款并不能适用于欧盟内部的投资者与国家间争端。

（二）康斯特罗伊案判决产生的法律影响

本案判决公布后，法国财政部对于在欧盟境内其他成员国领土内存在投资的法国投资者进行了提示，要求其不得再依据 ECT 中的仲裁条款对其他的欧盟成员国提起国际投资仲裁。有观点甚至认为，康斯特罗伊案判决的作出，宣告了 ECT 的争端解决条款开始步入终结。[25]

从长远来看，康斯特罗伊案的判决对欧盟投资者与非欧盟投资者均可能会产生不同程度的影响。就欧盟投资者而言，如果他们仍然打算在未来以国际投资仲裁方式解决与其他欧盟成员国的争端，那么当务之急是，有必要对自身的投资进行审视，如果有必要，需要对投资项目进行重组。这具体涵盖两方面：其一，欧盟投资者可以考虑将仲裁地选定在欧盟以外，从而避免自身基于 ECT 或欧盟内部 BIT 对其他欧盟成员国提起的仲裁程序及仲裁裁决被 CJEU 认定为

---

〔25〕 Christina Eckes and Laurens Ankersmit, "Komstroy: The Beginning of the End for the Energy Charter Treaty?", https://europeanlawblog.eu/2021/10/04/komstroy-the-beginning-of-the-end-for-the-energy-charter-treaty/, last visited on Dec. 23, 2021.

不合法，选择及变更选择仲裁地的成本远小于对整体投资项目进行重组或迁移；其二，如果确有必要，欧盟投资者也可以对其投资进行重组，譬如在非欧盟国家设立子公司，从而在争端产生后，不再依据欧盟内部 BIT 提起仲裁，而是依据作为东道国的欧盟成员国与子公司所在国的非欧盟国家缔结的欧盟外部 BIT（即 Extra-EU BIT）提起仲裁。当然，归根结底，国际投资仲裁的有效性最终取决于裁决的合法性和可执行性，尤其是司法机关对于裁决合法性的承认及强制执行的保障。故而，无论如何，欧盟投资者需要去查证清楚，作为东道国的欧盟成员国在哪些国家拥有资产，财产所在地的国家豁免立场如何，这些财产是否可被当地法院所强制执行，只有在综合权衡这些因素的基础上，才能使仲裁地的选择更加中立、合理。

四、ECT 第 26 条与欧盟法兼容性的实践分析

结合 CJEU 对阿赫玛案与康斯特罗伊案作出的判决，可能会得出这样一种结论，即 ECT 第 26 条与欧盟法不兼容，因此前者不能适用以解决欧盟内部的投资者与国家间争端。支持这一论点的依据主要在于欧盟法律体系的基本原则，尤其是 TFEU 第 267 条和第 344 条在欧盟法与成员国国内法之间所确立的优先性与自治性原则。CJEU 在关于欧盟法优先性的裁决中强调，每一个欧盟成员国的国内法院都必须在其管辖范围内完全适用欧盟法和该法赋予个人的各项权利，并且必须将任何与该法相抵触的国内法规定置之不理，而不论此等规定是先于还是后于欧盟法规则。[26]可见，欧盟法的优先地位是绝对的和无条件的。但是，如前文所述，ECT 并不是欧盟自身的法律，其缔约国既包括欧盟成员国，也包括非欧盟国家，还包括欧盟自身，是一种典型的国际协定。ECT 与欧盟法之间的关系，大体上可以归结为国际法与欧盟法的关系，这二者之间的关系与欧盟法同成员国国内法二者之间的关系不可等同视之。也正因如此，在康斯特罗伊案的判决作出前后，有不少仲裁庭曾经对 ECT 第 26 条与欧盟法的兼

---

〔26〕 曾令良：《欧洲联盟法总论——以〈欧洲宪法条约〉为新视角》，武汉大学出版社 2007 年版，第 182 页。

容性作出过分析，并认定二者不存在抵触之处，对典型案例进行实证分析，可以更好地对这一问题加以探究。具体来看，这些案例具有共同点，其通常是投资者依据 ECT 第 26 条对欧盟成员国提起仲裁请求，而欧盟成员国则以 ECT 第 26 条与欧盟法不兼容、ECT 第 26 条不适用于欧盟内部投资争端为由对仲裁庭的管辖权提出异议，但此类异议罕有仲裁庭支持。

例如，在沙拉纳（Charanne）诉西班牙案[27]中，西班牙试图对仲裁庭的管辖权提出异议，其理由是 ECT 的争端解决条款与欧盟法不兼容，原因是 TFEU 第 344 条规制涉及欧盟成员国责任的所有争端，其中也包括投资者与国家间争端，故而要求所有此类争端都只能在欧盟机构的管辖下予以解决，因为其不可避免地涉及对欧盟法的解释及适用。然而，仲裁庭驳回了西班牙的管辖权异议，并指出，TFEU 第 344 条的文本仅仅指向的是欧盟成员国国家间争端，而根本不涉及某一欧盟成员国与另一成员国的私人或实体间的争端。此外，仲裁庭特别强调，一旦支持了西班牙的这种异议，那么几乎相当于承认，所有的仲裁庭（无论是国内仲裁庭还是国际仲裁庭）都不得审理任何触及欧盟法解释与适用的争端。然而，对于绝大多数的案件而言，在仲裁程序刚一启动之际，几乎无从判定涉案争端的准据法是否是欧盟法，以及案件是否可能在某一个争点上涉及欧盟法的理解与适用，而且也看不出来把这些争端提交至仲裁如何会导致违背 TFEU 第 344 条的必然结果。与此同时，本案的仲裁庭还引证了 CJEU 在艾柯瑞士（Ecco Swiss）诉贝纳通（Benetton）案的判决[28]，并据此提出，当一个国家加入欧盟之后，欧盟法将自动地成为该国法律体系的一部分，故而，仲裁庭不仅有权力，也有义务去适用欧盟法，从而妥当地化解争端、定分止争。

---

〔27〕 Charanne and Construction Investments v. Spain, SCC Case No. V 062/2012, Award, Jan. 21, 2016.

〔28〕 Pierre Heitzmann and Jacob Grierson, "SNF V Cytec Industrie: National Courts within the Ec Apply Different Standards to Review International Awards Allegedly Contrary to Article 81 Ec", *Stockholm International Arbitration Review*, Vol. 2, 2007, p. 39.

无独有偶，在睿富资产管理公司（RREEF）诉西班牙案[29]中，仲裁庭提到，鉴于 ECT 的缔约方不仅包括欧盟成员国及欧盟，而且还包括非欧盟国家，因此并不能认为，签署和批准 ECT 后，欧盟法对于非欧盟国家也成为至高无上、绝对优先的法律体系。恰恰相反，鉴于 ECT 是本案中确立仲裁庭管辖权的法律基础，就相当于是本案仲裁程序的"宪法性"文件，如果 ECT 与欧盟法之间真的存在冲突，应当优先适用的也是 ECT 而不是欧盟法，仲裁庭有义务捍卫和维护 ECT 的充分适用和首要约束力。本案仲裁庭还特别提到，鉴于 ECT 第 16 条规定了冲突规范，在欧盟法与其他法律相互抵触时明确了孰优孰劣，故而 ECT 的地位更是无可撼动。如果真的有必要在 ECT 与其他可适用的法律体系之间构建其层级关系和优先性顺位的话，其标准应当基于国际公法尤其是以《维也纳条约法公约》（Vienna Convention on the Law of Treaties，VCLT）为代表的国际条约法，而不是以 TFEU 为代表的欧盟法。事实上，即使是 CJEU，其也在判例中对欧盟法与国际法的关系作出过论述，如果案件将同时适用两个条约，应当尽可能以不导致二者冲突的方式对其彼此间的关系进行解释。例如，在委员会诉德国案（Commission v. Germany）[30]中，CJEU 提出，欧盟法（本案中特指共同体委员会的二级共同体立法条款）应当尽可能以一种符合欧盟所订立的国际条约的方式加以解释。为此，仲裁庭特别回顾了欧盟参与 ECT 谈判和缔结的历史，并强调，如果欧盟真的认为 ECT 与其自身的内部立法相冲突，那么将很难想象欧盟还会继续参与 ECT 的谈判并积极签署之。尤其是，TFEU 第 207 条第 3 款业已明确规定，欧盟理事会与欧盟委员会应当保障欧盟缔结的协定与其内部政策和规则相兼容。

类似地，在伊索鲁（Isolux）诉西班牙案[31]中，仲裁庭采取了

---

[29] RREEF Infrastructure（G. P. ）Limited and RREEF Pan–European Infrastructure Two Lux S. à r. l. v. Kingdom of Spain, ICSID Case No. ARB/13/30, Decision on Jurisdiction, June 6, 2016.

[30] Case 178/84 Commission v. Germany [1987] ECR 1299.

[31] Isolux Netherlands, BV v. Kingdom of Spain, SCC Case V2013/153, Final Award, July 17, 2016.

与睿富资产管理公司案的仲裁庭一致的观点。该案中，仲裁庭强调，应当按照 VCLT 第 32 条来解释 ECT。具体而言，VCLT 第 32 条规定，为了确定条约的具体含义，可以使用那些旨在解释条约的补充资料，包括条约的准备工作及缔约情况在内。[32] 仲裁庭注意到，引人注目的是，如果 ECT 当中订入了断开条款，明确将 ECT 排除适用于欧盟内部投资争端，那么似乎结论是不言而喻的，也就不需要依据 VCLT 加以解释。但事实却是，ECT 的条约文本中从未规定断开条款，从谈判的历史情况看，尽管有缔约方提出过此种提案，但却从未对此达成一致意见，由此导致 ECT 中未包含断开条款。故而，最为合理的解释是，欧盟实际上已经从整体上接受了 ECT，并确认 ECT 中的所有条款均可充分地适用于欧盟成员国内部的投资关系和投资争端。结合 VCLT 第 21 条，如果某个国际条约的当事方希望排除或摒弃条约的部分规定对其适用，则有必要争取在条约中订入断开条款，或者另外单独在加入或缔结条约之际提出保留声明。从文本来看，ECT 第 46 条明文规定："对本条约不得有任何保留。"这表明 ECT 没有例外地排除了缔约方的保留权，而在欧盟参与 ECT 谈判时，虽然提出过纳入断开条款的建议，旨在排除该条约在欧盟内部的适用，但这一提案最终归于"流产"，而欧盟最终仍然签署并批准了 ECT。这缔约过程中的种种表现都从侧面反映出，对欧盟而言，断开条款或保留条款并非一个不可或缺的关键问题，否则欧盟根本不会考虑签署该条约。因此，仲裁庭的推断是，尽管在谈判初期存在踟蹰和某种犹疑不决，但在谈判的最后，欧盟委员会已经默示地认可了 ECT 与欧盟法之间的兼容性，即便 ECT 中最终并未订入断开条款，也没有影响欧盟的决策。由此，也就不难理解，为何多数的仲裁庭都否决了欧盟成员方所提出的 ECT 第 26 条与欧盟法不兼容的抗辩主张。

〔32〕 Thomas W. Wälde, "Interpreting Investment Treaties Experiences and Examples", in Christina Binder et al. , *International Investment Law for the 21st Century：Essays in Honour of Christoph Schreuer*, Oxford：Oxford University Press, 2009, p. 777.

在瑞典大瀑布电力公司（Vattenfall）诉德国案[33]中，仲裁庭就ECT没有订入断开条款的问题进行了深入的分析。本案中，德国以仲裁庭没有管辖权为由，请求仲裁庭驳回投资者的请求，仲裁庭驳回了德国提出的仲裁庭没有管辖权的主张。对此，仲裁庭指出，欧盟在许多其他的BIT中订入了断开条款，但最终却没有在ECT中订入断开条款，结合谈判的整个过程来看，尽管欧盟曾经争取过并提出了议案，但最终的ECT文本并未规定断开条款，更加合理的解释是，ECT的缔约方有意没有在该条约中规定断开条款。尽管订入或者不订入断开条款看似小事一桩，但其关系到ECT究竟能否适用于欧盟内部的投资者与国家间争端，而没有订入就是没有订入，这一点无从辩解和否认，故而，没有理由将ECT排除适用于欧盟内部的投资争端，更没有理由认为ECT第26条规定的争端解决条款与欧盟法不兼容。为了对这一论断进行说理，仲裁庭分别从法律文本和司法实践两个角度展开了论证：一方面，对比TFEU第267、344条与ECT第26条可以发现，两套法律规则之间不存在抵牾；另一方面，从欧盟委员会自身来看，签署ECT的缔约行为本身即视为对ECT内容的接受，欧盟在缔结ECT后就开始将ECT作为其开展外部能源政策的工具，同时也以缔约的实际行动表明其确认了ECT的争端解决条款与欧盟法是完全可以兼容的。

故而，包括第26条在内的ECT的所有规定，应当适用于所有的缔约方之间，且并没有适用范围方面的相应例外或限制，也没有理由将其局限于欧盟内部或欧盟外部的投资争端。对此，西德意志银行（Landesbank）诉西班牙案[34]的推理尤其具有代表性，该案仲裁庭指出：首先，作为一项多边条约，ECT涉及每一缔约方对其他所有缔约方所负担的义务，它不仅仅是多个双边关系的简单汇总，而是一个与双边关系存在显著差异的多边法律框架。其次，ECT作为

---

[33]　Vattenfall AB and others v. Federal Republic of Germany, ICSID Case No. ARB/12/12, Decision pursuant to ICSID Arbitration Rule 41 (5), July 2, 2013.

[34]　Landesbank Baden-Württemberg and others v. Kingdom of Spain, ICSID Case No. ARB/15/45, Decision on the Intra-EU Jurisdictional Objection, Feb. 25, 2019.

一项生效的单一法律文件，其在所有的缔约方之间具有法律拘束力，鉴于 ECT 第 46 条明文禁止缔约方提出保留，故而这种拘束力愈发得到强化。

至于 CJEU 在阿赫玛案判决中申明的欧盟内部 BIT 与欧盟法不兼容的观点，其是否可以类推适用于 ECT 第 26 条，也有许多仲裁庭在具体案件中给出了明确的回应。譬如，在马斯达（Masdar）诉西班牙案[35]中，仲裁庭首次就阿赫玛案判决对国际投资仲裁庭管辖权的影响进行了探讨。特别是，该案仲裁庭驳回了西班牙基于阿赫玛案判决提出的抗辩，理由是阿赫玛案的判决仅仅适用于荷兰与斯洛伐克，即便将其加以类推适用，也只能扩展至两个欧盟成员国相互之间缔结的国际协定，而不能延伸至 ECT 这种欧盟本身也是其缔约方的多边协定。类似地，在城市公共事业公司（Stadtwerke）诉西班牙案[36]中，仲裁庭直截了当地指出，CJEU 在审理阿赫玛案时根本无意去考虑基于 ECT 所成立的仲裁庭的管辖权，其仅仅关注于基于两个欧盟成员国相互之间所缔结的 BIT 成立的仲裁庭的管辖权，这种理解不仅可以从德国联邦最高法院向 CJEU 请求初步裁决的具体问题中可以看出，也可以从 CJEU 的初步裁决中看出。ECT 第 26 条同荷兰与斯洛伐克 BIT 第 8 条不具有可比性，原因就在于前者是一个国际协定，后者是一个欧盟成员国之间的内部协定。对前者而言，欧盟本身尚且是其成员，且成员国中还包括非欧盟国家，更遑论将其置于欧盟法的评价体系之下。对后者而言，由于是欧盟成员国相互之间缔结的内部协定，确实应当置于欧盟法的评价体系之下审视其兼容性与合法性。

值得一提的是，CJEU 还在 2019 年 4 月出具的意见中对 CETA 中的投资法庭制度与欧盟法的兼容性作出了认定。与阿赫玛案和康斯特罗伊案的判决均有不同的是，CJEU 在本案中听从了总法律顾问的

---

〔35〕 Masdar Solar Wind Cooperation U. A. v. Kingdom of Spain, ICSID Case No. ARB/14/1, Award, May 16, 2018.

〔36〕 Stadtwerke München GmbH, RWE Innogy GmbH, and others v. Kingdom of Spain, ICSID Case No. ARB/15/1, Award, Dec. 2, 2019.

意见，认定 CETA 中的投资法庭制度并不违反欧盟法，原因在于欧盟法中确立的共同信任原则并不适用于欧盟与第三国的关系。[37]

五、结语

因欧盟法的自治性及其有关欧盟缔约权能的分配，欧盟有关 ISDS 机制的改革面临欧盟法的挑战。CJEU 对相关 ISDS 机制与欧盟法之间兼容性的分析和判断，以及对欧盟在 ISDS 机制上缔约权限的澄清，一方面推动欧盟原有 ISDS 机制的退出和新机制的构建；另一方面也将增加后续 ISDS 机制缔约程序的复杂性，并带来对部分案件的适用争议。CJEU 的司法实践折射出，欧盟内部 BIT 及 ECT 中的 ISDS 机制，其与欧盟法、欧盟成员国的国内法之间在适用与解释上存在难以回避的困境，应当在仲裁庭对国内法体系的尊重和保持仲裁庭对国内法客观独立的适用和解释权之间寻求平衡。[38]特别是，国内法院在国际投资仲裁司法审查中理应扮演着更重要的角色，但目前的情况是，对国际投资仲裁的司法审查停留在与国际商事仲裁的司法审查一视同仁的阶段，未考虑到投资仲裁"去商事化"的客观需要。[39]

值得一提的是，在欧盟宣布碳中和目标并采取措施逐步淘汰化石能源后，部分跨国公司依据 ECT 中的 ISDS 条款提出仲裁申请，向荷兰、德国、西班牙等国政府索赔。为避免 ECT 相关条款危及欧盟绿色转型目标，以法国为首的部分成员国政府呼吁欧盟考虑退出 ECT。2020 年 5 月，欧盟发布了最新版本的 ECT 现代化提案，拟对 ECT 的关键条文进行修订，以提升该条约的法律确定性，进一步强化对外国投资的法律保护。ECT 的修订涉及投资和投资者的定义、

---

〔37〕 Caitlin Behles, "European Court Finds EU-Canada Dispute Settlement Mechanism Compatible with EU Law", https://www.asil.org/ILIB/european-court-finds-eu-canada-dispute-settlement-mechanism-compatible-eu-law-april-30-2019, last visited on Jan. 9, 2022.

〔38〕 曹兴国：《欧盟 ISDS 机制改革中的欧盟法挑战：欧盟法院的解释与启示》，载《中国海商法研究》2021 年第 4 期。

〔39〕 肖芳：《国际投资仲裁裁决司法审查的"商事化"及反思——以美国联邦最高法院"BG 公司诉阿根廷"案裁决为例》，载《法学评论》2018 年第 3 期。

缔约国的规制权、公平公正待遇的定义、利益否决条款的适用等议题。未来，ECT 的争端解决机制将如何更新，CAI 又将如何回应欧盟在 ISDS 方面的最新变迁，值得进一步关注。

Compatibility Analysis of Dispute Settlement Mechanism of Energy Charter Treaty from the Perspective of EU Law
—Taking the Judgment of Achmea and Komstroy as the Center

Zhang Jian

Abstract：EU tries to reconstruct the dispute settlement mechanism of bilateral investment agreements（BITs）among EU member states while promoting its permanent investment court system, which makes it necessary to evaluate the legitimacy of the existing mechanism based on the compatibility of EU law. Compared with bilateral investment agreements, Energy Charter Treaty is a typical international multilateral treaty, and its parties include not only EU member states, but also non-EU countries, as well as EU itself. Therefore, whether the scope of application of energy Charter Treaty can be limited based on its compatibility with EU law has been different in practice. In the Achmea case and Komstroy case, the Court of Justice of the EU held that the bilateral investment agreement and the dispute settlement mechanism of the Energy Charter Treaty within the EU member states were incompatible with EU law. However, in the practice of international investment arbitration, the arbitral tribunal has rejected the objection of jurisdiction raised by the host country on the basis of compatibility with EU law. For Chinese investors investing in the EU, if they intend to settle disputes by arbitration and ensure the enforcement of the award, they should first identify the appropriate seat for arbitration and, if necessary, consider restructuring their investment.

Keywords：European Union Law；Energy Charter Treaty；International Investment Arbitration；Court of Justice of the European Union

展望"一带一路"倡议的法律架构：法治与争端解决面临的挑战 *

[沙特] 马利克·R. 达兰 ** 著　张　倩 *** 译　张　皎 **** 校

摘　要：中国"一带一路"倡议（the "Belt and Road" Initiative, BRI）是世界上规模最为庞大的跨境基础设施投资项目，投资额有望在 2030 年底前达到数万亿美元，涉及 65 个国家和地区。这可能引发一个问题：如何解决根据"一带一路"倡议开展的工程引起的争议，以及作为政府间投资协定中通常用于解决投资争端以及执行国际投资仲裁条款方式的一种替代方案，是否会出现一种解决争议的多边法律制度。本文综合考虑 BRI 未创设新的多边框架的现状，探析 BRI 参与国和投资者面临的挑战，为争端解决机制如何运行提供更深层次法律视角的理解。BRI 终将建立新的法律规范和机构，其架构已经清晰可见，其中最重要的一个发展趋势便是建立争端解决机制以应对 BRI 项目所面临的一系列挑战。这种新机制未必与传统的争端解决机制兼容，尤其是投资者与国家间争端解决机制。

关键词："一带一路"倡议；投资者—国家争端解决；仲裁；调解

---

* 本文原载于 Malik R. Dahlan，"Envisioning Foundations for the Law of the 'Belt and Road' Initiative: Rule of Law and Dispute Resolution Challenges"，*Harvard International Law Journal*，Vol. 62, 2020, pp. 1–21.

** 马利克·R. 达兰（Malik R. Dahlan），英国伦敦玛丽女王大学（Queen Mary University of London）商法研究中心（Centre for Commercial Law Studies）荣誉教授。

*** 华东政法大学国际法学院 2019 级硕士研究生。

**** 华东政法大学国际法学院讲师，硕士生导师。

一、引言

2013 年，习近平主席提出，"一带一路"倡议是欧亚大陆文化之间的连接点，并提出其目的是通过现有的双边或多边机制和区域合作平台，建立一个"利益""命运""责任"共同体，以促进双边合作，与其他发达国家建立合作关系，并以新的方式利用现有的多边机构。

目前尚没有国内或国际法律文件阐述 BRI 的法律性质。一些宣示性的文件可见于《推动共建丝绸之路经济带和 21 世纪海上丝绸之路的愿景与行动》（以下简称《共建"一带一路"愿景与行动》）、人民代表大会的工作报告和中国政府发表的一系列相关讲话中。将《共建"一带一路"愿景与行动》视作一种指导性软法[1]、政策声明或公告文件更为妥当。2017 年，推进"一带一路"建设工作领导小组办公室在首届"一带一路"国际合作高峰论坛中发布了另一解释性政策文件——《共建"一带一路"：理念、实践与中国的贡献》，明确提出了合作目标以及注重双边主义、与其他发达国家合作和利用现有多边机构等原则。用一位中国学者的话说，BRI 是一种"基于伙伴关系的模式"[2]，强调双边合作，这与以往根据多边条约或共同法治原则开展国际经济合作的基础有着根本不同[3]。一些人甚至认为，BRI 的模糊法律地位可能是其优势之一[4]，因为"软法"共同目标比"硬法"条约更容易谈判和达成一致，这可能有助于缓解 BRI 参与国对与像中国这样经济实力的伙伴开展合作的担忧，

---

〔1〕 "软法"是指不具有法律约束力或法律约束力弱于传统法律法规的"准法律文件"。

〔2〕 Jiangyu Wang, "China's Governance Approach to the Belt and Road Initiative（BRI）：Partnership, Relations, and Law", *Global Trade and Customs Journal*, Vol. 14, No. 5, 2019, p. 223.

〔3〕 Caroline Roseveare, "The Rule of Law and International Development", Department for International Development, https://assets. publishing. service. gov. uk/media/57a08a0be5274a27b20 003c7/Literature_ Review_ RoL_ DFID-GSDCH-PEAKS_FINAL. pdf, last visited on Jul. 25, 2019.

〔4〕 Wade Shepard, "Why the Ambiguity of China's Belt and Road Initiative Is Perhaps its Biggest Strength", Forbes, https://www. forbes. com/sites/wadeshepard/2017/10/19/what-chinas-belt-and-road-initiative-is-really-all-about/#1c9ab6cce4de, last visited on Jul. 25, 2019.

也体现出中国"干中学"的实践精神〔5〕。那么 BRI 项目缔约方之间的争端应当如何解决呢？目前，BRI 更像是一个"宏图伟略"，而不是一个由主要机构监督的连贯的国际投资项目。中国在特定国家的特定投资项目是作为一个临时项目或在政府间双边投资条约（Bilateral Investment Treaty，BIT）的框架内进行的，没有整体性的投资争端解决机制。值得一提的是，目前 BRI 的建设并非通过一个涵盖所有参与国的多边条约，没有创设一个可以将项目标准化并为审议和发展提供平台的秘书处或其他核心机构，也没有构建一个专门的争端解决机制。

中国推进"一带一路"合作的法律体系与西方学术界熟悉的理论有所不同。BRI 是否可以继续依赖现有法律文件，或者是否需要自己的制度或法律安排，西方法学界尚未对此进行深入的探讨，这也是本文写作的目的。

另一个复杂因素是日益两极化的国际贸易关系，BRI 项目正是在这样的背景中开展的。多边主义和中美关系面临的挑战破坏了投资和全球供应链，给许多项目增加了额外的政治风险，还增强了通过争端解决实现法律确定性的必要性。

BRI 不一定与改善欧亚贸易路线有关，因为已经有许多计划在拉丁美洲实施了。另外，一些项目与重要的地缘政治需求有关，如耗资 640 亿美元的"中国—巴基斯坦经济走廊"。在本文的第二部分中，我们提出了 BRI 应该发展更具凝聚力的身份认同的一些原因，尤其是通过实施共同的规则框架来解决争端。在接下来的两个部分中，本文将着重探讨 BRI 的未来走向，具体而言：在第三部分中，本文认为调解将越来越多地取代国际仲裁，成为写入 BRI 合同中的争端解决机制，这是对现行做法的重大改变；在第四部分中，我们以特拉华衡平法院和伦敦商事法院为例，详细介绍并评估了建立具有中国特色的国际商事法庭体系的实践。

---

〔5〕 Jiangyu Wang, "China's Governance Approach to the Belt and Road Initiative（BRI）: Partnership, Relations, and Law", *Global Trade and Customs Journal*, Vol. 14, No. 5, 2019, pp. 225-227.

二、建立整体争端解决机制是当务之急

目前并不存在一套固定的 BRI 全球参与（加入）条款，也没有解决由此种参与所引起的争端的机制。当然，利用国内法院是可能的。但由于 BRI 项目发生的国家或地区拥有普通法系、大陆法系或大陆与伊斯兰混合法系，许多对这些司法管辖区并不熟悉的争端方就当然会对让国内法院维护其利益感到神经紧张。参与国政治、经济和文化环境的差异意味着争端可能需要通过一系列不同的机制解决，这样会导致同一争端产生不同结果的情况。还有一个问题是，在处理大型复杂的建设工程案件中，国内司法体系是否具有足够的经验。BRI 项目大多采取大型基础设施风险投资的方式，所以可能会有多方面的争端，例如市场准入、项目建设与融资和环境标准的实施与协调。项目规模之大，利益相关方之多（可能包含建设合同缔约方、出借人、保证人和东道国政府），建设过程中产生的技术问题以及资产被授权使用后贸易与海洋规则的适用，都会使情况变得更加错综复杂。

与此同时，除了正在进行中的中美贸易争端，建立一个有效的争端解决机制所面临的挑战也日益显著，因为这将可能引发更广泛的冲突。这些挑战包括程序冗长、国际仲裁的费用高昂、WTO 提供的争端解决机制不够充分等。[6] 当涉及国际贸易争端时，虽然 WTO 规则能够为解决贸易争端提供指导，但囿于行业范围与争端方限于 WTO 成员方之间，这些规则并非总能得到明确适用。这意味着 WTO 规则并不能充分解决参与方之间的争端，尤其是那些非 WTO 成员方之间的争端。[7]

---

〔6〕 根据《推动共建丝绸之路经济带和21世纪海上丝绸之路的愿景与行动》，"'一带一路'是促进共同发展、实现共同繁荣的合作共赢之路，是增进理解信任、加强全方位交流的和平友谊之路。"从中长期角度看，基于制造业、货物贸易和服务贸易产生的争端将不可避免，此种情况下，WTO 规则将发挥一定作用。

〔7〕 例如，土库曼斯坦、乌兹别克斯坦、阿富汗、阿塞拜疆、巴林、伊朗、伊拉克、黎巴嫩和叙利亚就不是 WTO 成员方。

另一个争端〔8〕解决的途径（并非专为解决私人主体之间的商事争议）是 BITs 和自由贸易协定（Free Trade Agreement，FTA）中的"投资者—国家争端解决机制"（Investor-State Dispute Settlement，ISDS）条款。然而，迄今为止，"一带一路"沿线国中尚有 12 个国家未与中国签订双边投资协定，〔9〕而在中国与 BRI 参与国签订的 30 多个 BIT 中，ISDS 条款也仅限于征收补偿事项。〔10〕因此，如果东道国违反了双边投资协定中的其他条款，例如公平公正待遇条款，那么 ISDS 机制将无法适用。

　　当事方不愿意将争端诉诸国内法院，于是他们往往倾向于将仲裁条款纳入国际投资合同中。就裁决的执行而言，BRI 参与国中约有 60 个是《承认及执行外国仲裁裁决公约》（以下简称《纽约公约》）的缔约国。这意味着在一个缔约国作出的仲裁裁决可以在其他任何一个缔约国得到执行，而 BRI 项目涉及的国家中约有 92% 是《纽约公约》的缔约国。因此，国际仲裁条款依然是大多数涉及复杂、高成本和高风险项目的争端方选择的争端解决机制。问题在于，仲裁在未来是否会继续存在，或者 BRI 是否会产生另一个更具中国特色的争端解决体系？

　　如今，对国际公法下外商直接投资（Foreign Direct Investment）的保护是由 3000 多个 BIT 而非一个多边框架来实现的。这些法律文件大多都为投资者提供了实质性的法律保护（包括"公平公正待遇""充分保护与安全""资金的自由流动"以及免于非充分补偿下的直接或间接征收）以及将争端诉诸 ISDS 机制的途径。那么东道国之间在法律方面的协调呢？

　　第一，东道国的判决在中国法院申请执行时会遇到困难。截至 2019 年 7 月，中国法院在实践中承认和执行外国判决只有两种方式：

---

　　〔8〕　请注意，此处的"争端"特指外国投资者和东道国之间的争端。

　　〔9〕　这 12 个国家包含东帝汶、孟加拉国、阿富汗、尼泊尔、马尔代夫、不丹、伊拉克、约旦、巴基斯坦、拉脱维亚、波黑以及黑山。

　　〔10〕　这 30 多个国家包含了一部分对中国投资者最为重要的东道国，例如蒙古、阿联酋、土耳其和哈萨克斯坦。

双边司法协助条约和互惠原则。[11]就前者而言，中国已经和将近40个国家签订了双边投资协定，[12]其中却并不包括一些和中国经济往来密切的国家，比如美国、新加坡和韩国。而超过65个BRI参与国中也仅有不到10个和中国签订了民事和商事司法协助条约。换言之，国内判决在大多数情况下都不能在其他BRI参与国中得到承认与执行。就后者而言，只有少量外国判决是基于互惠原则得到承认与执行的，[13]因为此种互惠必须是"事实互惠"。换言之，外国法院判决在中国法院得到承认和执行的前提是该外国法院所在国已有承认和执行中国法院判决的先例。随着BRI的不断深化与演进，这两种方式显然已经无法满足中国经济发展的要求。[14]今后，争端方还可诉诸《海牙协议选择法院公约》，该公约将允许以类似于《纽约公约》的方式承认和执行法院判决。目前，和美国一样，中国已经签署但尚未批准该公约。下文将更详细地讨论这一点。

第二，BRI参与国采用不同的方式对规则进行制度化和解释。它们对法律和监管框架的规范性与实务性做法往往各不相同，因此，

---

〔11〕《中华人民共和国民事诉讼法》第283条。

〔12〕中国已经和39个国家签订包含民事和商事司法协助条款的BIT，其中37个BIT已经生效。而在这37个BIT中，中国与新加坡、韩国、泰国和比利时签订的4个BIT里并不包含外国判决的承认和执行相关条款。

〔13〕例如，南京市中级人民法院于2016年承认并执行了加坡高等法院就"高尔集团股份有限公司诉江苏省纺织工业（集团）进出口有限公司"（Kolmar v. SUTEX）一案的判决，因为新加坡高等法院曾于2014年承认并执行了中国法院就"捷安特轻合金科技（昆山）股份有限公司诉阿斯卡远东私人投资有限公司"［Giant Light Metal Technology（Kunshan）Co. Ltd. v. Aksa Far East Pte Ltd.］一案作出的判决。2017年武汉市中级人民法院承认并执行了美国法院就"刘利诉陶莉、童武"（Liu Li v. Tao Li and Tong Wu）一案作出的判决。Jie（Jeanne）Huang, "Reciprocal Recognition and Enforcement of Foreign Judgments in China: Promising Developments, Prospective Challenges and Proposed Solutions", *The University of Sydney Law School Legal Studies Research Paper Series*, Vol. 19, No. 23, 2019, p. 2.

〔14〕值得一提的是，在BRI的背景下，中国法院正逐渐使外国判决的承认与执行便利化。例如，《南宁声明》第7条提到：尚未缔结有关外国民商事判决承认和执行国际条约的国家，在承认与执行对方国家民商事判决的司法程序中，如对方国家的法院不存在以互惠为理由拒绝承认和执行本国民商事判决的先例，在本国国内法允许的范围内，即可推定与对方国家之间存在互惠关系。China International Commercial Court, "The Nanning Declaration at the 2nd China - ASEAN Justice Forum", http://cicc.court.gov.cn/html/1/219/208/209/800.html, last visited on Apr. 17, 2022.

目前的争端解决机制显然不能与 BRI 的发展趋势和本质及其不同的组成部分相匹配。我们也注意到，鉴于 BRI 的性质和中国争端解决途径的主要文化和社会政治特征，任何不包含调解和争议委员会等"软"争端解决机制的做法都是行不通的。

无论是缺乏软性还是硬性的制度化争端解决机制都会阻碍 BRI 整体的成功以及它重要的存在价值。如果没有合适的争端解决的方式以及将其与一套参与国普遍接受的连贯的法律原则紧密结合起来的途径，中国法院或项目所在国法院作出的任何决定，都有偏向保护国家利益及国有企业利益的可能。

三、调解机制的崛起

对于国际建设工程项目，仲裁目前被视为解决争端的最佳程序。伦敦玛丽女王大学（Queen Mary University of London）和英国品诚梅森律师事务所（Pinsent Masons LLP）最近的一份报告显示："中立、保密、灵活性和程序的商业性质，以及选择谁来决定他们的争议的便利性，是继续影响他们选择仲裁的首要因素。"调查的国际争端样本中有 71% 的争端方最终选择提请仲裁。尽管如此，这种纠纷解决方法不可避免地冗长、昂贵，而且与法庭案件一样具有对抗性。

如果说 BRI 将创造一种全球的便利的争端解决方式，那么它很可能纳入调解条款而非仲裁条款。这在一定程度上是因为调解意味着相互妥协，而不是最大限度地评估索赔，因此在文化上"符合"中国注重"和谐"的理念。更实际的是，调解比仲裁更快，比仲裁裁决更能维护商业关系，因为仲裁通常是赢者通吃，而且当事方需要承受高昂的仲裁费用。

这种可能性在中国最近的发展中便可见一斑：最高人民法院在 2016 年颁布的《关于人民法院进一步深化多元化纠纷解决机制改革的意见》和《关于人民法院特邀调解的规定》中提出推动调解机制的发展。

中国政府迅速签署《联合国关于调解所产生的国际和解协议公约》（以下简称《新加坡公约》）进一步证明了这一点，该公约已于 2020 年 9 月生效。2019 年 8 月，中国与美国、印度和新加坡一起成为首批签署《新加坡公约》的国家之一。《新加坡公约》将为援引和执行调解达成的和解协议的权利提供法律依据，并可能使各方更加确信，调解为它们提供了一种充分有力的替代仲裁的争端解决方式。

第三个迹象是新加坡国际调解中心和中国国际贸易促进委员会于 2019 年 1 月 24 日签署的谅解备忘录，同时建立了一个调解员小组，负责解决 BRI 争端。国际商会还为 BRI 专门设立了委员会，并发布了《"一带一路"争端调解指南》。

与此同时，调解正在被越来越广泛地接受作为一种处理大型复杂索赔的方式。例如，《国际律师协会投资争端调解规则》为"投资者—国家"背景下的调解提供了法律框架。调解同样也被纳入一些新近的 FTA 和投资协定中，[15]例如《欧盟—加拿大全面经济贸易协定》和《跨太平洋伙伴协议》，这在一些 BIT 中也有迹可循。[16]政府间能源宪章大会发布的《投资调解指引》，在调解过程中为政府和能源行业的企业提供引导。ICSID 也将调解纳入争端解决程序的一部分，它认识到传统的和解程序和仲裁程序过于相似，因此需要一种更务实的方式。[17]

综上所述，BRI 参与国及其顾问最好是得熟悉调解过程以及各方在进行调解时可以采取的策略。然而，与仲裁不同的是，无法保证该过程会产生明确的结果，因此必须有一个"硬法"程序来处理未决案件，这是中国国内法院系统可能会发挥越来越重要作用的地方。

---

〔15〕 Anna Joubin-Bret and Barton Legum, "A Set of Rules Dedicated to Investor-State Mediation: The IBA Investor-State Mediation Rules", *ICSID Review*, Vol. 29, No. 1, 2014, p. 18.

〔16〕 例如《中国—泰国双边投资协定》。

〔17〕 ICSID 与能源宪章大会和英国有效争议解决中心（Center for Effective Dispute Resolution）联合推出 IS 调解员培训项目，认为 ISDS 语境下的调解需要专业知识和技能。Wolf von Kumberg, Jeremy Lack and Michael Leathes, "Enabling Early Settlement in Investor-State Arbitration, the Time to Introduce Mediation Has Come", *ICSID Review*, Vol. 29, No. 1, 2014, p. 136, *History of the ICSID Convention: Documents Concerning the Origin and the Formulation of the Convention on the Settlement of Investment Disputes between States and Nationals of Other States*, Vol. 2, Part 1, 2009,（在第 413 页，文中提到 ICSID 公约中的和解在一定情况下可以被视作是一种变相的仲裁）; Frauke Nitschke, "The ICSID Conciliation Rules in Practice", in Catharine Titi and Katia Fach Gómez eds., *Mediation in International Commercial and Investment Disputes*, Oxford: Oxford University Press, 2019, p. 81.

四、中国国际商事法庭（China International Commercial Court，CICC）

2018 年 1 月 23 日，全面深化改革领导小组提出通过国际商事法庭的形式建立"一带一路"争端解决机制和机构，国际商事法庭此后于深圳（第一国际商事法庭）和西安（第二国际商事法庭）设立，现已投入运作。第一国际商事法庭主要负责"海上丝绸之路"产生的争端，第二国际商事法庭则处理"丝绸之路经济带"产生的纠纷。

以新加坡国际商事法庭为例，其目标是建立一个涵盖诉讼、仲裁和调解的纠纷解决平台——一个"一站式"国际商事纠纷多元化解决机制，将与 WTO、亚洲国际仲裁中心等国际商事仲裁和调解机构〔18〕合作。其总体目标是为中国国内法律体系带来新的国际主义和开放性；具体目标是设计一个相互承认和执行判决的中国机制，以期实现在整个 BRI 地区奠定法律体系基础的首要目标。

国际商事法庭审理的案件均为在全国产生重大影响的大案、要案，诸如在裁判尺度统一、社会影响重大以及对国际条约和规则的解释方面具有重要意义的国际商事案件。最高人民法院"一站式"国际商事纠纷多元化解决机制纳入了中国国际经济贸易仲裁委员会、深圳国际仲裁院、上海国际经济贸易仲裁委员会、北京仲裁委员会、中国海事仲裁委员会五家国际商事仲裁机构以及中国国际贸易促进委员会调解中心、上海经贸商事调解中心两家国际商事调解机构。

我们应当注意到，这些机构均位于中国，且均为最高人民法院的分支机构。为了提高国际商事法庭的"国际性"和"影响力"，中国可考虑在未来扩充机构名单时纳入其他法域的国际商事仲裁和调解机构。〔19〕

尽管国际商事法庭被称为"中国的'一带一路'法庭"，但其管辖权并不限于 BRI 相关的争议。国际商事法庭受理标的额为人民

---

〔18〕 关于包含何种国际争端解决机构，详见下文。

〔19〕 Mark Feldman，"A Belt and Road Dispute Settlement Regime"，SSRN，https：//papers.ssrn. com/sol3/papers. cfm？ abstract_ id=3403846#000000；font-family：Times%20Roman%22%3EINDEX=TRUE，last visited on Jul. 28, 2022, pp. 14-17.

币3亿人民币（合约5000万美元）以上的贸易或投资纠纷，[20]但仅限于当事人一方或者双方是外国人、无国籍人、外国企业或者组织的情形。[21]也就是说，它在解决 BRI 项目有关争端方面履行各种重要的职能。如马克·费尔德曼（Mark Feldman）所言，国际商事法庭将通过一个以当事方合意为基础的模式[22]提供公平公正的争端解决服务，[23]从而推动其维护公正声誉的目标，扩大国际影响力以及成立国际商事争端预防与解决组织。

从中国投资者的角度看，国际商事法庭提供了一种避免项目所在国介入的途径，尤其是在东道国商事法律体系尚不完善的情况下。相反，他们能有机会用中文参与诉讼，适用中国法律，且法官也均来自中国法院。国际商事法庭的判决将拥有与最高人民法院判决相同的效力，是终局性判决，可以提请民四庭重审。

从中国政府的角度看，国际商事法庭可以提升中国在国际商事

----

〔20〕《最高人民法院关于设立国际商事法庭若干问题的规定》第 2 条规定，国际商事法庭受理下列案件：①当事人依照《民事诉讼法》第 34 条的规定协议选择最高人民法院管辖且标的额为人民币 3 亿元以上的第一审国际商事案件；②高级人民法院对其所管辖的第一审国际商事案件，认为需要由最高人民法院审理并获准许的；③在全国有重大影响的第一审国际商事案件；④依照本规定第 14 条申请仲裁保全、申请撤销或者执行国际商事仲裁裁决的；⑤最高人民法院认为应当由国际商事法庭审理的其他国际商事案件。

〔21〕《最高人民法院关于设立国际商事法庭若干问题的规定》第 3 条规定，具有下列情形之一的商事案件，可以认定为本规定所称的国际商事案件：①当事人一方或者双方是外国人、无国籍人、外国企业或者组织的；②当事人一方或者双方的经常居所地在中华人民共和国领域外的；③标的物在中华人民共和国领域外的；④产生、变更或者消灭商事关系的法律事实发生在中华人民共和国领域外的。《新闻办就〈关于建立"一带一路"国际商事争端解决机制和机构的意见〉举行发布会》，载 http://cicc.court.gov.cn/html/1/219/208/210/769.html，最后访问日期：2019 年 7 月 15 日。发言人答记者问："国际商事法庭受理平等的商事主体之间发生的国际商事纠纷……我们排除了另外两类情况，一类是国与国之间的贸易或投资争端；一类是东道国和投资者之间的投资争端。这两类按照现有国际上的争端解决规则来解决。"

〔22〕 Mark Feldman, "A Belt and Road Dispute Settlement Regime", SSRN, https://papers.ssrn.com/sol3/papers.cfm?abstract_id=3403846#000000；font-family：Times%20Roman%22%3EINDEX=TRUE, last visited on Jul. 28, 2022, pp. 19-30.

〔23〕《第二届"一带一路"国际合作高峰论坛成果清单》，载 https://www.fmprc.gov.cn/mfa_eng/zxxx_662805/t1658767.shtml，最后访问日期：2019 年 7 月 23 日。第三部分第 11 条明确：中国国际贸易促进委员会、中国国际商会与欧盟、意大利、新加坡、俄罗斯、比利时、墨西哥、马来西亚、波兰、保加利亚、缅甸等 30 多个国家和地区的商协会、法律服务机构等共同发起成立国际商事争端预防与解决组织。

争议解决领域的声誉。它同时也为中国法律人才适用国际法律原则提供了培训基地，[24] 主要通过两种途径实现：一种是与为国际商事法庭提供建议的国际商事专家委员会（International Commercial Expert Committee，ICEC）以及国际商事仲裁机构、国际商事调解机构保持交流；另一种则是最高人民法院颁布的司法解释和发布的重大个案详情。[25]

然而，从外国诉讼当事人的角度来看，他们有什么把握认为中国国际商事法庭不会给中国当事人带来某种"主场优势"呢？在某种程度上，认知偏见是所有国际商事法院体系都面临的一个问题。在撰写本文时，全世界有十多个国际商事法院体系，这可能反映了人们对政治制度的普遍看法。为了解决这一问题，国际商事法庭设立了由 14 个外国和中国香港特区、中国澳门特区、中国台湾地区选出的 31 名法律从业人员或学者组成的国际商事专家委员会，目的是在国际贸易和投资法领域选择具有专业性和中立性的领军人物。委员会成员参与调解案件，就专门法律问题提供咨询意见，并向最高人民法院和国际商事法庭提供政策建议。为了让诉讼当事人更加确信最高人民法院的能力，最高人民法院根据他们对国际条约、国际惯例、国际贸易和投资惯例的熟悉程度以及用英语听取证词的能力，选择了 14 名法官。[26]

还有一个尚待解决的问题是，外国当事方是否会选择在合同中纳入条款约定所有争端将交由国际商事法庭管辖，而非依赖于传统的国际仲裁条款。此外，国际商事法庭的另一个弱势是其判决可能无法在境外被执行。迄今为止，中国仅签署了约 10 份司法合作协

---

〔24〕 例如，中立、公平、正义和透明度。"当事人自治原则"是以当事人为中心的商事活动的核心原则，当事人可以自由选择将争端提交至国内法院或是国际机构。

〔25〕 例如，《人民法院为"一带一路"建设提供司法服务和保障的典型案例》，载 http://www.court.gov.cn/zixun-xiangqing-14897.html，最后访问日期：2019 年 3 月 21 日。又如，《第二批涉"一带一路"建设典型案例》，载 http://www.court.gov.cn/zixun-xiangqing-44722.html，最后访问日期：2019 年 3 月 21 日。

〔26〕 Xiangzhuang Sun, "A Chinese Approach to International Commercial Dispute Resolution: The China International Commercial Court", *Chinese Journal of Comparative Law*, Vol. 8, No. 1, 2020, p. 48.

议，BRI 文件中是否包含要求他国政府尊重或执行国际商事法庭判决的条款尚不明确。

　　然而，尚有一些承认与执行机制已然存在. 例如，在香港特别行政区，内地判决通过《内地判决（交互强制执行）条例》以及 2019 年通过的《关于内地与香港特别行政区法院就仲裁程序相互协助保全的安排》得以执行，作为签署国，中国同样可以适用《承认与执行外国民商事判决公约》［以下简称《海牙公约（2019）》］。据报道，中国正在考虑批准于 2017 年签署的海牙《选择法院协议公约》，但问题是，该公约的缔约国仅有 29 个，甚至不足《纽约公约》的 1/5，这意味着 "一带一路" 众多国家的法院判决将无法在国家间执行。中国已经和 39 个国家签订了双边司法协助协议，其中有 37 个已经生效，而中国与新加坡、韩国、泰国和比利时的协议中并不包括外国法院判决的承认与执行。但互惠协议和双边协定在一定程度上能够帮助实现法院判决的相互执行。国际商事法庭判决的可执行性或将成为国际商事主体在考虑将何种争端解决条款纳入合同的一个重要考量因素。在这方面，中国制度实则是在与《纽约公约》——一个促进 150 多个国家和地区承认与执行仲裁裁决的体系一较高下。

　　2019 年 7 月 2 日，包括中国在内的数十国代表在海牙国际私法会议第 22 届外交大会上对《海牙公约（2019）》的文本进行了签署确认，这为各方提供了一颗 "定心丸"。通过增强跨境交易和诉讼的确定性与法律安全性，《海牙公约（2019）》将激发对于其他成员国作出的判决的信心[27]。正如海牙国际私法会议秘书长克里斯托弗·贝纳斯科尼（Christophe Bernasconi）所言："海牙国际私法会议

---

〔27〕　Government of the Netherlands, "Speech by the Minister of Foreign Affairs, Stef Blok, at the Closing Ceremony of the Signing of the Final Act of the 2019 Convention on Recognition and Enforcement of Foreign Judgments in Civil or Commercial Matters", https://www. government. nl/ministries/ministry-of-foreign-affairs/documents/speeches/2019/07/02/speech-by-the-minister-of-foreign-affairs-stef-blok-at-the-closing-ceremony-of-the-signing-of-the-final-act-of-the-2019-convention-on-recognition-and-enforcement-of-foreign-judgments-in-civil-or-commercial-matter, last visited on Jul. 20, 2019.

填补了国际私法版图中的空白。"但是，中国正式加入该公约仍有待时日。[28]

五、结语

BRI 的建设并未创设新的多边法律框架以及机构化的组织，目前也尚未构建一个专门的争端解决机制。然而，在争端解决机制方面出现了一些令人振奋的信号。中国内地和香港特别行政区缔结的第一份自由贸易协定《内地与香港关于建立更紧密经贸关系的安排》已经取得了实质性的进展。该《安排》正文签署于 2003 年 6 月 29 日，截至 2019 年，香港特区已经承诺依据上述《安排》培训调解员和政府官员，这对我们当前的讨论是很重要的，因为它显示出中国已经在通过调解解决争端。BRI 其他参与国也同样可以在其与中国的共建"一带一路"合作协议中纳入调解机制。

此外，2019 年 11 月 6 日至 7 日，由中国国际经济贸易仲裁委员会主办的"一带一路"仲裁机构领导人高端圆桌会议在北京举行，会议审议通过了《"一带一路"仲裁机构北京联合宣言》（以下简称《北京联合宣言》）。2020 年疫情期间，中国国际经济贸易仲裁委员会补充发布了《北京联合宣言工作机制》，加速推动了调解机制的运行。《北京联合宣言》旨在加快推进国际仲裁服务"一带一路"法治营商环境，搭建新型合作法律平台，促进各法域仲裁立法与实践融合发展，构建"一带一路"法治之路，保障 BRI 稳定有序推进。

BRI 对我们所知的国际秩序几乎没有实质性挑战，因为它着眼于增加贸易和市场准入。事实上，中国寻求获得的是通过基础设施改善国际环境和以外国直接投资形式利用剩余资本的双重利好。换言之，西方学者可能一直扼要地阐述中国面临的法律困境，而没有

---

〔28〕《承认与执行外国民商事判决公约》第 28 条第 1 款；《中华人民共和国缔结条约程序法》。"It's done: the HCCH 2019 Judgments Convention has been adopted!", Hague Conference on Private International Law, https://www.hcch.net/en/news–archive/details/? varevent = 687, last visited on Jul. 28, 2022.

理解或实际界定中国投资法律和政策中其他方面的挑战。BRI 特有的合作模式及参与规则可能会挑战现有国际合作理论，这可能会产生意想不到的后果。

伦敦玛丽女王大学的李·琼斯（Lee Jones）对此作出了最佳解释。他在《中国的"一带一路"倡议挑战了自由及以规则为基础的秩序?》（Does China's Belt and Road Initiative Challenge the Liberal, Rules-Based Order?）一文中说道：中国寻求的是一条跨越价值分歧的合作之路，抛开意识形态和文化差异，注重共享物质利益。[29]然而，即使《推动共建丝绸之路经济带和 21 世纪海上丝绸之路的愿景与行动》和《共建"一带一路"：理念、实践与中国的贡献》这两份文件制定者原本的意图并非挑战现有国际规则，BRI 所含有的特质，决定了它的参与及实施规则或多或少有别于现有规则体系。

这还远远不是区域主义争论的结束，甚至还不是结束的开始。自 2013 年 BRI 首次提出以来，它吸引了地区乃至全世界的目光。我们较难理解 BRI 因为它是中国在成为区域领袖时所创造的新型经济政治秩序。我们也很难在贸易范畴中给予它一个明确的技术性上的界定。BRI 是一个自成一格的体系，主要集中于基础设施领域，迄今为止由一系列双边协议和条约规制，而这些协议和条约由一套相对松散的原则和指导方针支撑。

在建立 WTO 过程中发挥了重要作用的法学家约翰·杰克逊（John Jackson）认为，国际经济法律体系可以兼容多种制度和经济模式[30]。由此我们有理由认为，BRI 所要实现的是一种介于自由贸易区和共同市场的模式。通过提供一个开放、包容和平衡的投资与贸易合作平台，BRI 旨在实现"命运共同体"。在建设过程中，参与 BRI 的个人、企业、机构、政府当局和国家之间产生的投资、商事或贸易纠纷将不可避免，然而没有任何一种争端解决机制能够简单、

---

〔29〕 Lee Jones, "Does China's Belt and Road Initiative Challenge the Liberal, Rules-Based Order?", *Fudan Journal of the Humanities and Social Sciences*, Vol. 13, 2020, p. 125.

〔30〕 John H. Jackson, "Global Economics and International Economic Law", *Journal of International Economic Law*, Vol. 1, No. 1, p. 5.

有效地解决上述所有争议。

在争议不断、投资流动频繁的背景下，至少有一点是明确的，即 BRI 需要建立争端解决机制。这种机制可以隶属于亚洲基础设施投资银行——BRI 生态中为数不多的多边机构之一，从而赋予其国际组织可信度、国际标准和一种并非完全中国式的治理形态。[31]调解或许可以为 BRI 及其参与国提供一种争端解决的示范模式，使参与国深刻体会到诉诸司法和法治的精神，以兼容其多样性和复杂性。

为了更新并加强国际主义，我们仍应对中国引领和驱动 BRI 心怀期待。现在是时候明确这种新型复边主义理念下的合作模式了，只要这种理念是充满智慧、透明、公平和高效的。但这需要基于能促进各国法律协调并能高效解决 BRI 争端的国际标准和规则。归根结底，这项宏图伟业应与长久而充满希望的全球法治秩序相协调。

Envisioning Foundations for the Law of the "Belt and Road" Initiative: Rule of Law and Dispute Resolution Challenges

Malik R. Dahlan

(Translated by Zhang Qian, Proofread by Zhang Jiao)

Abstract: China's "Belt and Road" Initiative ("BRI") is the largest transnational program of infrastructure investments in the world today. Works carried out under the rubric of BRI is expected to amount to several trillion United States ("U. S.") Dollars by the 2030s and to take place in over 65 countries. This raises the question of how project disputes that arise with works carried out under the BRI will be settled, and whether a multilateral legal regime will arise to affect those settlements as an alternative to the usual methods of resolving investment disputes and enforcing international arbitration clauses supported by intergovernmental investment

---

[31] Steven Wang, "Is the AIIB a Challenger or Harmonizer", *China Law and Development*, 2019, https://cld. web. ox. ac. uk/file/430536, last visited on Oct. 8, 2019.

treaties. This Essay examines the increasing challenges facing investors and states given the lack of an overriding BRI authority nor multilateral framework. It seeks to provide a deeper legal understanding of how dispute resolution is carried out now; it further argues that the BRI will in time give rise to new legal norms and institutions, the outlines of which are already visible. One essential development will be the creation of a dispute resolution regime that responds to the array of challenges posed by projects carried out under the BRI badge, which may not be compatible with traditional dispute resolution mechanisms—most notably, investor – state dispute settlement.

Keywords: the "Belt and Road" Initiative (BRI); Investos–State Dispute Settlement (ISDS); Arbitration; Mediation